डॉ. बी.आर. अम्बेडकर

डॉ. बी.आर. अम्बेडकर

सोनिया वोहरा

रुद्र

First published in India in 2020 by
Rudra Publishers & Distributors

ISBN: 978-93-86829-09-2

Rudra Publishers & Distributors
S-1, 5/587, Sector-5, Vaishali
Ghaziabad- 201002
Email: rudrapubdis@gmail.com

Printed and Bound in
Delhi

₹ 599/-

1

डॉ० अम्बेडकर : प्रारंभिक जीवन एवं व्यक्तित्व

बाबा साहब डॉ. भीमराव अम्बेडकर एक समाज सुधारक, राजनीतिज्ञ, सांसद, मंत्री व संविधान निर्माता तथा बहुआयामी व्यक्तित्व के धनी थे। उन्होंने अपने बहुआयामी व्यक्तित्व के कारण न केवल भारत में, बल्कि विश्व में भारत का नाम अलौकित किया। भीमराव अम्बेडकर दुनिया के लिए एक अमर ज्योति है, जो अंधकारग्रस्त सामाजिक मानवता के लिए अविच्छिन्न आलोक स्रोत बन गई।

उन्होंने सामाजिक जीवन की कल्पना करते हुए चिंतन, मनन किया। कुछ नए मूल्यों, नए आदर्शों एवं कई आस्थाओं का सृजन किया तथा नई व्यवस्था देने वाले तथा मार्ग निर्देशन करने के लिए तटस्थ बने रहे। मार्क्स ने उपाय बताए, लेनिन ने उन्हें मूर्तरूप दिया, किंतु अम्बेडकर ने उपाय ही नहीं बताए बल्कि निष्ठा से उन पर अमल भी किया, उन्होंने जो कहा, वही किया। उनमें बात करने एवं आचरण करने का साहस था, सच्चाई थी। उनकी सत्यनिष्ठा उन्हें असाधारण बना दिया। डॉ. अम्बेडकर कोरे आदर्शवादी स्वप्नदृष्टा नहीं थे बल्कि उनका आदर्श आचरण ही समाज के लिए एक शिक्षा है।

उन्होंने मानव जीवन को अविभाज्य मानकर उनकी समग्रता पर बल दिया तथा जीवन का कोई पक्ष अछूता नहीं छोड़ा। वे समाज के संपूर्ण पक्षों की ओर जागरूक थे। अम्बेडकर को भारत रत्न से भी सम्मानित किया गया है, जो भारत का सर्वोच्च नागरिक पुरस्कार है।

न्याय के प्रहरी डॉ. अम्बेडकर दलित मानव कल्याण के मूलभूत सिद्धांत को अपना कर, उनमें जागृति पैदा कर समाज के प्रतिनिधि बन गए। सच तो यह है कि पद, सत्ता, यश आदि से उन्हें आसक्ति नहीं थी। वे समाज कल्याण

हेतु कार्य करना अपना कर्तव्य समझते थे। मनुष्य में महान कार्यों के संपादन के लिए आत्मविश्वास का होना परम आवश्यक है।

बाबा साहब अम्बेडकर ने लोगों संकीर्ण सोच से ऊपर उठकर जीना सिखाया। जीवन तो सभी जीते हैं किंतु वास्तव में वह सर्वाधिक जीवंत है, जो सर्वाधिक चिंतन करता है, सर्वाधिक अनुभव करता है और सर्वोत्कृष्ट कार्य करता है। मानव जीवन का मूल्यांकन आयु की दीर्घता, स्वास्थ्य अथवा केवल धन-संचय अथवा सत्ता के आधार पर नहीं होता बल्कि उन गुणों अथवा कर्मों के आधार पर होता है जिनसे व्यक्ति ने सामाजिक उत्थान एवं प्रगति में योगदान किया है। बाबा साहब ने देश पर कई उपकार किए हैं।

उक्त तथ्यों के आधार पर बाबा साहब अम्बेडकर ने इस दिशा में एक ज्वलंत उदाहरण प्रस्तुत किया है जिससे समस्त भारतवासी उनके ऋणी हैं। जय-पराजय, मान-अपमान से ऊपर उठकर सत्य और न्याय के लिए संघर्ष करने वाला व्यक्ति ही जीवन में कुछ महान उपलब्धि प्राप्त कर सकता है। ऐसे ही महापुरुष थे डॉ. बाबा साहब अम्बेडकर।

प्रारंभिक जीवन

भीमराव रामजी अम्बेडकर का जन्म ब्रिटिशों द्वारा केन्द्रीय प्रांत (अब मध्य प्रदेश में) में स्थापित नगर व सैन्य छावनी मऊ में हुआ था। वे रामजी मालोजी सकपाल और भीमाबाई की 14 वीं व अंतिम संतान थे। उनका परिवार मराठी था और वह अंबावडे नगर जो आधुनिक महाराष्ट्र के रत्नागिरी जिले में है, से संबंधित था। वे हिंदू महार जाति से संबंध रखते थे, जो अछूत कहे जाते थे और उनके साथ सामाजिक और आर्थिक रूप से गहरा भेदभाव किया जाता था। अम्बेडकर के पूर्वज लंबे समय तक ब्रिटिश ईस्ट इंडिया कंपनी की सेना में कार्यरत थे और उनके पिता, भारतीय सेना की मऊ छावनी में सेवा में थे और यहां काम करते हुये वह सूबेदार के पद तक पहुँचे थे। उन्होंने मराठी और अंग्रेजी में औपचारिक शिक्षा की डिग्री प्राप्त की थी। उन्होंने अपने बच्चों को स्कूल में पढ़ने और कड़ी मेहनत करने के लिये हमेशा प्रोत्साहित किया।

कबीर पंथ से संबंधित इस परिवार में, रामजी सकपाल, अपने बच्चों को हिंदू ग्रंथों को पढ़ने के लिए, विशेष रूप से महाभारत और रामायण प्रोत्साहित किया करते थे। उन्होंने सेना में अपनी हैसियत का उपयोग अपने बच्चों को सरकारी स्कूल से शिक्षा दिलाने में किया, क्योंकि अपनी जाति के कारण उन्हें

इसके लिये सामाजिक प्रतिरोध का सामना करना पड़ रहा था। स्कूली पढ़ाई में सक्षम होने के बावजूद अम्बेडकर और अन्य अस्पृश्य बच्चों को विद्यालय में अलग बिठाया जाता था और अध्यापकों द्वारा न तो ध्यान ही दिया जाता था, न ही कोई सहायता दी जाती थी। उनको कक्षा के अन्दर बैठने की अनुमति नहीं थी, साथ ही प्यास लगने पर कोई ऊँची जाति का व्यक्ति ऊँचाई से पानी उनके हाथों पर पानी डालता था, क्योंकि उनको न तो पानी, न ही पानी के पात्र को स्पर्श करने की अनुमति थी। लोगों के मुताबिक ऐसा करने से पात्र और पानी दोनों अपवित्र हो जाते थे। आमतौर पर यह काम स्कूल के चपरासी द्वारा किया जाता था जिसकी अनुपस्थिति में बालक अम्बेडकर को बिना पानी के ही रहना पड़ता था। 1894 में रामजी सकपाल सेवानिवृत्त हो जाने के बाद सपरिवार सतारा चले गए और इसके दो साल बाद, अम्बेडकर की मां की मृत्यु हो गई। बच्चों की देखभाल उनकी चाची ने कठिन परिस्थितियों में रहते हुये की। रामजी सकपाल के केवल तीन बेटे, बलराम, आनंदराव और भीमराव और दो बेटियाँ मंजुला और तुलासा ही इन कठिन हालातों में जीवित बच पाये। अपने भाइयों और बहनों में केवल अम्बेडकर ही स्कूल की परीक्षा में सफल हुए और इसके बाद बड़े स्कूल में जाने में सफल हुये। अपने एक दो ब्राह्मण शिक्षक महादेव अम्बेडकर जो उनसे विशेष स्नेह रखते थे, के कहने पर अम्बेडकर ने अपने नाम से सकपाल हटाकर अम्बेडकर जोड़ लिया जो उनके गांव के नाम अंबावडे पर आधारित था।

रामजी सकपाल ने 1898 में पुनर्विवाह कर लिया और परिवार के साथ मुंबई (तब बंबई)चले आये। यहाँ अम्बेडकर एल्फिंस्टोन रोड पर स्थित गवर्नमेंट हाई स्कूल के पहले अछूत छात्र बने। पढ़ाई में अपने उत्कृष्ट प्रदर्शन के बावजूद, अम्बेडकर लगातार अपने विरुद्ध हो रहे इस अलगाव और भेदभाव से व्यथित रहे। 1907 में मैट्रिक परीक्षा पास करने के बाद अम्बेडकर ने बंबई विश्वविद्यालय में प्रवेश लिया और इस तरह वे भारत में कॉलेज में प्रवेश लेने वाले पहले अस्पृश्य बन गये। उनकी इस सफलता से उनके पूरे समाज में एक खुशी की लहर दौड़ गयी और बाद में एक सार्वजनिक समारोह में उनका सम्मान किया गया। इसी समारोह में उनके एक शिक्षक कृषणजी अर्जुन केलूसकर ने उन्हें महात्मा बुद्ध की जीवनी भेंट की, श्री केलूसकर, एक मराठा जाति के विद्वान थे। 1908 में, उन्होंने एलिफिंस्टोन कॉलेज में प्रवेश लिया और बड़ौदा के गायकवाड़ शासक सहयाजी राव तृतीय से संयुक्त राज्य अमेरिका में उच्च अध्ययन के लिये पच्चीस

रुपये प्रति माह का वजीफा प्राप्त किया। 1912 में उन्होंने राजनीति विज्ञान और अर्थशास्त्र में उच्च शिक्षा की डिग्री प्राप्त की और बड़ौदा राज्य सरकार की नौकरी को तैयार हो गये। उनकी पत्नी ने अपने पहले बेटे यशवंत को इसी वर्ष जन्म दिया। अम्बेडकर अपने परिवार के साथ बड़ौदा चले आये पर जल्द ही उन्हें अपने पिता की बीमारी के चलते बंबई वापस लौटना पडा, जिनकी मृत्यु 2 फरवरी 1913 को हो गयी।

शिक्षा

गायकवाड़ शासक ने संयुक्त राज्य अमेरिका के कोलंबिया विश्वविद्यालय में जाकर अध्ययन के लिये अम्बेडकर का चयन किया गया साथ ही इसके लिये एक

11.5 डॉलर प्रति मास की छात्रवृत्ति भी प्रदान की। न्यूयॉर्क शहर में आने के बाद, अम्बेडकर को राजनीति विज्ञान विभाग के स्नातक अध्ययन कार्यक्रम में प्रवेश दे दिया गया। शयनशाला में कुछ दिन रहने के बाद, वे भारतीय छात्रों द्वारा चलाये जा रहे एक आवास क्लब में रहने चले गए और उन्होंने अपने एक पारसी मित्र नवल भातेना के साथ एक कमरा ले लिया। 1916 में, उन्हें उनके एक शोध के लिए पी. एच.डी. से सम्मानित किया गया। इस शोध को अंततः उन्होंने पुस्तक इवोल्युशन ऑफ प्रोविन्शिअल फिनान्स इन ब्रिटिश इंडिया के रूप में प्रकाशित किया। अपनी डाक्टरेट की डिग्री लेकर अम्बेडकर लंदन चले गये जहाँ उन्होंने ग्रेश्स इन और लंदन स्कूल ऑफ इकॉनॉमिक्स में कानून का अध्ययन और अर्थशास्त्र में डॉक्टरेट शोध की तैयारी के लिये अपना नाम लिखवा लिया। अगले वर्ष छात्रवृत्ति की समाप्ति के चलते मजबूरन उन्हें अपना अध्ययन तौर अस्थायी बीच में ही छोड़ कर भारत वापस लौटना पड़ा। ये विश्व युद्ध प्रथम का काल था। बड़ौदा राज्य के सेना सचिव के रूप में काम करते हुए अपने जीवन में अचानक फिर से आये भेदभाव से अम्बेडकर उदास हो गये और अपनी नौकरी छोड़ एक निजी ट्यूटर और लेखाकार के रूप में काम करने लगे। यहाँ तक कि अपनी परामर्श व्यवसाय भी आरंभ किया जो उनकी सामाजिक स्थिति के कारण विफल रहा। अपने एक अंग्रेज जानकार बंबई के पूर्व राज्यपाल लॉर्ड सिडनेम, के कारण उन्हें बंबई के सिडनेम कॉलेज ऑफ कॉमर्स एंड इकोनॉमिक्स में राजनीतिक अर्थव्यवस्था के प्रोफेसर के रूप में नौकरी मिल गयी। 1920 में कोल्हापुर के महाराजा अपने पारसी मित्र के सहयोग और अपनी बचत के कारण वे एक बार फिर से इंग्लैंड वापस जाने में सक्षम हो गये। 1923 में उन्होंने अपना शोध प्रोब्लेम्स ऑफ द रुपी (रुपये की समस्यायें) पूरा कर लिया। उन्हें लंदन विश्वविद्यालय द्वारा डॉक्टर ऑफ साईंस की उपाधि प्रदान की गयी और उनकी कानून का अध्ययन पूरा होने के, साथ ही साथ उन्हें ब्रिटिश बार में बैरिस्टर के रूप में प्रवेश मिल गया। भारत वापस लौटते हुये अम्बेडकर तीन महीने जर्मनी में रुके, जहाँ उन्होंने अपना अर्थशास्त्र का अध्ययन, बॉन विश्वविद्यालय में जारी रखा। उन्हें औपचारिक रूप से 8 जून 1927 को कोलंबिया विश्वविद्यालय द्वारा पी एच.डी. की उपाधि प्रदान की गयी।

कार्यकारिणी सदस्य

1926 में वे बम्बई की विधान सभा के सदस्य नामित किए गए। उसके बाद वह निर्वाचित भी हुए। क्रमशः ऊपर चढ़ते हुए सन् 1942-46 के दौर में

वह गवर्नर जनरल की कार्यकारिणी की सदस्यता तक पहुँचे। भारत के स्वाधीन होने पर जवाहर लाल नेहरू के मंत्रिमंडल में विधि मंत्री हुए। बाद में विरोधी दल के सदस्य के रूप में उन्होंने काम किया। भारत के संविधान के निर्माण में उनकी प्रमुख भूमिका थी। वह संविधान विशेषज्ञ थे। अनेक देशों के संविधानों का अध्ययन उन्होंने किया था। भारतीय संविधान का मुख्य निर्माता उन्हीं को माना जाता है। उन्होंने जो कुछ लिखा, उसका गहरा सम्बन्ध आज के भारत और इस देश के इतिहास से है। शूद्रों के उद्धार के लिए उन्होंने जीवन भर काम किया, पर उनका लेखन केवल शूद्रों के लिए महत्त्वपूर्ण नहीं है। उन्होंने दर्शन, इतिहास, राजनीति, आर्थिक विकास आदि अनेक समस्याओं पर विचार किया जिनका सम्बन्ध सारे देश की जनता से है। अंग्रेजी में उनकी रचनावली डॉ. बाबा साहब अम्बेडकर राइटिंग्स एंड स्पीचेज नाम से महाराष्ट्र सरकार द्वारा प्रकाशित की गई है। हिन्दी में उनकी रचनावली बाबा साहब डॉक्टर अम्बेडकर सम्पूर्ण वाङ्मय के नाम से भारत सरकार द्वारा प्रकाशित की गई है।

सामाजिक सुधार

डॉ. भीमराव अम्बेडकर एक समाज सुधारक थे इन्होंने सामाजिक समानता पर विशेष बल दिया था। अम्बेडकर ने ऑल इण्डिया क्लासेस एसोसिएशन का संगठन किया। दक्षिण भारत में बीसवीं शताब्दी के तीसरे दशक में गैर-ब्राह्मणों ने दी सेल्फ रेस्पेक्ट मूवमेंट प्रारम्भ किया जिसका उद्देश्य उन भेदभावों को दूर करना था जिन्हें ब्राह्मणों ने उन पर थोप दिया था। सम्पूर्ण भारत में दलित जाति के लोगों ने उनके मन्दिरों में प्रवेश-निषेध एवं इस तरह के अन्य प्रतिबन्धों के विरुद्ध अनेक आन्दोलनों का सूत्रपात किया। परन्तु विदेशी शासन काल में अस्पृश्यता विरोधी संघर्ष पूरी तरह से सफल नहीं हो पाया। विदेशी शासकों को इस बात का भय था कि ऐसा होने से समाज का परम्परावादी एवं रूढिवादी वर्ग उनका विरोधी हो जाएगा। अतः क्रान्तिकारी समाज-सुधार का कार्य केवल स्वतन्त्र भारत की सरकार ही कर सकती थी। पुनः सामाजिक पुनरुद्धार की समस्या राजनीतिक एवं आर्थिक पुनरुद्धार की समस्याओं के साथ गहरे तौर पर जुड़ी हुई थी। जैसे, दलितों के सामाजिक पुनरुत्थान के लिए उनका आर्थिक पुनरुत्थान आवश्यक था। इसी प्रकार इसके लिए उनके बीच शिक्षा का प्रसार और राजनीतिक अधिकार भी अनिवार्य थे।

छुआछूत के विरुद्ध संघर्ष

भारत सरकार अधिनियम 1919, तैयार कर रही साउथबोरोह समिति के समक्ष, भारत के एक प्रमुख विद्वान के तौर पर अम्बेडकर को गवाही देने के लिये आमंत्रित किया गया। इस सुनवाई के दौरान, अम्बेडकर ने दलितों और अन्य धार्मिक समुदायों के लिये पृथक निर्वाचिका और आरक्षण देने की वकालत की। 1920 में, बंबई में, उन्होंने साप्ताहिक मूकनायक के प्रकाशन की शुरूआत की। यह प्रकाशन जल्द ही पाठकों में लोकप्रिय हो गया, तब अम्बेडकर ने इसका इस्तेमाल रूढ़िवादी हिंदू राजनेताओं व जातीय भेदभाव से लड़ने के प्रति भारतीय राजनैतिक समुदाय की अनिच्छा की आलोचना करने के लिये किया। उनके दलित वर्ग के एक सम्मेलन के दौरान दिये गये भाषण ने कोल्हापुर राज्य के स्थानीय शासक शाहू चतुर्थ को बहुत प्रभावित किया, जिनका अम्बेडकर के साथ भोजन करना रूढिवादी समाज में हलचल मचा गया। अम्बेडकर ने अपनी वकालत अच्छी तरह जमा ली और बहिष्कृत हितकारिणी सभा की स्थापना भी की जिसका उद्देश्य दलित वर्गों में शिक्षा का प्रसार और उनके सामाजिक आर्थिक उत्थान के लिये काम करना था। सन् 1926 में, वे बंबई विधान परिषद के एक मनोनीत सदस्य बन गये। सन 1927 में डॉ. अम्बेडकर ने छुआछूत के खिलाफ एक व्यापक आंदोलन शुरू करने का फैसला किया। उन्होंने सार्वजनिक आंदोलनों और जुलूसों के द्वारा, पेयजल के सार्वजनिक संसाधन समाज के सभी लोगों के लिये खुलवाने के साथ ही उन्होंनें अछूतों को भी हिंदू मंदिरों में प्रवेश करने का अधिकार दिलाने के लिये भी संघर्ष किया। उन्होंने महड में अस्पृश्य समुदाय को भी शहर की पानी की मुख्य टंकी से पानी लेने का अधिकार दिलाने कि लिये सत्याग्रह चलाया।

1 जनवरी 1927 को डॉ अम्बेडकर ने द्वितीय आंग्ल-मराठा युद्ध, की गोरेगाँव की लड़ाई के दौरान मारे गये भारतीय सैनिकों के सम्मान में गोरेगाँव विजय स्मारक में एक समारोह आयोजित किया। यहाँ महार समुदाय से संबंधित सैनिकों के नाम संगमरमर के एक शिलालेख पर खुदवाये। 1927 में, उन्होंने अपनी दूसरी पत्रिका बहिष्कृत भारत शुरू की उन्हें बाम्बे प्रेसीडेंसी समिति में सभी यूरोपीय सदस्यों वाले साइमन आयोग 1928 में काम करने के लिए नियुक्त किया गया। इस आयोग के विरोध में भारत भर में विरोध प्रदर्शन हुये और जबकि इसकी रिपोर्ट को ज्यादातर भारतीयों द्वारा नजरअंदाज कर दिया गया,

डॉ अम्बेडकर ने अलग से भविष्य के संवैधानिक सुधारों के लिये सिफारिशें लिखी।

पूना संधि

अब तक डॉ अम्बेडकर सबसे बड़ी अछूत राजनीतिक हस्ती बन चुके थे। उन्होंने मुख्यधारा के महत्वपूर्ण राजनीतिक दलों की जाति व्यवस्था के उन्मूलन के प्रति उनकी कथित उदासीनता की कटु आलोचना की। अम्बेडकर ने भारतीय राष्ट्रीय कांग्रेस और उसके नेता मोहनदास गांधी की आलोचना की, उन्होंने उन पर अस्पृश्य समुदाय को एक करुणा की वस्तु के रूप में प्रस्तुत करने का आरोप लगाया। अम्बेडकर ब्रिटिश शासन की विफलताओं से भी असंतुष्ट थे, उन्होंने अस्पृश्य समुदाय के लिये एक ऐसी अलग राजनैतिक पहचान की वकालत की जिसमें कांग्रेस और ब्रिटिश दोनों का ही कोई दखल ना हो। 8 अगस्त, 1930 को एक शोषित वर्ग के सम्मेलन के दौरान अम्बेडकर ने अपनी राजनीतिक दृष्टि को दुनिया के सामने रखा, जिसके अनुसार शोषित वर्ग की सुरक्षा उसके सरकार और कांग्रेस दोनों से स्वतंत्र होने में है।

हमें अपना रास्ता स्वयं बनाना होगा और स्वयं ... राजनीतिक शक्ति शोषितों की समस्याओं का निवारण नहीं हो सकती, उनका उद्धार समाज में उनका उचित स्थान पाने में निहित है। उनको अपना रहने का बुरा तरीका बदलना होगा.... उनको शिक्षित होना चाहिए .... एक बड़ी आवश्यकता उनकी हीनता की भावना को झकझोरने और उनके अंदर उस दैवीय असंतोष की स्थापना करने की है जो सभी उँचाइयों का स्रोत है।

इस भाषण में अम्बेडकर ने कांग्रेस और गांधी द्वारा चलाये गये नमक सत्याग्रह की शुरूआत की आलोचना की। अम्बेडकर की आलोचनाओं और उनके राजनीतिक काम ने उसको रूढिवादी हिंदुओं के साथ ही कांग्रेस के कई नेताओं में भी बहुत अलोकप्रिय बना दिया, यह वही नेता थे जो पहले छुआछूत की निंदा करते थे और इसके उन्मूलन के लिये जिन्होंने देश भर में काम किया था। इसका मुख्य कारण था कि ये उदार राजनेता आमतौर पर अछूतों को पूर्ण समानता देने का मुद्दा पूरी तरह नहीं उठाते थे। अम्बेडकर की अस्पृश्य समुदाय में बढ़ती लोकप्रियता और जन समर्थन के चलते उनको 1931 में लंदन में दूसरे गोलमेज सम्मेलन में, भाग लेने के लिए आमंत्रित किया गया। यहाँ उनकी अछूतों को पथक निर्वाचिका देने के मुद्दे पर तीखी बहस हुई। धर्म और जाति के आधार

पर पृथक निर्वाचिका देने के प्रबल विरोधी गांधी ने आशंका जताई, कि अछूतों को दी गयी पृथक निर्वाचिका, हिंदू समाज की भावी पीढ़ी को हमेशा के लिये विभाजित कर देगी।

1932 में जब ब्रिटिशों ने अम्बेडकर के साथ सहमति व्यक्त करते हुए अछूतों को पृथक निर्वाचिका देने की घोषणा की, तब गांधी ने इसके विरोध में पुणे की यरवदा सेंट्रल जेल में आमरण अनशन शुरु कर दिया। गाँधी ने रूढिवादी हिंदू समाज से सामाजिक भेदभाव और अस्पृश्यता को खत्म करने तथा हिंदुओं की राजनीतिक और सामाजिक एकता की बात की। गांधी के अनशन को देश भर की जनता से घोर समर्थन मिला और रूढिवादी हिंदू नेताओं, कांग्रेस के नेताओं और कार्यकर्ताओं जैसे पवलंकर बालू और मदन मोहन मालवीय ने अम्बेडकर और उनके समर्थकों के साथ यरवदा में संयुक्त बैठकें कीं। अनशन के कारण गांधी की मृत्यु होने की स्थिति में, होने वाले सामाजिक प्रतिशोध के कारण होने वाली अछूतों की हत्याओं के डर से और गाँधी जी के समर्थकों के भारी दवाब के चलते अंबेडकर ने अपनी पृथक निर्वाचिका की माँग वापस ले ली। इसके एवज में अछूतों को सीटों के आरक्षण, मंदिरों में प्रवेश-पूजा के अधिकार एवं छूआछूत खत्म करने की बात स्वीकार कर ली गयी। गाँधी ने इस उम्मीद पर की बाकि सभी स्वर्ण भी पूना संधि का आदर कर, सभी शर्तें मान लेंगे अपना अनशन समाप्त कर दिया।

आरक्षण प्रणाली में पहले दलित अपने लिए संभावित उमीदवारों में से चुनाव द्वारा (केवल दलित) चार संभावित उमीदवार चुनते। इन चार उम्मीदवारों में से फिर संयुक्त निर्वाचन चुनाव (सभी धर्म? जाति) द्वारा एक नेता चुना जाता। इस आधार पर सिर्फ एक बार सन 1937 में चुनाव हुए। अम्बेडकर 20-25 साल के लिये आरक्षण चाहते थे लेकिन गाँधी के अड़े रहने के कारण यह आरक्षण मात्र 5 साल के लिए ही लागू हुआ।

पृथक निर्वाचिका में दलित दो वोट देता एक सामान्य वर्ग के उम्मीदवार को ओर दूसरा दलित (पृथक) उम्मीदवार को। ऐसी स्थिति में दलितों द्वारा चुना गया दलित उम्मीदवार दलितों की समस्या को अच्छी तरह से तो रख सकता था किन्तु गैर-उम्मीदवार के लिए यह जरूरी नहीं था कि उनकी समस्याओं के समाधान का प्रयास भी करता। बाद में अम्बेडकर ने गाँधी जी की आलोचना करते हुये उनके इस अनशन को अछूतों को उनके राजनीतिक अधिकारों से

वंचित करने और उन्हें उनकी माँग से पीछे हटने के लिये दवाब डालने के लिये गांधी द्वारा खेला गया एक नाटक करार दिया। उनके अनुसार असली महात्मा तो ज्योति राव फुले थे।

डॉ॰ भीमराव अम्बेडकर एक वकील के रूप में

डॉ॰ भीमराव अम्बेडकर वकालत प्रारम्भ की। अपनी वकालत बड़ी कुशलता से निभा रहे थे। इसी दौरान उनके पास एक मुकदमा आया, इस मुकदमे के अन्तर्गत ब्राह्मणों के द्वारा तीन दलितों पर मान हानि का दावा किया गया था। इन तीन दलितों का कसूर यह था कि वे ब्राह्मणों के विरुद्ध एक क़िताब लिखी थी। उस क़िताब के अन्तर्गत यह दर्शाया गया था कि कुछ ब्राह्मणों ने राष्ट्र का नाश किया है और अपने राष्ट्र को विनाश की तरफ़ ढकेल रहे हैं।

डॉ॰ भीमराव अम्बेडकर ने जज साहब का ध्यान आकर्षित करते हुआ कहा कि "इन्होंने ही छुआछूत की बीमारी फैला रखी है। इनकी दृष्टि में अछूत इन्सान ही नहीं है।"

पुस्तक में यह भी लिखा था–"इन ब्राह्मणों की दृष्टि में अछूतों को जीने का अधिकार नहीं है। ये कुएँ से पानी नहीं भरने देते। नल से भी पानी नहीं लेने देते। इनका कहना है कि कुआँ और नल अपवित्र हो जाएँगे। इस प्रकार अछूतों की हालत इन्होंने बद-से-बदतर बना रखी है।"

इन दलितों के द्वारा लिखी गई इस क़िताब में यह भी लिखा गया था कि 'अछूतों के लिए यह कहा जाता है कि उन्हें ऊँची जाति के लोगों के सामने नहीं आना चाहिए। वे सड़कों की सफ़ाई सवेरा होने से पहले कर लें। अगर कोई ब्राह्मण उन्हें सामने से आता दिखाई दे, तो उन्हें चाहिए कि वे सड़क पर लेट जाएँ, ताकि ब्राह्मण को उसका चेहरा न दिखाई पड़े, क्योंकि ऐसा होने पर अपशकुन माना जाता है।"

डॉ॰ भीमराव अम्बेडकर ने यह मुकदमा अपने हाथ में लेकर कम-से-कम (जितने वे चाहें) पैसों में करने का फ़ैसला किया, क्योंकि यह मुकदमा उनके लक्ष्य की ओर ले जाने में उनकी सहायता कर रहा था।

यह तीनों व्यक्ति बड़े ही खुश नज़र आ रहे थे। मुकदमा न्यायालय में प्रारंभ हुआ। मुकदमे की पहली सुनवाई में सबूतों को दाख़िल किया गया और

दूसरे दिन बहस हुई तथा तीसरे दिन तीनों दलितों ने अपनी-अपनी सफ़ाई जज के समाने प्रस्तुत की। उनका कहना था कि "यह पुस्तक लिखकर इन लोगों ने कोई भी अपराध नहीं किया है। जो कुछ इस देश में हो रहा है, वही सब इन्होंने इस पुस्तक में लिखा है।"

न्यायालय में जिस दिन बहस की गई उस दिन डॉ॰ भीमराव अम्बेडकर ने जज को बताया—"सरकार, मेरे मुवक्किलों ने कोई भी क़सूर नहीं किया है। वे बेगुनाह हैं, उन्होंने क़िताब में जो कुछ भी लिखा है, वह बिलकुल सही है जैसा कि इस पुस्तक में लिखा गया है। इसके प्रमाण आपको अपने आप मिल जाएगा।"

यह सुनकर अदालत में सन्नाटा छा गया। पाँच ब्राह्मण कटघरे में खड़े थे। उनका वकील खामोश खड़ा अम्बेडकर की ओर देख रहा था। डॉ॰ भीमराव अम्बेडकर जिन अछूतों के मुकदमे की पैरवी कर रहे थे वे ख़ामोश खड़े थे और उनकी ज़िरह बड़े गौर से सुन रहे थे।

मानहानि का मुकदमा चलानेवाले इन ब्राह्मणों का कहना था कि—"अछूतों को कठोर-से-कठोर सज़ा मिलनी चाहिए, क्योंकि इन्होंने ब्राह्मणों का अपमान किया है, उन पर आरोप लगाकर उनको कलंकित करने की कोशिश की है।"

डॉ॰ भीमराव अम्बेडकर ने जज साहब का ध्यान आकर्षित करते हुआ कहा कि "इन ब्राह्मणों ने अँधेर मचा रखी है। यह अपने स्वार्थ को पूरा करते हैं, इसलिए इन्हें अछूत बताते हैं और इनके साथ दुर्व्यवहार करते हैं। यह अच्छा हुआ कि यह पुस्तक लिखी गई। जनता को भी पता लग जाना चाहिए कि ब्राह्मणों की लोप लीला क्या है? ये अछूतों के साथ कैसा व्यवहार करते हैं, उन्हें घृणा की दृष्टि से देखते हैं। कदम-कदम पर उनका अपमान किया जाता है।"

डॉ॰ भीमराव अम्बेडकर आगे कहते हैं कि—"भारत का जितना भी धार्मिक साहित्य है, वह अधिकांश ढोंग और पाखण्डों से भरा पड़ा है। मेरे मुवक्क़िलों ने कोई अपराध नहीं किया है, इन्हें छोड़ देना चाहिए।"

जज को डॉ॰ भीमराव अम्बेडकर की बात अच्छी तरह भा गई। दूसरे दिन जज ने अपना फ़ैसला सुनाते हुए कहा—"ब्राह्मणों ने जो मानहानि का मुकदमा किया है, वह इस किताब को लिखनेवाले व्यक्ति कोई अपराध नहीं

किया, बल्कि इस क़िताब के अन्तर्गत जो भी लिखा या दर्शाया गया है वह सब सत्य है। अन्त में न्यायालय इन तीन दलितों को बाइज़्ज़त बरी कर दिया और यह भी कहा कि इन पर लगाए गए इल्ज़ाम सभी झूठे हैं। ये लोग सज़ा के क़ाबिल नहीं हैं।

अछूतों के छूटने के पश्चात् दलित वर्ग में डॉ॰ भीमराव अम्बेडकर के प्रति श्रद्धा उमड़ पड़ी। अछूतों ने सोचा, डॉ॰ भीमराव अम्बेडकर को खूब सम्मान देना चाहिए। इसलिए एक सभा की जाए और डॉ॰ भीमराव अम्बेडकर को सभा में आमन्त्रित किया जाए। वे अछूतों के भगवान् हैं और शायद अछूतों के उद्धार के लिए ही उनका जन्म हुआ है।

डॉ॰ भीमराव अम्बेडकर के सम्मान के लिए मुम्बई के निकट ज़िला कुलाबा में एक विशाल सभा का आयोजन किया गया।

डॉ॰ भीमराव अम्बेडकर को निमंत्रण-पत्र भेजा गया। उन्हें आने के लिए साथ में अ ग्रिम राशि भी भेजी गई। डॉ॰ भीमराव अम्बेडकर ने इस सभा सम्मेलन में जाने का इरादा बना लिया, वह भी इसी मौके की तलाश में थे, आज वही सुनहरा मौका उनके हाथ लग गया था, इस मौके को वह अपने हाथ से जाने नहीं देना चाहते थे।

दुःख के क्षण

"डॉ॰ भीमराव अम्बेडकर की धर्म-पत्नी रामाबाई जिस समय बीमार चल रही थी उसी समय डॉ॰ भीमराव अम्बेडकर अपने घर पर आए और रामाबाई के पास जाकर खड़े हुए। वहाँ पर उनका पुत्र यशवन्त राव भी उपस्थित था। डॉ॰ भीमराव अम्बेडकर ने अपने पुत्र से पूछा तुम्हारी माँ की तबियत कैसी है? उन्हें किसी डॉ॰ को दिखाया की नहीं। उनकी तबियत पहले जैसी है कि कुछ सुधार भी हुआ है?"

यशवन्तराव ने रोते हुए बताया—"कई डॉक्टर को दिखाया जा चुका है मगर सभी डॉक्टर ने जवाब दे दिया है। कहते हैं मरीज की हालत अच्छी नहीं है। उसके लिए ईश्वर से प्रार्थना करनी चाहिए। हम कुछ नहीं कर सकते, जो कुछ करेगा भगवान् ही करेगा।" यह कहकर यशवन्तराव रोने लगा।

डॉ॰ भीमराव अम्बेडकर ने पूछा—"तबियत कितने दिन से ख़राब है?"

यशवन्तराय ने कहाँ "लगभग एक सप्ताह से। बराबर दवा चल रही है, मगर माँ की तबियत में कोई फ़र्क नहीं आया।"

"ये क्या कह रहे हो तुम?" वह घबरा गए।

"हाँ पिताजी, आपको माँ बहुत याद कर रही थीं। अब आप आ गए हैं तो इनके पास बैठिए। कई दिन से आपकी रट लगा रखी है, मैं तसल्ली देते-देते थक चुका हूँ।"

डॉ॰ भीमराव अम्बेडकर को बालक की बात पर हँसी आ गई और पुत्र से बोले—"अरे पागल, तुम्हारी माँ के पास बैठकर क्या मैं उसको बचा लूँगा। तू इसको डॉक्टर को दिखा चुका है, अब मुझे भी दौड़-धूप करने दे। बैठने से काम नहीं चलेगा। मैं जाकर अभी डॉक्टर को लाता हूँ। तुम्हारी माँ अवश्य ठीक हो जाएगी।"

इतना कहते हुए जैसे ही डॉ॰ भीमराव अम्बेडकर जाने को तैयार हुए—रामाबाई ने उन्हें रोक लिया। वह दुःखी स्वर में बोलीं—"अब डॉक्टर को लाने की कोई आवश्यकता नहीं है। मैं अत्यधिक असहाय तथा निर्बल हो गई हूँ, अब मुझे किसी भी तरह नहीं बचाया जा सकता। आए हो तो मेरे पास बैठ जाओ। न जाने मैं कब से आपका राह देख रही हूँ।"

लेकिन डॉ॰ भीमराव अम्बेडकर बैठे नहीं। वे रामाबाई से कहने लगे—"मुझे जाने दो यशवन्त की माँ! मैं अभी जाकर डॉ॰ को लाता हूँ। तुम ठीक हो जाओगी। घबराने की बात नहीं है।"

"नहीं!" वह कराहकर बोलीं—"अब डॉक्टर भी कुछ नहीं कर सकता, मेरा अन्तिम समय निकट है।" कहते ही रामाबाई ने अपने पति का दामन पकड़ लिया और निराशभरे स्वर में बोलीं—"जब डॉक्टर जवाब दे गए हैं, तो तुम मुझे कैसे ठीक कर लोगे, अब मुझे कोई अच्छा नहीं कर सकता। डॉक्टर को लाने की कोई आवश्यकता नहीं है और मेरी एक बात ध्यान से सुनो।"

"क्या?"

यह कहकर डॉ॰ भीमराव अम्बेडकर बैठ गए। वे रामाबाई के रुग्ण चेहरे की ओर देखने लगे। उनकी हालत देखकर वह भी बहुत दुःखी थे। उनकी पीड़ा उनसे देखी नहीं जा रहा था।

रामाबाई ने धीरे से कहा—"मेरे यशवन्तराव को कलेजे से लगाकर रखना। यह मेरा इकलौता बेटा है—आँखों का तारा है। मेरे मर जाने के पश्चात् इसका लालन-पालन व देख-रेख आप ही को सब कुछ करना है।"

"बेटे के बारे में चिन्ता न करो रामबाई? मैं अपने बेटे को अपनी आँखों में बिठा कर रखूँगा। वह मेरा भी तो इकलौता पुत्र है, आख़िर मैं भी तो उसका पिता हूँ, फिर ख़्याल क्यों न रखूँगा।"

"और सुनो।" उन्होंने कराहकर कहा।

"क्या?"

"तुमने अछूतों का उद्धार करने का जो संकल्प लिया है, उसे पूरा करके रहना। इससे मेरी आत्मा को शान्ति मिलेगी, इसलिए कहती हूँ। कभी अपने कार्य से पीछे मत हटना, यह काम तुमको हर हालत में करना।"

"प्रिये, वह संकल्प लगभग पूरा हो चुका है। आज ही महात्मा गाँधीजी से मेरा समझौता हुआ है। तुम अच्छी हो जाओगी। रामबाई! मेरा अंतःकरण कह रहा है। मैं तुम्हें कुछ नहीं होने दूँगा, मैं अभी डॉक्टर को बुलाकर लाता हूँ।"

"देखो, समय बहुत कम है। मेरी आशा मत करो। मेरे जीवन के दिन पूरे हो गए हैं। मैं बहुत कमज़ोर हो गई हूँ। अब मेरा बचना सम्भव नहीं है इसलिए कोशिश करना बेकार है।"

"निराश होने की ज़रूरत नहीं है रामाबाई! मैं तुम्हें मरने नहीं दूँगा। तुम देखोगी अछूत नल से पानी लेंगे। तुम्हारे सामने वे कुएँ पर जाएँगे और पानी भरेंगे। इसी तरह तालाबों पर जाने से उन्हें कोई नहीं रोकेगा।" कहते हुए डॉ॰ भीमराव अम्बेडकर की आँखें भर आईं, वह रोते हुए उन्हें तसल्ली दे रहे थे।

"अच्छा हो कि यह सब हो, मगर मैं थोड़ी देर की मेहमान हूँ। मुझे सुनकर खुशी हुई कि तुम्हें सफलता मिली है और तुम अछूतों के लिए यह सब कर रहे हो।"

"रामाबाई! तुमने मेरे लिए इतना बड़ा त्याग किया है। मुझे ऊँची शिक्षा दिलाने में तुम्हारा सबसे बड़ा सहयोग है। तुमने प्रेरणा दी, तुमने हिम्मत बँधाई, तभी मैंने तकलीफ़ उठाकर ऊँची शिक्षा पाई है, अब अच्छा समय आ रहा है तो तुम मुझे छोड़कर जा रही हो। क्या तुम्हें दलितों को उद्धार होते हुए अपनी आँखों से नहीं देखना है?"

उन्होंने अपनी अर्धांगिनी रामाबाई को दवा खिलाई लेकिन उनकी निर्बलता प्रतिदिन बढ़ती ही जा रही थी। चेहने की रंगत जर्द पड़ गई थी, आँखें अन्दर को धँसती चली जा रही थीं। सूखकर काँटा बन गई थी।

डॉ॰ भीमराव अम्बेडकर ने अपने घुटने पर अपनी पत्नी का सिर रख लिया। बहुत दुःखी हो गए थे, इसलिए आत्त स्वर में कहने लगे—"प्रिये, मैंने

दलित-वर्ग के लिए जो कुछ चाहा था, वह सब कर लिया। अब उन्हें योग्यता के अनुसार हर सरकारी नौकरी में जगह दी जाएगी। उनके आरक्षण का भी पूरा-पूरा प्रबन्ध हो गया। तुम इतनी ज़्यादा बीमार हो जाओगी मैंने सोचा भी न था। इस वक्त मुझे तुम्हारी ज़रूरत है और तुम मेरा साथ छोड़कर जा रही हो।"

यह सुनकर रामाबाई बोलीं–"जो आदमी नहीं सोचता, वही होता है। मेरा सपना था कि मैं दलितों का उद्धार अपनी आँखों से देखूँ, लेकिन शायद भगवान् को यही मंजूर है कि मैं यह सब न देखूँ।"

इसके बाद वह कुछ नहीं बोल पाई। उनके मुँह में पानी डाला तो एक हिचकी आई और उनकी गर्दन दाहिनी ओर को लटक गई।

यशवन्तराव खड़ा था। उसने यह देखा तो माँ के ऊपर धम से गिर पड़ा। डॉ॰ भीमराव अम्बेडकर भी रामाबाई के मृत शरीर से लिपट गए और करुण विलाप करने लगे। घर में गम का मातम छा गया। पड़ोस में भी ख़ामोशी छा गई। डॉ॰ भीमराव अम्बेडकर की पत्नी का देहान्त हो गया। पड़ोस में रहनेवाले व्यक्तियों को भी बहुत बड़ा दुःख पहुँचा। घर में शोक का वातावरण कई दिन तक छाया रहा। डॉ॰ भीमराव अम्बेडकर भी पत्नी की कमी को महसूस कर रहे थे।

रामबाई की अन्त्येष्टि के बाद डॉ॰ भीमराव अम्बेडकर जैसे पागल-से हो गए थे। अब उनकी समझ में कुछ नहीं आ रहा था। वे ज़रूरत से ज़्यादा परेशान हो गए। उनकी बुद्धि काम करना बन्द कर दिया। उन्हें जीवन से वैराग्य हो गया था। उनकी ज़िन्दगी बिलकुल नीरस हो गई थी। अब घर में आने के बाद उन्हें चारों ओर सन्नाटा-ही-सन्नाटा नज़र आता था।

इसी समय डॉ॰ भीमराव अम्बेडकर अपने सिर के बाल को मुड़वा लिए और भगवा परिधान धारण कर लिए। इसी के पश्चात् इन्हें हर व्यक्ति बाबा साहब कहकर पुकारने लगे। कई महीने उदासी में गुज़र गए। फिर उनका ध्यान अछूतों की ओर गया और वे उनके अधिकारों के विषय में सोचने लगे। लेकिन पत्नी के मरने के बाद उनमें वह हिम्मत और शक्ति न रह गई थी, जो पहले थी।

इन दुःख के दिनों में कितने ही निमन्त्रण सभा के आए, मगर वे कहीं नहीं गए। उन पर जैसे किसी बात को कोई असर ही नहीं होता। वे न जाने किन विचारों में खोए रहते।

सच बात तो यह थी कि रामाबाई की मृत्यु ने उनमें बहुत बड़ा परिवर्तन कर दिया था। अब उनमें पहले जैसी स्फूर्ति व उत्साह नहीं रह गया था। उनकी ज़िन्दगी नीरस व भावहीन-सी प्रतीत होने लगी थी।

इनका कही भी आना-जाना बन्द हो गया था, लेकिन जहाँ ये अनिवार्य समझते वहाँ चले जाते थे। वरना सारा दिन वह घर ही में पड़े रहते। पत्नी के वियोग ने उन्हें अन्दर तक झकझोरकर रख दिया था।

इसी तरह दिन कटते रहे परन्तु लोग सोचने लगे, अगर यही परिस्थिति रही तो जल्दी ही वह दिन आ जाएगा, जब बाबा साहब राजनीति से संन्यास ले लेंगे। उनकी हालत देखकर लोगों को बड़ी चिन्ता होने लगी और भविष्य के विषय में चिन्तित रहने लगे।

कुछ समय बाद चर्चा गर्म हुई कि डॉ॰ भीमराव अम्बेडकर राजनीति से संन्यास ले रहे हैं। पत्नी गुज़र चुकी थीं। कॉलेज में प्रिंसिपल का पद सँभाल रहे थे। सुना जा रहा था कि उनको हाई कोर्ट का जज बनाया जा रहा है। उस समय डॉ॰ भीमराव अम्बेडकर के धर्म परिवर्तन की चर्चा फैल गई। इस समाचार पर आश्चर्य हो रहा था। वह बदायूँ में एक मुस्लिम कॉन्फ्रेन्स में सम्मिलित थे। सभी लोग यह ख़बर सुनकर आश्चर्यचकित हो रह थे।

उधर क्रिश्चिन प्रतीक्षा में थे, डॉ॰ भीमराव अम्बेडकर क्रिश्चिन हो गए तो करोड़ों क्रिश्चिन बन जाएँगे। सभी धर्म समुदाय उन्हें अपनी-अपनी ओर आने का निमन्त्रण दे रहे थे।

उधर बौद्ध-धर्म स्वीकार करने की चर्चा भी थी। सिक़्ख-धर्म की ओर से भी उन्हें धर्म परिवर्तन की दावत दी गई थी। सभी धर्म समुदाय उन्हें अपनी ओर खींच रहे थे।

इस पर डॉ॰ भीमराव अम्बेडकर ने कहा था–"धर्म कोई घर या घड़ा नहीं है, जो इच्छा होने से ही बदला जा सके।"

उन्होंने अपने आपको पूर्णतया धर्म-परिवर्तन के लिए तैयार कर लिया था। उन्होंने निर्णय लिया था कि यदि जनता उनके द्वारा अपनाए गए रास्ते स्वीकार कर लेगी या उनका साथ नहीं देगी।

डॉ॰ भीमराव अम्बेडकर उन लोगों में से नहीं थे कि समाज के लिए धर्म को अनिवार्य मानते। यदि हिन्दू-धर्म में पाँच वर्ष में बदलाव आया और दलितों के लिए कोई रास्ता निकल सका, जिससे वह मान-सम्मान के

अधिकारी हो सकें, तो वह धर्म परिवर्तन के विचार पर पुनः सोच सकते थे। उनकी मान्यता थी कि भारत को ऐसा तानाशाह क़िस्म का आदमी चाहिए, जो धार्मिक तथा सामाजिक क्षेत्र में अव्यवस्था व असमानता को मिटा सके। भेदभाव दूर करके अछूतों का उद्धार कर सके, उन्हें उनके छीने गए अधिकार वापस दिला सके।

डॉ॰ भीमराव अम्बेडकर किसानों को ज़मींदारी के प्रति विद्रोह करने के लिए प्रेरित कर रहे थे। यद्यपि कॉलेज़ के प्रिंसिपल के रूप में उनको यथोचित् सम्मान मिल रहा था। तथापि इस समय डॉ॰ भीमराव अम्बेडकर अपेक्षाकृत पहले से अधिक उग्र रूप में आ चुके थे। अब वह पहले से ज़्यादा क्रोधित नज़र आने लगे थे।

1912-13 जनवरी, सन् 1936 ई॰ को पूना में होनेवाली कॉन्फ्रेन्स में उन्होंने पुनः अछूत से अभिशप्त-वर्ग को सलाह दी थी, कि वे धर्म को ज़रूरी नहीं मानते कि बदलें, परन्तु वे नई स्थितियाँ पैदा कर सकते हैं जो एक प्रकार से नये धर्म का रूप हो सकता है। उन्होंने भ्रातृत्व भावना तथा समता पर बहुत ज़ोर दिया था। यह भी उन्होंने स्पष्ट कहा था कि धर्म परिवर्तन का मतलब यह नहीं होगा कि धर्म बदलते ही व्यक्ति नवाब या पोप हो जाएगा। व्यक्ति कहीं भी जाए, परन्तु उसे अपने सम्मानपूर्ण अस्तित्व के लिए संघर्ष अवश्य करना होगा। सवाल 'ब्रेड एण्ड बटर' का नहीं है। सवाल संघर्ष का है और व्यक्ति कहीं भी हो, उसे अपने को ऊपर उठाने के लिए संघर्ष करना ही होगा।

वह कतई जल्दी में नहीं थे। धर्म परिवर्तन का सवाल हिन्दू-धर्म के भाग्य से जुड़ा हुआ था और हिन्दू-धर्म पर कोई स्वर्ण जाति का ठेका तो नहीं है। उसमें रहते हुए भी आन्दोलन जारी रखा जा सकता है। भारत के इतिहास में यह समय कम संकट का नहीं था। इस वक्त सबकी दृष्टि डॉ॰ भीमराव अम्बेडकर पर टिकी हुई थी। उनके निर्णय से बहुसंख्यक जनता प्रभावित होती थी। 'यूथ कॉन्फ्रेन्स' में भी डॉ॰ भीमराव अम्बेडकर के विचारों पर बल दिया था। जनवरी, सन् 1936 ई॰ में जाति-पाँति तोड़क मण्डल, लाहौर में उसके वार्षिक अधिवेशन पर डॉ॰ भीमराव अम्बेडकर ने एक भाषण तैयार किया था। जाति-विरोधी नेताओं ने डॉ॰ भीमराव अम्बेडकर से इस सम्मेलन की अध्यक्षता करने की प्रार्थना की थी। वे चाहते थे कि डॉ॰ भीमराव अम्बेडकर अछूत दल के लिए एक ज़ोरदार भाषण दें।

15 मार्च, सन् 1936 ई॰ को चितरंजन थियोट्रिकल कम्पनी द्वारा मुम्बई में डॉ॰ भीमराव अम्बेडकर का सम्मान किया गया। 13 व 14 अप्रैल को डॉ॰ भीमराव अम्बेडकर सिक्ख मिशन्स कॉन्फ्रेन्स के लिए अमृतसर पहुँचे थे। इस कॉन्फ्रेन्स में दलित-वर्ग के लोग काफ़ी संख्या में पहुँचे थे। सभी लोगों ने ज़्यादा-से-ज़्यादा तादाद में पहुँचकर उनका भव्य स्वगत किया था।

उत्तर प्रदेश, पंजाब, केरल, उड़ीसा व अन्य राज्यों से अत्यधिक संख्या में अछूत (दलित) वर्ग के व्यक्ति पहुँचे थे। अवकाश प्राप्त डिस्ट्रिक्ट जज सरदार बहादुर हुकमसिंह ने उस कॉन्फ्रेन्स की अध्यक्षता की थी। सभी लोग डॉ॰ भीमराव अम्बेडकर को अपना नेता मानते थे, दलितों का मसीहा समझते थे।

यूथ कॉन्फ्रेन्स जो पूना में हुई थी, डॉ॰ भीमराव अम्बेडकर उससे बिलकुल संतुष्ट नहीं थे। 30-31 मई, सन् 1936 ई॰ में दादर में एक कॉन्फ्रेन्स हुई थी जिसमें डॉ॰ भीमराव अम्बेडकर ने मराठी में भाषण दिया था। उसके अन्तर्गत भी उन्होंने दलितों और पिछड़े वर्ग के लोगों के विषय में भाषण दिया।

वह भाषण लगभग पचास पृष्ठ का होगा। उसमें उन्होंने धर्म परिवर्तन के निश्चय को दोहराते हुए कहा था कि वे ऐसा किसी भौतिक उपलब्धि के कारण नहीं कर रहे हैं। हिन्दू-धर्म उनकी आत्मा को स्वीकार नहीं है, क्योंकि हिन्दू-धर्म ने उन्हें कभी मान-सम्मान नहीं दिया, कभी सम्मान की दृष्टि से नहीं देखा।

उनसे किसी ने पूछा—धर्म परिवर्तन से क्या लाभ होगा? आप अपना धर्म क्यों बदलना चाहते हैं? इस पर उन्होंने जवाब दिय—

"यदि भारत के लिए स्वराज्य आवश्यक है, तो दलितों के लिए धर्म-परिवर्तन भी ज़रूरी है। कारण दोनों ही स्वतन्त्रता की प्राप्ति के लिए संघर्ष कर रहे हैं। दलित-वर्ग भी अपनी स्वतन्त्रता चाहता है। अब वह मान-सम्मान और अधिकारों के साथ जीना चाहता है।"

पं॰ गोविन्द वल्लभ पन्त ने कहा था कि हरिजन दोनों लाभ नहीं उठा सकते, या वे हिन्दू रहते हुए पूरा पैक्ट के अन्तर्गत लाभ उठा सकेंगे अथवा वे धर्म परिवर्तन कर उसके सुख से लाभ उठा सकेंगे। इसका मुँहतोड़ जवाब देते हुए डॉ॰ भीमराव अम्बेडकर ने कहा कि यह कांग्रेस का 'स्टन्ट' है। उनका तर्क था कि दलित-वर्गों को जो सुविधाएँ दी गई हैं, वे उन्हें हिन्दू होने के कारण से

नहीं और न ही उन्हें कोटा से मिली हैं। बल्कि वह तो सामान्य क्षेत्र से मिली हैं। दूसरे, दलित-वर्ग का बँटवारा सामाजिक व आर्थिक आधार पर हुआ है। उस सयम डॉ॰ भीमराव अम्बेडकर के मन में इस्लाम-धर्म, ईसाई-धर्म और सिक़्ख-धर्म को लेकर अन्तर्द्वन्द्व चल रहा था जिसका परिणाम निर्णयात्मक रूप में सामने नहीं आ सका, परन्तु इतना निश्चित है कि हिन्दू-धर्म व उच्च जातियों के सामने उन्होंने एक ज्वलन्त प्रश्न उछाल दिया था, जिसका किसी के पास सही उत्तर नहीं था। उनका धर्म परिवर्तन का निर्णय हिन्दू-धर्म का बहुत बड़ा अपमान था।

डॉ॰ भीमराव अम्बेडकर हिन्दू-धर्म में दलित-वर्ग के जीवन, अस्तित्व और जीवन-सम्मान को महसूस नहीं कर पा रहे थे। उनकी दृष्टि में मनुष्य के लिए धर्म अपरिहार्य था। उससे मनुष्य को अन्तर्दृष्टि और जीने का सम्बल मिलता है।

धर्म के अभाव में मानव की दशा स्थिर नहीं होती है। इसका मन चंचलता से भरा रहता है। इसके आन्तरिक हिस्से में एक ही सवाल पैदा होता है कि हिन्दू-धर्म के अलावा वह किस धर्म को अपना धर्म माने। काफ़ी दिनों तक डॉ॰ भीमराव अम्बेडकर इसी बात पर सोच-विचार करते रहे।

डॉ. अम्बेडकर का दूसरा विवाह

डॉ. बी.आर. अम्बेडकर का पहला विवाह रमाबाई से हुआ था। वह एक सरल व ईश्वर भक्त महिला थीं। विवाह के पश्चात भी रमाबाई को जो सुख मिलना चाहिए वह नहीं मिल रहा था। अम्बेडकर लिखने-पढ़ने में इतने व्यस्त रहते थे कि परिवार के लिए समय निकालना बहुत कठिन हो जाता था। सन् 1935 को रमाबाई की मृत्यु बम्बई में हो गई। उनकी मृत्यु पर अम्बेडकर बिलख-बिलख कर रोने लगे तथा अपने रूँधे कुए कंठ से कहा था–"आज मैं संसार में अकेला हो गया। आज मेरा वह जीवन-साथी हमेशा के लिए मुझसे जुदा हो गया, जो गर्म हवा चलने पर मुझे अपने आँचल में मेरे लिए ठंडी बयार पैदा किया करता था।"

संविधान निर्माता डॉ. अम्बेडकर दिन रात संविधान के निर्माण में ही लगे रहते थे, खाना पीना भी भूल जाते थे। अपने स्वास्थ्य पर वे बहुत ही कम ध्यान देते थे, जिससे उनकी सेहत खराब होती चली जा रही थी। अन्त में एक अस्पताल में उन्हें भर्ती कराया गया। उसी अस्पताल में कुमारी डॉक्टर सविता

कबीर नामक एक युवती के सम्पर्क में आये जो कि उनकी सेवा सुश्रुवा अस्पताल में बड़ी ही तल्लीनता से कर रही थीं। सविता सारस्वत ब्राह्मण थीं तथा अम्बेडकर के व्यक्तित्व व विद्वता से काफी प्रभावित थी। वह धीरे-धीरे अम्बेडकर से प्रेम करने लगीं जिसका सुखद अनुभव दोनों लोग करने लगे। दोनों लोगों के बीच आपसी प्रेम बढ़ने लगा।

पत्नी रमाबाई की मृत्यु के पश्चात अम्बेडकर अकेले ही जीवन व्यतीत कर रहे थे। उन्होंने दूसरा विवाह न करने का निर्णय ले चुके थे। परन्तु बीमारी के समय उन्होंने महसूस किया कि अब बिना जीवन-साथी के उनका जीवन सुखमय नहीं बन सकता तथा इसके लिए सविता से बढ़कर दूसरा कोई जीवन साथी नहीं मिल सकता। अतः उन्होंने कुमारी सविता के साथ दूसरा विवाह करने का निश्चय किया। उन्होंने बिना किसी से सलाह लिये ही कुमारी सविता के साथ कोर्ट के द्वारा विवाह कर लिया। विवाह के बाद उनके ऊपर बहुत आरोप भी लगाये गये थे, लेकिन उन्होंने इसकी कोई परवाह नहीं की, बल्कि सविता के साथ सुखमय दाम्पत्य जीवन व्यतीत करने लगे।

हिन्दू कोडबिल एंवअम्बेडकर का मंत्री पद से इस्तीफा

12 अगस्त 1948 को अम्बेडकर ने हिन्दू कोडबिल संसद में पेश किया। यह विवाह, तलाक, गोद-प्रकरण नाबालकियत और वारिस, संयुक्त परिवार सम्पत्ति इत्यादि महत्वपूर्ण विषयों से सम्बन्धित तथा इसके माध्यम से भारत की बहुत बड़ी जनसंख्या को प्रत्यक्ष व अप्रत्यक्ष रूप से सामाजिक न्याय का लाभ मिलता। परन्तु इस बिल का सिर्फ ससंद में ही नहीं, बल्कि सब जगह विरोध हुआ तथा यह बिल पास नहीं हुआ। इसका प्रमुख कारण नेहरू व उनके बीच उत्पन्न गहरा मतभेद था। सन् 1951 में इस विधेयक की काफी तर्क-वितर्क के बाद भी मात्र 4 धाराएँ ही पास हो सकी। कोडबिल के पास न होने से अम्बेडकर के सम्मान को काफी आघात पहुँचा, उन्होनें विधि मंत्री पद से इस्तीफा दे दिया।

अम्बेडकर के इस त्याग पत्र से कांग्रेस पार्टी को काफी आश्चर्य हुआ। कांग्रेस के कई बड़े नेताओं ने तथा स्वयं नेहरू ने भी प्रयास किया कि अम्बेडकर अपना इस्तीफा वापस ले लें, लेकिन वे तैयार नहीं हुए। वे जानते थे कि उनका नेहरू के साथ चलना बहुत कठिन है। इसलिए लोगों के बुलाने पर भी वे पीछे मुड़कर नहीं देखे।

दलित मसीहा का निधन

डॉ. भीम राव अम्बेडकर को 16 दिसंबर 1956 को बम्बई जाना था, वहाँ पर उन्हें धर्मान्तरण कार्यक्रम में भाग लेना था। इसके लिए वे 3 दिसंबर 1956 को इस कार्यक्रम के विषय में सोच रहे थे। शायद उनकी अन्तःप्रेरणा ने उन्हें जीवन के अन्तिम क्षणों का एहसास कराने लगी थी इसीलिए वे हर अधूरे कार्य को जल्दी से जल्दी पूरा करना चाहते थे। अतः उन्होंने अलमारी से कार्लमार्क्स की कृति "दास कैपीटल" निकाली तथा अपनी अधूरी कृति 'बुद्ध और कार्लमार्क्स" का अंतिम अध्याय पूर्ण किया।

3 दिसंबर की रात उन्होंने लिखने में ही व्यतीत कर दी। अम्बेडकर को 4 दिसंबर 1956 को राज्य सभा जाना था। थोड़ा विश्राम करने के बाद वे नित्य कर्म से निवृत्त होकर जलपान किये तथा राज्य सभा के लिए चले गये। वहाँ आम विषयों पर चर्चा होनी थी। इसलिए वे अधिक देर तक वहाँ 3 दिसंबर की रात उन्होंने लिखने में ही व्यतीत कर दी, रुकना ठीक नहीं समझे। वहाँ से वे जल्दी घर वापस आ गये। राजनैतिक दल के गठन के विषय में अम्बेडकर ने शाम के समय आचार्य पी.के. अत्रे व एस.एम. जोशी को पत्र लिखे। ये दोनों विपक्ष के महारथी नेता थे। उन्होंने पत्रों में रिपब्लिकन पार्टी में सहयोग देने तथा इसकी औपचारिक सदस्यता ग्रहण करने के लिए अनुरोध किया था। वास्तव में वे रिपब्लिकन पार्टी को संकीर्ण सीमाओं से बाहर निकाल कर राष्ट्रीय स्तर पर कांग्रेस को सशक्त विपक्ष देना चाहते थे। 5 दिसम्बर, 1956 का दिन था, काफी सर्द हवाएँ चल रही थीं, वे अन्य दिनों की अपेक्षा आज देर से जगे क्योंकि रात में काफी देर तक रत्तू के साथ काम करते रहे। नानक चन्द रत्तू उनसे विदा लेकर साईकिल से कार्यालय चले गये थे। उधर डॉ. सविता, डॉ. मालवंकर के साथ कुछ सामान खरीदने मार्केट चली गई। परन्तु संध्या तक वे नहीं लौटी। रत्तू अपने कार्यालय से शाम साढ़े पाँच बजे अम्बेडकर जी के पास पहुँच गया था। सविता के आने की खबर अम्बेडकर बार-बार नौकरों से करते रहते थे।

इतनी देर तक पत्नी का अतिथि के साथ बाहर रहना जबकि पति काफी अस्वस्थ चल रहा हो, अच्छा नहीं लगा। जैसे-जैसे अंधेरा चारों ओर फैलने लगा, उनका गुस्सा बढ़ने लगा। डॉ. अम्बेडकर का क्रोध चरम बिन्दु पर पहुँच चुका था। सब लोग भय से काँप रहे थे। तभी चोर की तरह अपराध बोध से ग्रस्त

श्रीमती अम्बेडकर डॉ. मालवंकर के साथ कोठी में प्रवेश किया। इनको पति के विकराल क्रोध के बारे में नौकरों ने बताया तो कमरे में जाने की हिम्मत नहीं पड़ी। वे भीगी बिल्ली की तरह खिड़कियों के शीशों में से झांक-झांक कर उनके चेहरे के आते-जाते भावों को पढ़ने का प्रयास करने लगी। अन्त में नानक चन्द्र रत्तू के सहयोग से डॉ. अम्बेडकर का गुस्सा रात के आठ बजे समाप्त हुआ। तभी जैन प्रतिनिधि मंडल उनसे मिलने आया। जैन धर्म एवं बौद्ध धर्म के तत्व दर्शन पर चर्चा करते हुये दोनों के मौलिक अन्तर पर विशद् चर्चा से जैन प्रतिनिधि इनसे काफी प्रभावित हुआ। अन्त में उन्होंने प्रतिनिधि मंडल को ''जैन और बुद्ध'' नामक अपनी कृति भेंट स्वरूप दी तथा अगले दिन के एक कार्यक्रम का निमंत्रण देकर प्रतिनिधि मंडल चला गया। इसके बाद डॉ. मालवंकर भी रात्रि को हवाई जहाज से मुंबई चले गये।

अब उन्हें विश्राम करने की इच्छा हुई तथा नानक चन्द ने तेल डालकर उनके सिर की मालिश की। थोड़ा आराम मिलने के बाद वे ''बुद्ध शरणं गच्छामि'' का जाप करने लगे तथा रत्तू को मनपशन्द गीतों का रिकार्ड रेडियोग्राम पर लगाने के लिए कहा। तभी रसोइया सुदामा खाना तैयार करके उन्हें भोजन करने के लिए बुलाने आया। उन्होंने सुदामा से थोड़ा चावल लाने के लिए कहा। उसे खाते हुये संगीत की मधुर स्वर लहरियों में खो गये।

फिर वे रत्तू के कंधे का सहारा लेकर अपने अध्ययन कक्ष में गये। उन्होंने अलमारी में से कुछ पुस्तकें निकाली। उनमें से एक पुस्तक को अपनी शय्या के पास की मेज पर रखवाई तभी उनके रेडियोग्राम पर महात्मा कबीर का प्रसिद्ध भजन ''चल कबीर तेरा भव सागर डेरा'' चल रहा था, इसमें वे खो गये थे। उन्होंने नानक चन्द्र रत्तू से कहा अलमारी में से ''बुद्ध और उनका धम्म'' की टाइप की हुई प्रस्तावना और परिचय की प्रति निकाल कर रखने को कहा। उन्होंने कहा मैं इन्हें रात में पढ़ूँगा। आचार्य अत्रे एवं एस.एम. जोशी के पत्र भी रखने को कहा। उनका भी पुनर्वलोकन करूँगा तब कल इन्हें मेल कर देना।'' श्रीमती अम्बेडकर पति के गुस्से से भयभीत थीं। डर के मारे सविता डॉ. अम्बेडकर के पास नहीं आई, वे अपने कमरे में जाकर सो गई।

6 दिसम्बर की सुबह होते ही पत्नी डॉ. सविता जब सोकर जगी तो उन्होंने सबसे पहले खिड़की से झांककर देखा, फिर उन्होंने दूर से आवाज लगाई। जब कोई प्रतिक्रिया नहीं हुई तो उनको आभास होने लगा कि अब वे इस संसार में

नहीं रहे। अम्बेडकर की अंतिम जीवन लीला समाप्त हो गई। ज्ञान का महर्षि धार्मिक, समाजिक और राजनैतिक जगत् में अपना प्रकाश फैलाकर देवलोक में विराजमान हो चुका था। सचमुच एक महान् आत्मा इस मायावी जगत् से उठ गई थी। भारतीय दीन-दुखियों, पीड़ितों, अछूतों एवं अस्पृश्यों के जीवन में आशा की किरणों को बिखरने वाला सूरज, वास्तविक भास्कर के उदय होने से पूर्व ही अस्त हो चुका था।

इनके मृत्यु की सूचना चन्द मिनटों में पूरे देश में फैल गई। समाचार के माध्यम से प्रसारित किया गया कि डॉ. अम्बेडकर अब इस दुनिया में नहीं रहे। आकस्मिक निधन की सूचना केन्द्रिय सरकार के मंत्रियों, मित्रों, सहयोगियों, रिश्तेदारों एवं गणमान्य व्यक्तियों को भेजी गई। थोड़े ही समय में उनकी मृत्यु का दुःखद समाचार पूरे देश में फैल गया। सभी लोग नेत्रों में आँसू लिये हुए उनके आवास 26, अलीपुर रोड की ओर दौड़ पड़े। सभी लोगों ने यह निर्णय लिया कि दलितों के मसीहा का पार्थिव शरीर का अन्तिम संस्कार हेतु इनकी प्रारम्भिक कर्मभूमि मुंबई ले जायी जाये। इसके लिए विशेष विमान की व्यवस्था तत्कालीन संचार मंत्री बाबू जगजीवन राम ने की। पं. जवाहर लाल नेहरू भी स्वयं आँखों में आँसू लिये हुये संवेदना प्रकट करने हेतु 26, अलीपुर रोड आये। इसके बाद अनेक मंत्रियों एवं गणमान्य लोगों ने अपनी शोक संवेदनाएँ प्रकट की। राज्य सभा की बैठक स्थगित कर दी गई। संसद का अधिवेशन प्रारंभ होते ही सुबह दस बजे पं. जवाहरलाल नेहरू ने सदन की कार्यवाही स्थगित करके अम्बेडकर को श्रद्धांजलि दी।

उनके अंतिम दर्शन हेतु सुबह से ही उनके आवास पर लम्बी भीड़ कतारों में खड़ी रही। शाम को छः बजे उनका पार्थिव शरीर एक सुसज्जित ट्रक पर रखा गया। उनकी शवयात्रा दिल्ली के प्रमुख मार्गों से होती हुई संसद भवन तक पहुँची। वहां से हवाई अड्डे के लिए रवाना हुई। हवाई अड्डे पर भी उनके दर्शन के लिए लोग एकत्रित हुए थे।

दिल्ली से अम्बेडकर के पार्थिव शरीर को लेकर डकोटा हवाई जहाज मुंबई के लिए उड़ान भरा। मुंबई पहुँचने पर अपने प्रिय नेता के अंतिम दर्शनार्थ काफी संख्या में लोग मौजूद थे। अगले दिन रात्रि को साढ़े सात बजे उनके पुत्र यशवंत राव अम्बेडकर ने अपने पिता की चिता को मुखाग्नि दी तथा उनकी चिता के सामने पचास हजार लोगों ने बौद्ध धर्म की शिक्षा ग्रहण की। अम्बेडकर का अंतिम संस्कार बौद्ध धर्म के अनुसार हुआ था।

भारत के संविधान निर्माता आज के कर्ण मरकर भी आज अमर हैं। वे महान विचारक, समाज सुधारक तथा अछूतों के उद्धारक थे। उन्होंने कई पुस्तकों की रचना की। उनके विचारों, कार्यों एवं पुस्तकों से हमें सदा प्रेरणा मिलती है तथा निरन्तर मिलती रहेगी। हम उस महान् दलित नेता को कोटि-कोटि नमन करते हैं।

2

डॉ० अम्बेडकर का सामाजिक संघर्ष

डॉ. भीमराव अम्बेडकर अनन्य कोटि के नेता थे, जिन्होंने अपना समस्त जीवन समग्र भारत की कल्याण कामना में उत्सर्ग कर दिया। खासकर भारत के 80 फीसदी दलित सामाजिक व आर्थिक तौर से अभिशप्त थे, उन्हें अभिशाप से मुक्ति दिलाना ही डॉ. अम्बेडकर का जीवन संकल्प था।

डॉ. भीमराव अम्बेडकर के व्यक्तित्व में स्मरण शक्ति की प्रखरता, बुद्धिमत्ता, ईमानदारी, सच्चाई, नियमितता, दृढ़ता, प्रचंड संग्रामी स्वभाव का मणिकचन मेल था। संयोगवश भीमराव सातारा गाँव के एक ब्राह्मण शिक्षक को बेहद पसंद आया। वे अत्याचार और लाँछन की तेज धूप में टुकड़ा भर बादल की तरह भीम के लिए माँ के आँचल की छाँव बन गए। बाबा साहब ने कहा- वर्गहीन समाज बनाने से पहले समाज को जातिविहीन बनान होगा। समाजवाद के बिना दलित-मेहनती इंसानों की आर्थिक मुक्ति संभव नहीं है।

डॉ. अम्बेडकर की रणभेरी गूँज उठी, श्समाज को श्रेणीविहीन और वर्णविहीन करना होगा क्योंकि श्रेणी ने इंसान को दरिद्र और वर्ण ने इंसान को दलित बना दिया। जिनके पास कुछ भी नहीं है, वे लोग दरिद्र माने गए और जो लोग कुछ भी नहीं है वे दलित समझे जाते थे।

बाबा साहेब ने संघर्ष का बिगुल बजाकर आह्वान किया, छीने हुए अधिकार भीख में नहीं मिलते, अधिकार वसूल करना होता है। उन्होंने ने कहा

है, हिन्दुत्व की गौरव वृद्धि में वशिष्ठ जैसे ब्राह्मण, राम जैसे क्षत्रिय, हर्ष की तरह वैश्य और तुकाराम जैसे शूद्र लोगों ने अपनी साधना का प्रतिफल जोड़ा है। उनका हिन्दुत्व दीवारों में घिरा हुआ नहीं है, बल्कि ग्रहिष्णु, सहिष्णु व चलिष्णु है।

बड़ौदा के महाराजा सयाजीराव गायकवाड़ ने भीमराव अम्बेडकर को मेधावी छात्र के नाते छात्रवृत्ति देकर 1913 में विदेश में उच्च शिक्षा के लिए भेज दिया। अमेरिका में कोलंबिया विश्वविद्यालय में राजनीति विज्ञान, समाजशास्त्र, मानव विज्ञान, दर्शन और अर्थ नीति का गहन अध्ययन बाबा साहेब ने किया।

वहाँ पर भारतीय समाज का अभिशाप और जन्मसूत्र से प्राप्त अस्पृश्यता की कालिख नहीं थी। इसलिए उन्होंने अमेरिका में एक नई दुनिया के दर्शन किए। डॉ. अम्बेडकर ने अमेरिका में एक सेमिनार में भारतीय जाति विभाजन पर अपना मशहूर शोध-पत्र पड़ा, जिसमें उनके व्यक्तित्व की सर्वत्र प्रशंसा हुई।

डॉ. अम्बेडकर के अलावा भारतीय संविधान की रचना हेतु कोई अन्य विशेषज्ञ भारत में नहीं था। अतः सर्वसम्मति से डॉ. अम्बेडकर को संविधान सभा की प्रारूपण समिति का अध्यक्ष चुना गया। 26 नवंबर 1949 को डॉ. अम्बेडकर द्वारा रचित (315 अनुच्छेद का) संविधान पारित किया गया।

डॉ. अम्बेडकर का लक्ष्य था- सामाजिक असमानता दूर करके दलितों के मानवाधिकार की प्रतिष्ठा करना। डॉ. अम्बेडकर ने गहन-गंभीर आवाज में सावधान किया था, 26 जनवरी 1950 को हम परस्पर विरोधी जीवन में प्रवेश कर रहे हैं। हमारे राजनीतिक क्षेत्र में समानता रहेगी किंतु सामाजिक और आर्थिक क्षेत्र में असमानता रहेगी। जल्द से जल्द हमें इस परस्पर विरोधता को दूर करना होगी। वर्ना जो असमानता के शिकार होंगे, वे इस राजनीतिक गणतंत्र के ढाँचे को उड़ा देंगे।

डॉ. अम्बेडकर एक मनीषी, योद्धा, नायक, विद्वान, दार्शनिक, वैज्ञानिक, समाजसेवी एवं धैर्यवान व्यक्तित्व के धनी थे। उनकी अद्वितीय प्रतिभा अनुकरणीय है।

"डॉ. अम्बेडकर के नेतृत्व में महाराष्ट्र का महार समुदाय दलित जागृति और राजनीतिक सक्रियता में अनेक दलित समुदायों के लिए हरावल दस्ते के रूप में कार्य कर रहा था। परंतु महार राजनीतिक आंदोलन के परिणामस्वरूप भी दो परस्पर विरोधी प्रवृत्तियां जन्म ले चुकी थीं। एक तो दलितों का एक भाग विभिन्न प्रकार की सरकारी 'सहूलियतों' का लाभ उठाकर बुर्जुआ वर्ग में शामिल हो चुका था। उसका गांवों और गरीबों से विशेष संपर्क नहीं रह गया है। दूसरे गुणवत्ता और सुरक्षा की दृष्टि से अधिकतर दलितों की जीवन-परिस्थितियों में गिरावट आ रही है।"

फुले युग से ही महाराष्ट्र के महारों में शिक्षा के प्रभाव, राजनीतिक चेतना और नौकरी मिलने के कारण आर्थिक संपन्नता के साथ-साथ सामाजिक सांस्कृतिक क्रांति और संस्कृतीकरण की भावना ने भी जोर मारा है। फिर भी जातीय भेदभाव के कारण ब्राह्मण-मराठों को उच्च्च दर्जा प्राप्त हो गया था। आक्षेप है कि दलितों

की सामाजिक-आर्थिक और राजनीतिक प्रगति असंतुलित है, कुछ ही जातियां लाभान्वित हुई हैं। पूर्व में लोकुर समिति ने अपने प्रतिवेदन में इसी बात की चर्चा की थी और आज तो अनेक शोधकर्त्ताओं के अध्ययन उपलब्ध हैं।

यहां हम भारत में दलित-आंदोलन के संदर्भ में डॉ. अम्बेडकर की भूमिका के प्रथम चरण की चर्चा करेंगे। इन्हीं के आधार पर उनकी नेतृत्व क्षमता, गहन शोध-परक अध्ययन वृत्ति और सामाजिक सक्रियता का अध्ययन किया जा सकता है। इस संबंध में निम्न बिन्दुओं पर ध्यान देना आवश्यक है :

जाति प्रथा के उद्गम और विकास के गंभीर अध्येता

डॉ. अम्बेडकर ने सन् 1916 में जब वे 'कोलंबिया विश्वविद्यालय', न्यूयॉर्क के शोध छात्र थे तभी से वे हम भारत में जाति प्रथा के उन्मूलन के लिये काफी कार्य किये थे। 9 मई, 1916 को डॉ. गोल्डन वाइज़र ने कोलंबिया विश्वविद्यालय में नृविज्ञान पर गोष्ठी आयोजित की और अम्बेडकर को भारत में 'जाति प्रथा की संरचना, उत्पत्ति और विकास' पर शोध प्रबंध पढ़ने के लिए आमंत्रित किया। इस प्रबंध में डॉ. अम्बेडकर ने जाति प्रथा के आधार पर जाति तंत्र की प्रकृति पर प्रकाश डाला और नृविज्ञान के विद्वानों के विचारों का उदाहरण देते हुए 'जाति' को परिभाषित किया। जाति प्रथा के प्रचलन की मान्यताओं की चर्चा की थी। एक स्थल पर डॉ. अम्बेडकर ने लिखा है कि "शुरू में मैं एक बात याद दिलाऊं कि अन्य समाजों के समान भारतीय समाज भी चार वर्णों में विभाजित था, ये हैं : ब्राह्मण या पुरोहित वर्ग, क्षत्रिय या सैनिक वर्ग, वैश्य अथवा व्यापारिक वर्ग तथा शूद्र अथवा शिल्पकार वर्ग या श्रमिक वर्ग।

इस बात पर उन्होंने इसमें जानकारी दी कि आरंभ में यह अनिवार्य रूप से वर्ग विभाजन या श्रम विभाजन का आदिम स्वरूप था। इसके अंतर्गत व्यक्ति दक्षता के आधार पर अपना वर्ण परिवर्तन कर सकता था और इसीलिए वर्णों में व्यक्तियों के कार्यों की परिवर्तनशीलता स्वीकारी थी। हिंदू इतिहास में किसी समय पुरोहित वर्ग ने अपना विशिष्ट स्थान बना लिया और इस तरह स्वयं सीमित प्रथा से जातियों का सूत्रपात हुआ। दूसरे वर्ग भी समाज विभाजन के सिद्धांतानुसार अलग-अलग खेमों में बंट गए। कुछ की संख्या अधिक थी तथा कुछ का नगण्य। वैश्य और शूद्र वर्ण मौलिक रूप से वे तत्त्व हैं, जिनकी जातियों की अनगिनत शाखा, प्रशाखाएं कालांतर में उभरी है। क्योंकि सैनिक व्यवसाय

के लोग असंख्य समुदायों में सरलता से विभाजित नहीं हो सकते, इसलिए यह वर्ण सैनिकों और शासकों के लिए सुरक्षित हो गया।

समाज का यह उप-वर्गीकरण स्वाभाविक रूप से किया गया था किंतु उपरोक्त विभाजन में अप्राकृतिक तत्त्व यह है कि इससे वर्णों में परिवर्तनशीलता के मार्ग अवरुद्ध हो गए और वे संकुचित बनते चले गए, और इन्हें जातियों का हिस्सा माना जाने लगा।''

उनका यह प्रबंध एक वर्ष उपरांत 'रॉयल एशियाटिक सोसाइटी', बंबई की शोधपत्रिका 'इंडियन एंटीक्वेरी' के मई, 1917 के अंक में प्रकाशित हुआ और बाद में पुस्तकाकार छपा और बहुप्रचारित हुआ।

अस्पृश्यता और सामाजिक विषमता

कोलंबिया विश्वविद्यालय में डॉ. अम्बेडकर ने जून 1916 में 'नेशनल डिवीडेंड फॉर इंडिया : ए हिस्टॉरिक एंड एनेलीटिक स्टडी' विषय पर डाक्टरेट के लिए शोध प्रबंध प्रस्तुत किया, जो बाद में 'ब्रिटिश भारत में प्रांतीय वित्त व्यवस्था का विकास' शीर्षक से प्रकाशित किया गया था। इस प्रबंध के अंत में उन्होंने सामाजिक उत्पीड़न और सामाजिक अन्याय पर प्रकाश डाला और जोर डाला कि राजनीतिक ताकत के बिना किसी भी देश की तरक्की संभव नहीं हो सकती है। अमेरिका में उच्च शिक्षा समाप्त कर अर्थशास्त्र आदि की पढ़ाई हेतु जून, 1916 में वे 'लंदन स्कूल ऑफ इकोनॉमिक्स एंड पॉलिटिकल साइंस' तथा बैरिस्टरी हेतु 'ग्रेज़ इन' में प्रवेश किया। लेकिन लंदन में शिक्षा के एक वर्ष के पश्चात् उन्हें नए संकट का सामना करना पड़ा था। अनुबंध के अनुसार बड़ौदा के महाराज सयाजीराव ने उनकी छात्रवृत्ति में बढ़ोत्तरी नहीं की न उन्हें ब्रिटेन में पढ़ने की अनुमति प्रदान की उन्हें क्या पता था यह व्यक्ति एक महापुरुष, मानवता का मसीहा बनने वाला है।

बीच में पढ़ाई छोड़कर अंततः जुलाई, 1917 में उन्हें विवश होकर भारत लौटना पड़ा। वे महाराजा बड़ौदा के सैनिक सचिव बने ताकि भविष्य में उन्हें राज्य का वित्त सचिव जैसा पद प्राप्त हो सके। लेकिन अमेरिका और ब्रिटेन में उच्च शिक्षा प्राप्त बड़ौदा राज्य के सर्वोच्च अधिकारियों में से कोई युवा डॉ. अम्बेडकर को अछूत जाति का होने के कारण चयन नहीं किया गया, न मिलने आया। उन्हें इस नाते बड़ौदा में किसी होटल अथवा होस्टल में रहने की जगह तक नहीं मिली। बड़ी मुश्किल से अम्बेडकर धर्म परिवर्तन कर एक पारसी होटल

में रुके लेकिन वहां भी उन्हें अछूत जाति का होने के कारण निकाल दिया गया। राज्य के चपरासी सरकारी फाइलों को उनकी मेज पर दूर से फेंककर जाते थे। वे इस व्यवहार से व्यथित हो उठे। उन्होंने महाराजा को इस विषय में एक टिप्पणी भेजी। लेकिन राज्य के दीवान ने (जो राज्य में प्रधानमंत्री स्तर का होता था) इस विषय में (महाराजा की ओर से) कुछ भी मदद करने से साफ इन्कार कर दिया था। ऊंची जातियों की घृणित मानसिकता को एक विद्वान अस्पृश्य अधिकारी बदल नहीं पाया, न रूढ़िवादी परंपराओं पर डॉ. अम्बेडकर की विद्वत्ता का प्रभाव पड़ा। भूखे-प्यासे और अपमानित अम्बेडकर को मजबूर होकर नवम्बर 1917 में बड़ौदा छोड़कर बंबई लौटना पड़ा। इसी समय उन्होंने अपना शोध प्रबंध 'भारत में छोटी जोत और उनका हल' (स्माल होलिडंग्स इन इंडिया एंड देयर रेमेडीज़) प्रकाशित किया।

अग्नि परीक्षा में खरे उतरे

अस्पृश्यता के विष से दंशित डॉ. अम्बेडकर बड़ौदा से बंबई आ गए। बंबई में उन्होंने काफी संघर्ष किया था। उन्होंने समाज को बदलने का स्वप्न देखा। दैनिक जीवन में हिंदुओं के पक्षपातपूर्ण व्यवहार से वे क्षुब्ध हो गए थे। इसके बावजूद उन्होंने पराजय स्वीकार नहीं किया था। अगर उनके साथ बड़ौदा में सब कुछ ठीक-ठाक चलता तो शायद भारत के करोड़ों अछूत मानवता का त्राण करने वाले इस मसीहा को खो देते। निस्संदेह वह उनकी मुक्ति संग्राम का योद्धा बनने के लिए ऊंची शिक्षा प्राप्त करके विदेश से लौटे थे जहां मानवता और वैयक्तिक गुणों तथा नागरिक स्वतंत्रता का बोलबाला था। एक पारसी सज्जन की मदद से अम्बेडकर ने दो छात्रों को ट्यूशन पढ़ाकर अपना जीविकोपार्जन भी किया था। उन्होंने स्टॉक और शेयर के क्षेत्र में उद्यमियों और व्यापारियों को सलाह देने का केंद्र भी चलाया। लेकिन अस्पृश्य होने के कारण उनके पास कोई नहीं आया। वे परिवार के पालन हेतु आर्थिक समस्या को हल करने और सामाजिक अस्तित्त्व के लिए किसी भी संघर्ष के लिए उद्यत थे। यह दौर उनकी अग्नि परीक्षा का था।

दलित जाति सम्मेलनों में भागीदारी

"नवंबर 1917 में बंबई में दलित जातियों द्वारा दो अधिवेशनों का आयोजन किया गया था। एक सम्मेलन में एक प्रस्ताव के जरिए यह मांग की

गई कि सरकार अछूतों के हितों की रक्षा करे और इसके लिए उनकी जनसंख्या के अनुपात के अनुसार विधानसभाओं में दलित जातियों को अपने प्रतिनिधि-निर्वाचित करने का अधिकार प्रदान किया जाना चाहिये। एक अन्य प्रस्ताव में सम्मेलन ने कांग्रेस-लीग के समझौते का समर्थन किया। ताकि रीति-रिवाज और धर्म के नाम पर दलित जातियों पर जो अयोग्यताएं पाईं गई थीं उन्हें पूर्ण रूप से समाप्त किया जा सके और इसके लिए उच्च जाति के हिंदुओं को प्रभावित करने पर बल दिया जाना चाहिये।

दूसरे दलित सम्मेलन में सवर्ण-हिंदुओं के हाथों में सत्ता-हस्तांतरण का विरोध करते हुए यह भी मांग की गई कि उन्हें अपने प्रतिनिधि चुनने के अधिकार प्राप्त हो अम्बेडकर का विचार था कि कांग्रेस-लीग समझौता दलितों के हित में नहीं था। इससे कार्यपालिका और विधायिका की शक्तियां उनके हाथ में केंद्रित होने का भय था।''

''मार्च 23 और 24, 1918 को बड़ौदा के महाराजा सयाजीराव गायकवाड़ की अध्यक्षता में अखिल भारतीय दलित वर्ग सम्मेलन का बंबई में आयोजन किया गया जिसमें प्रमुख नेताओं ने बढ़ चढ़कर हिस्सा लिया था। इस सम्मेलन का मुख्य उद्देश्य देश में फैली अस्पृश्यता को जड़ से समाप्त करने का आह्वान करना था। तिलक ने तो यहां तक कह डाला कि वे ईश्वर की सत्ता स्वीकार नहीं करेंगे, यदि अस्पृश्यता का कलंक नहीं मिटाया जाता। लेकिन उच्च जाति के हिंदुओं द्वारा चलाया गया इस प्रकार का अस्पृश्यता विरोधी अभियान डॉ. अम्बेडकर की दृष्टि में एक मृग मरीचिका सदृश ही था।

अम्बेडकर की सोच में यथार्थ की झलक थी क्योंकि जिस महाराजा ने उन्हें विदेश में छात्रवृत्ति देकर उच्च अध्ययन के लिए भेजा था, वह उन्हें अपने राज्य में अस्पृश्यता के पक्षधर रूढ़िवादी सवर्ण हिंदुओं से बिलकुल भी नहीं बचा पाए और उन्हें न सिर्फ उनकी रियासत में एक महत्त्वपूर्ण पद से हाथ धोना पड़ा, वरन् एक वर्ष पूर्व लंदन में अधूरी पढ़ाई छोड़कर भारत लौटना पड़ा और संकीर्ण-रूढ़िवादियों का दुर्व्यवहार का सामना भी करना पड़ा था। उन्हें बड़ौदा के सवर्ण चपरासियों तक से अपमानित होना पड़ा था। यहीं वह क्षण था जब उनमें सामाजिक क्रांति के विचार हिलोरे लेने लगीं और सामाजिक तौर पर नहीं वरन् कानून से अस्पृश्यता को जड़ से मिटाने और सत्ता में भागीदारी के संकल्प ने जन्म लिया। वैसे वे अपने बचपन और विद्यार्थी जीवन में अस्पृश्यता,

जातिभेद, गरीबी और सामाजिक विषमता से संबंधित काफी प्रताड़नाएं सही थीं।

नवम्बर, 1918 में उन्हें बंबई के सिडेनहम कालिज में राजनीतिक अर्थतंत्र के प्रोफेसर के रूप में नियुक्ति की गई थी। उनकी इतनी ख्याति बढ़ी कि दूसरे कालेजों के छात्र उनकी कक्षा में उनका लैक्चर सुनने आते थे। लेकिन लोगों के सामाजिक व्यवहार में कोई विशेष बदलाव अब तक दृष्टिगत नहीं हुये थे। धनंजय कीर के अनुसार, "प्राध्यापकों के लिए जिस बर्तन में पीने का पानी रखा जाता था उसमें से डॉ. अम्बेडकर पानी नहीं पी सकते थे। सवर्ण जाति के प्रोफसेरों को एतराज था।" वे इस पद पर 11 नवम्बर, 1918 से मार्च 11, 1920 तक रहे और लंदन में उच्च अध्ययन की ज्ञान पिपासा को शांत करने के कारण उन्होंने स्वतः त्याग पत्र दे दिया।

गैर-ब्राह्मण आंदोलन के जनक शाहू महाराज के साथ

"1890 में ज्योतिबा फुले की मृत्यु के बाद दलितों और शूद्रों के सामाजिक विकास और शैक्षिक प्रगति के कार्य में व्यवधान आ गया था। गैर-ब्राह्मण आंदोलन के समर्थक दो भागों में विभाजित हो गए थे। एक पक्ष में मध्यम दर्जे की मराठी जाति के शहरी बुद्धिवादी लोग थे तो दूसरी ओर वे क्रांतिधर्मी लोग थे जिनका मराठा किसानों में प्रभाव था। पहले पक्ष के लोग शूद्र की बजाय मराठा क्षत्रिय कहलाना श्रेयस्कर समझते थे। सन् 1900 में कोल्हापुर के महाराज शाहू महाराज ने इनका नेतृत्व किया और खुले आम ब्रिटिश सरकार का समर्थन किया और इस राजभक्ति का प्रयोग बाल गंगाधर तिलक जैसे धुरंधर कांग्रेसी नेता से लड़ने में किया। भारतीय इतिहास में आता है कि शाहू महाराज शिवाजी के वंशज थे इसलिए उनकी यह अंग्रेज भक्ति गले उन्हें रास नहीं आती थी।

"सन् 1919 में इस पक्ष ने एक गैर-ब्राह्मण दल का निर्माण किया था। यहां तक कि ब्राह्मण विरोध की आड़ में उन्होंने आर्थिक, सामाजिक और राजनीतिक जीवन में अपना वर्चस्व स्थापित कर लिया। इस पक्ष के लोग बीसवीं सदी के दूसरे दशक के मध्य में कांग्रेस की नीतियों के आलोचक बन गये थे। इन्हीं दिनों बंबई के मजदूरों पर कम्युनिस्ट पार्टी का काफी प्रभाव पड़ने लगा था। इस पक्ष ने महारों के संगठनों के नेताओं को प्रभावित किया। इस गैर-ब्राह्मण आंदोलन ने जो वास्तव में ब्राह्मण विरोधी आंदोलन था, अछूतों को अपने संगठन से जब अलग किया गया था, तब इसे शेठजी-भट जी (महाजन-साहूकार एवं ब्राह्मण)

विरोधी 'बहुजन आंदोलन' की संज्ञा प्रदान की गई। महाराष्ट्र के सतारा जिले के 30 गांवों में सन् 1919-1921 के मध्य इस गैर-ब्राह्मण पक्ष से प्रभावित किसान जातियों ने जमींदारों की फसलें उजाड़ दीं।

उन दिनों फुले के विचारों का काफी प्रभाव था। सामाजिक परिवर्तन और शैक्षिक आंदोलन, छत्रपति शाहू महाराज के ब्राह्मण-विरोधी या गैर-ब्राह्मण आंदोलन तथा महारों में सामाजिक-राजनीतिक चेतना की धारा बह रही थी। ऐसे में डॉ. अम्बेडकर का सामाजिक क्षेत्र में व्यापक स्वागत् किया गया था। शाहू महाराज ने तो इतना तक कह डाला कि युवा अम्बेडकर के रूप में दलित-अस्पृश्यों में उनका मसीहा रूप में जन्म हुआ है।

उन दिनों दलित-अस्पृश्यों की समस्याओं के विषय में पूरे महाराष्ट्र में छोटे-बड़े सम्मेलनों के आयोजन होने लगे थे। ऐसा ही एक दलित जातियों का सम्मेलन 1918 में नागपुर में हुआ जिसकी अध्यक्षता शाहू महाराज ने की। डॉ. अम्बेडकर आदि दलित नेता इसमें सम्मिलित हुए। 21, मार्च 1920 में दूसरा विशाल सम्मेलन कोल्हापुर में आयोजित किया गया। महार बहुल इन दलित सम्मेलनों में डॉ. अम्बेडकर तथा अन्य प्रमुख नेताओं ने भाग लिया था। इन दोनों सम्मेलनों में कोल्हापुर के शाहू महाराज ने बढ़-चढ़कर हिस्सा लिया। ब्राह्मणवादी विषमता की संस्कृति पर प्रहार किए गये। दलितों को एकजुट होने का आह्वान किया गया।

इसी सम्मेलन में महाराज ने कहा "डॉ. अम्बेडकर में वह सामर्थ्य और क्षमता है कि वह अस्पृश्यों के अखिल भारतीय स्तर के नेता बनेंगे।"

मई 1920 के नागपुर सम्मेलन में दलितों को संबोधित करते हुए डॉ. अम्बेडकर ने विट्ठल रामजी शिंदे के 'दलित वर्ग मिशन, (डिप्रैस्ड क्लासेज मिशन) की काफी आलोचना की जो जस्टिस सर नारायण चंदावरकर की सहायता से संगठित किया गया था। डॉ. अम्बेडकर ने स्पष्टतः कहा कि ऐसे संगठन और व्यक्ति दलित अधिकारों की वकालत करने के पात्र ही नहीं, न उन्हें ऐसा कहने का कोई अधिकार है जिसका संचालन अछूतों द्वारा नहीं किया जाता है। दूसरे शब्दों में केवल अस्पृश्य ही दलितों को संगठन चलाने का अधिकार प्राप्त है और अस्पृश्य ही दलितों की भलाई की बात सोच सकते हैं। यह एक ऐसी स्पष्ट घोषणा थी जिसने डॉ. अम्बेडकर को भावी रणनीति निश्चित करने में काफी बल बड़ौदा-बंबई के अपमान उन्हें अबतक विस्मृत नहीं थे।

पत्रकार अम्बेडकर : दलितों को वाणी दी

एक नन्हीं-सी किरण अनंत विश्वास और साधना के बल पर अंधेरे घरों में रोशनी देने के लिए कैसे सूरज का रूप ग्रहण कर लेती है, एक नन्हा-सा बीज कैसे विशाल वृक्ष बनने लगता है जो हजारों बेघरों को छाया प्रदान करता है, एक नन्हीं-सी बूंद कैसे विशाल समुद्र का रूप धारण कर लेती है और असंख्य लोगों की सदियों की तृष्णा शांत करती है और बंबई के सागर तट, महाराष्ट्र की भूमि पर कैसे एक अकेले कंठ की पुकार, लाखों-करोड़ों, मूक-दलित, दबे-कुचलों की ओजस्वी वाणी बन जाती है, यदि इसे समझना है, पहचानना है तो हमें डॉ. अम्बेडकर की जीवन शैली, उनके गहन पांडित्य, उनके हिमालयी धैर्य को देखना चाहिए। यह एक नए मसीहा, एक नए बुद्ध के अवतरण की कथा है।

क्रमशः सन् 1920 और सन् 1927 में डॉ. अम्बेडकर ने नितांत साधनहीन होते हुए 'मूकनायक' और 'बहिष्कृत भारत' पाक्षिक पत्रों का श्रीगणेश किया। इन पत्रिकाओं के अग्रलेखों में बाबा साहेब ने दलितों और बहिष्कृतों की तत्कालीन आर्थिक, सामाजिक एवं राजनीतिक समस्याओं पर प्रकाश डाला। उनकी दयनीय दशा ने उन्हें सामाजिक विसंगतियों पर क्षोभ व्यक्त करने तथा सवर्णों के अन्याय और शोषण का निर्भीकता से विरोध करने के लिए प्रेरित किया। यद्यपि 'बहिष्कृत भारत' और 'मूकनायक' में अग्रलेखों के अलावा सामयिक घटनाएं, आत्म परिचय, पत्र-व्यवहार, विचार-विनिमय आदि अन्य स्तंभ भी थे, जो समकालीन यथार्थ जगत के परिप्रेक्ष्य में उतने प्रासंगिक नहीं हैं।"

उनकी लेखनी से निकले हर शब्द से एक नया संदेश प्राप्त होता है। इनसे दलित आंदोलन में उनकी उत्कट अभिरुचि और योगदान की जानकारी मिलती जब देश में अस्पृश्यों की अपनी कोई आवाज नहीं थी। समस्त राजनीतिक दल और समाज सुधार संस्थाएं जिनकी लगाम सवर्ण हिंदू जातियों या संभ्रांत लोगों के हाथों में होती थीं। वे दलित जातियों को अपने-अपने राजनीतिक लाभों के लिए इस्तेमाल किया करते थे। वर्ण-व्यवस्था के अभिशापों के मूलोच्छेदन के लिए किसी भी दल, किसी भी नेता या समाज सुधारक ने इतना उल्लेखनीय कार्य नहीं किया।

अम्बेडकर की स्पष्ट धारणा थी कि अभी दलितों की सामाजिक हालत और मनःस्थिति यह बात समझने के लायक नहीं कि सवर्णों द्वारा छेड़े गए आजादी के आंदोलन से उनका कितना सहयोग प्राप्त है, वे तो पहले ही पुरोहित

वर्ग तथा सवर्ण समाज द्वारा थोपी गई अस्पृश्यता, जाति-प्रथा और गरीबी का भारी बोझ ढोकर पशुवत्, नरकतुल्य जीवन व्यतीत कर रहे हैं। अंग्रेजों ने भी उनके शोषण और दमन के चक्र को रोकने का प्रयास नहीं किया बल्कि उसे और मजबूत और गतिशील बनाया है। इन सब विसंगतियों, विषमताओं, दुहरे शोषण के कुचक्र को तोड़ने के लिए ही अम्बेडकर ने पत्रिकाओं का संपादन-प्रकाशन किया। उन्होंने स्वतंत्रता आंदोलन में भाग नहीं लिया था, लेकिन वे दलित मुक्ति के लिए सदा कार्य करते रहे।

'मूकनायक' का संपादन

'मूकनायक' पत्रिका के प्रथमांक में 31 जनवरी, 1920 को 'मनोगत' शीर्षक लेख में डॉ. अम्बेडकर ने जातीय और धार्मिक विषमता पर कटाक्ष करते हुए लिखाः

हिंदू धर्मावलंबियों में व्याप्त यह विषमता जितनी अनोखी है, उतनी ही निंदनीय *** कारण यह है कि विषमता के अनुरूप होने वाले व्यवहार का स्वरूप हिंदू धर्म के लिए शोभनीय नहीं कहा जा सकता। स्पष्ट है कि हिंदू धर्म में समाविष्ट होने वाली जातियां ऊंच-नीच की भावना से ग्रसित हैं। किंतु ध्यान में रखने लायक बात यह है कि इस मीनार में सीढ़ी नहीं है और इसलिए एक मंजिल से दूसरी मंजिल पर जाने के लिए मार्ग नहीं है। जो जिस मंजिल में जन्म लेगा उसे उसी मंजिल पर मरना है। नीचे की मंजिल का आदमी चाहे वह कितना भी लायक हो, ऊपर की मंजिल में वह प्रवेश नहीं कर सकता है तथा ऊपर की मंजिल का आदमी, चाहे वह कितना भी नालायक हो, उसे नीचे की मंजिल में ढकेल देने की ताकत किसी में नहीं है।

यदि स्पष्टतः कहना है, तो यह कहना पड़ेगा कि जातियों में व्याप्त पारस्परिक ऊंच-नीच की भावना गुण-अवगुण पर आधारित नहीं होती। जिन व्यक्तियों का जन्म उच्च जाति में हुआ है लाख दुर्गुणों के बावजूद उनकी गणना उच्च लोगों में ही की जाती है। उसी प्रकार नीच जाति में पैदा व्यक्ति कितना ही गुणवान् क्यों न हो, वह नीच ही रहेगा। दूसरे आपस में रोटी-बेटी का व्यवहार न होने ये आत्मीयता नहीं बढ़ती और एक जाति दूसरे से टूट जाती है।"
मूकनायक के अंक 2 में 14 फरवरी 1920 को 'स्वराज्य की समानता' के विषय में डॉ. अम्बेडकर ने लिखाः

"साधारणतः राज्य शासन के दो उद्देश्य हैं, एक शासन तथा दूसरा संस्कृति। शासन अर्थात अनुशासन एवं शांति। शांति भंग दो कारणों से हो सकती है, विदेशी आक्रमण से या आंतरिक असामंजस्य से। किसी भी राष्ट्र में वर्ग तथा गुट को पूरी तरह से समाप्त नहीं किया जा सकता है। यही नहीं, वर्गों तथा शक्ति के सामाजिक, आर्थिक, राजनीतिक व धार्मिक हित-संबंध परस्पर विरोधी होते हैं। ऐसे विरोध के कारण एक व्यक्ति अथवा वर्ग द्वारा अपने भले के लिए दूसरे व्यक्ति अथवा अन्य किसी तरीके से नुकसान पहुँच ने का प्रयास भी किया तो आंतरिक शांति भंग होने की संभावना होती है। शांते के अभाव में सामाजिक जीवन धोखे का होता है तथा मानव का नित्यप्रति का कार्य अवरुद्ध हो जाता है। डॉ. अम्बेडकर की सोच आज भी निःसंदेह नार्थक है जब अराजकता, आतंकवाद, अशांति को बढ़ावा मिल रहा है। भाई-भाई का गला काट रहा है। मानवता नहीं, धार्मिक उन्माद और कट्टरता का जन्म हो रहा है। सामाजिक और आर्थिक विषमताएं का जन्म हो रहा है। उनके रूप में बदलाव तो आया है परन्तु सामाजिक परिवर्तन के नाम पर लूट खसोट जारी है। नेता, अभिनेता, नौकरशाह, व्यापारी मालामाल होते जा रहे हैं।

28 फरवरी 1920 के मूकनायक के तीसरे अंक में डॉ. अम्बेडकर ने लिखा कि–

"जो सामाजिक बंधन उच्च जाति के हिंदुओं के लिए पोषक हुए हैं, वे इस बहिष्कृत समाज के लिए इतने घातक बन गए हैं कि इस वर्ग की नागरिकता के सभी अधिकार छीन लिये गये है।

1920 में ही उन्होंने लिखा कि "व्यक्तिगत स्वतंत्रता, व्यक्तिगत संरक्षण, व्यक्तिगत धन संपत्ति रखने का अधिकार, कानून की दृष्टि में समानता, सद्‌विवेक, बुद्धि के अनुरूप कार्य करने की स्वतंत्रता, भाषण की स्वतंत्रता तथा अपने अभिमत की स्वतंत्रता, सभा करने का अधिकार, देश के शासन कार्य में प्रतिनिधि भेजने का अधिकार, सरकारी नौकरी आदि प्राप्त करने का अधिकार हर व्यक्ति के नागरिक अधिकार होते हैं। मनुवादी व्यवस्था में ये सभी अधिकार बहिष्कृत समाज को प्राप्त नहीं थे। इन सबकी उत्पत्ति अस्पृश्यता और जाति भेद के परिणाम स्वरूप ही हुई थी। जब स्वतंत्र भारत के संविधान की डॉ. अम्बेडकर ने संरचना की, भारत के सभी नागरिकों को उन्होंने नागरिक अधिकार सुनिश्चित किए। बहिष्कृत समाज की प्रगति के अवरुद्ध मार्ग को उन्होंने खोला।

उन्होंने सच्चे देशभक्त की तरह **मूकनायक के छठे अंक में 10 अप्रैल, 1920 को संकेत दिया कि** "हिंदुस्तान द्वारा पूर्ण स्वराज्य प्राप्त करने का निश्चय किए बिना पूर्ण स्वराज्य नहीं मिलेगा।" उन दिनों कांग्रेस का गरम दल पूर्ण स्वराज्य प्राप्ति के लिए अंग्रेजी सत्ता को जड़ मूल से समाप्त कर देना चाहता था, नरम दल ब्रिटिश साम्राज्य के अंतर्गत स्वराज्य मांगनेवालों की राजनैतिक जमात थी। लेकिन डॉ. अम्बेडकर ने सदियों से सताए लोगों को संगठित कर उन पर थोपे गये सामाजिक बंधनों का निराकरण करने के लिये काफी योगदान किया था।

5 जून, सन् 1920 को प्रकाशित मूकनायक के 10वें अंक में **'अखिल भारतीय बहिष्कृत समाज परिषद'** द्वारा नागपुर में 30 तथा 31 मई तथा 1 जून, 1920 को आयोजित त्रिदिवसीय सम्मेलन की कार्यवाही, प्रतिनिधियों के भाषण और प्रस्ताव आदि का पूरा वृतांत है, जो दलित आंदोलन और अस्पृश्य महारों में सामाजिक-राजनीतिक जागृति तथा अधिकारों के प्रति सजगता का परिचय देता है।

प्रथम दिवस की कार्यवाही

यह सम्मेलन कोल्हापुर के महाराजा छत्रपति शाहू महाराज की अध्यक्षता में अत्यंत ठाट-बाट से आयोजित किया गया था। इसमें दस हजार से अधिक प्रतिनिधि तथा प्रेक्षकों ने हिस्सा लिया था। सम्मेलन के मंच पर युवा दलित लोकनायक डॉ. अम्बेडकर के अतिरिक्त सर गंगाधर चिटनवीस, शंकर राव चिटनवीस, सर बी. के. बोस, मिस्टर पंडित, बैरिस्टर बी. आर. द्रविड़, डॉ. परांजपे, कोठारी, बाबूराव यादव, श्रीपतराव शिंदे, रणदिवे, दत्तोपंत दलवी, पाटील, कदम इत्यादि वरिष्ठ एवं प्रतिष्ठित हिंदू नेता तथा शिवतरकर, भौंसले, रा. सा. पापन्ना, शिवराम जानबा कांबले, मेजर कृष्णराव कांबले, गोविन्द गोपाल कांबले तथा स्वागताध्यक्ष बाबू कालीचरण जैसे अस्पृश्य जाति के नेता और समाज सुधारक उपस्थित थे। नागपुर शहर और महाराष्ट्र में दलित समाज के इतिहास में शायद इतना भव्य और विशाल सम्मेलन का आयोजन कभी नहीं हुआ था जिसमें समूचे भारत के अस्पृश्य वर्ग के प्रतिनिधि और हिंदू समाज के सुधारक एकत्रित हुए हों।

शाहू महाराज ने कहा कि "किसी भी मनुष्य के लिए अस्पृश्य शब्द का प्रयोग खुले तौर पर वर्जित किया जाना चाहिये। आप सभी के लिए यह शब्द

प्रयोग में आता है, यह भ्रांति है। दरअसल तुम हिंदी राष्ट्र के ज्यादा बुद्धिमान, ज्यादा पराक्रमी, ज्यादा सुविचारी और ज्यादा स्वार्थ त्यागी घटक हे। कुछ लोगों ने बनावटी और स्वार्थवश ऊंच-नीच का भाव कर धर्म को निम्न स्तरीय बना दिया और अपने ही बंधु-बांधवों को पशुवत् बनाया।

अंग्रेजी राज ने मनु और धर्मशास्त्र, जो जातिवाद तथा असमानता को बढ़ावा देते हैं हटाकर मानवतावादी कायदे-कानून लागू करने का प्रयास किया और हिंदी प्रजा में समान अधिकार स्थापित किए। राष्ट्रीयता की भावना और सामाजिक समता का आदर्श प्रस्तुत किया गया था लेकिन उसे भी इन लोगों ने आगे नहीं बढ़ने दिया। मिशनरियों द्वारा पाठशालाएं प्रारंभ की गयी, हमारे अस्पृश्य समाज के बच्चों के साथ समता का व्यवहार किया, इन्हें यह भी नहीं सुहाया।" शाहू महाराज के भाषण में अंग्रेजी राज का गुणगान अवश्य था, लेकिन कुछ सच्चाइयां भी थीं। जैसे मद्रास में ब्राह्मणों द्वारा ब्राह्मणेतर समाज के साथ अन्यायपूर्ण व्यवहार, देश में जाति का मिथ्यात्व और अस्पृश्यता का व्यवहार। महाराजा का भाषण इतना भावप्रद, सहानुभूतिपूर्ण, करुणा और प्रेममयी भाषा में था कि दलित प्रतिनिधियों की आंखों में आंसू आ गए। उसमें समाज को जगाने, निर्भीक रहने, शिक्षा प्राप्त करने और एक जुट रहने के संदेशों से ओत-प्रोत था।

डॉ. परांजपे ने अस्पृश्यता की प्रचलित सामाजिक रूढ़ियों का विरोध करते हुए कहा कि "प्रत्येक समाज में अच्छे-बुरे लोग पाये जाते हैं। वर्ण व्यवस्था, गुण, कर्म और स्वभाव के अनुसार थी, आज उसका खोखलापन साबित हो चुका है, ब्राह्मणों को अपशब्द कहने की बजाय अस्पृश्य और दलितों को अपना आंदोलन चालू और दृढ़ करने पर बल दिया जाना चाहिये।"

उत्तर स्वरूप कोठारी ने कहा कि "ब्राह्मणेतर समाज की, अस्पृश्य वर्ग के आंदोलन की कुल्हाड़ी किसी जाति पर नहीं वर्णाश्रम धर्म पर, प्राचीन रूढ़ियों पर पड़ती है पर ब्राह्मण समाज को गुस्सा आता है। सौ वर्षों में अंग्रेजों ने शिक्षा व्यवस्था कम-ज्यादा की उसका दोष हम निकालते हैं, लेकिन 5000 वर्षों से अधिक ब्राह्मणों ने इतर वर्गों को शिक्षा से क्यों वंचित रखा, हर तरह के अधिकार क्यों छीने उस पर कोई ध्यान नहीं दिया। अब वक्त आ चुका है कि समस्त वर्गों को समान अधिकार प्रदान किये जाने चाहिये तथा मार्ग प्रशस्त किया जाना चाहिये। यह काम समाज और सरकार दोनों का है।"

द्वितीय दिवस की कार्यवाही

दूसरे दिन सम्मेलन का समापन की कार्यवाही सर गंगाधर राव चिटनवीस की अध्यक्षता में की गई थी। उन्होंने परिषद द्वारा चलाए गए 'अस्पृश्य-बहिष्कृत आंदोलन' के प्रति सहानुभूति प्रकट की। श्रीपतराव शिंदे ने अपने ओजस्वी भाषण में कहा कि करोड़ों बहिष्कृतों के साथ मनुष्यता के व्यवहार से राष्ट्र का भाग्योदय होगा। इस समाज की चिंता न की गई तो राष्ट्र की हानि होगी। मिशनरियों ने बहिस्कृत समाज को जागृत करने में काफी योगदान दिया था। उच्च वर्ग के समाज ने उनके साथ काफी निम्न स्तरीय व्यवहार किया था। अस्पृश्य धर्म और नीति में लेश मात्र भी परिवर्तन नहीं आया। अब उन्हें शिक्षा, समान अधिकार मिलने चाहिए। गुलामी की मानसिकता को दूर करने का प्रयास करना होगा। सार्वजनिक स्थानों पर खुद-ब-खुद अपने अधिकार को जताना होगा। जो उन्हें अस्पृश्य कहता है, वह स्वयं अस्पृश्य है। अगर ब्राह्मण का स्पर्श होता है तो अस्पृश्यों को खुद स्नान करना चाहिए, तभी छुआछूत का निवारण संभव हो सकेगा।

इसके बाद कोठारी ने अपने भाषण में कहा कुछ लोग ब्राह्मणेतर तथा अस्पृश्यों में फूट डालना चाहते हैं। अतः अपने आंदोलन को सफल बनाने के लिए उन्हें सतर्क रहना होगा। हमें समाज में किसी भी अन्याय से प्रतिकार लेना है, ऐसा संकल्प लेना होगा। जाति भेद राष्ट्र की उन्नति में बाधक है। अस्पृश्य तरुण भारत को स्वाभिमानी होना चाहिए तभी अस्पृश्यता दूर होगी, अन्य लोगों को सहानुभुति मिलेगी, समाज और राष्ट्र की तरक्की होगी।

तत्पश्चात् बाबूराव ने कहा कि वे सत्यशोधक हैं, सुरंग लगाकर पहाड़ उड़ाते हैं। उन्होंने भाषणबाजी को व्यर्थ बताया था। मराठा लोगों को चाहिए वे ब्राह्मण वर्ग के पीछे दौड़ने के बजाय अस्पृश्य लोगों को सहयोग प्रदान करें। ब्राह्मणों ने सदैव मराठों में द्वेषभाव, फूट डाली है, आज भी छत्रपति शाहू महाराज जब नागपुर पधारे तो नागपुर के राजा साहब पलायन कर गए। यह सब ब्राह्मणद्वेष का मामला है। दलितों का एकजुट होना समय की पुकार है। दलित आंदोलन उनकी मुक्ति का आह्वान है। इसके बाद शिवराम जानबा कांबले ने अपने मर्मस्पर्शी शब्दों में कहा, ''जाति भेद का ढकोसला ब्राह्मणों की देन है और हमारी उन्नति के मार्ग में कांटे के समान है। हमारे पूर्वजों ने आर्काट, गोरेगांव में अंग्रेजी फौज में रहते हुए विजय दिलाई और अपार वीरता का

परिचय दिया, उन्हीं के बहादुर और पराक्रमी वंशज जातिभेद, धर्म और अस्पृश्यता के बंधनों को झेल रहे हैं, उसे तोड़ डालिए। कोल्हापुर के छत्रपति महाराज अपने राज्य में हमारे अस्पृश्य वर्ग को समानता का व्यवहार देकर और अन्यत्र हमें मार्गदर्शन प्रदान करके हमारे मुक्तिदाता बन गए हैं। इसके लिये सदा हम उनके आभारी रहेंगे।"

'डिस्प्रेस्ड क्लास मिशन' के बर्वे महोदय बोले कि अब समय आ गया है ब्राह्मणों को छिया-बिलाई का खेल बंद करना पड़ेगा तभी देश, जाति का विकास संभव हो सकेगा। शिक्षा और संगठन से सभी अधिकारों को प्राप्त करना होगा। सामाजिक न्याय, समानता, अधिकार प्राप्त करने के लिए सबको मिल जुल-कर अपने मुक्ति आंदोलन को सुदृढ़ बनाना, यही हमारी आजादी की बात होगी।

इसके बाद शिवतरकर ने कहा आज शिक्षा की कुंजी ब्राह्मणों के हाथ में है; इसलिए हमें अनिवार्य शिक्षा चाहिए, तभी समानता और अधिकार प्राप्त किये जा सकेंगे। हमारे कुछ व्यक्ति कोर्ट मार्शल कौंसिल के अध्यक्ष रहें हैं, विधि विशेषज्ञ रहे हैं तो हममें योग्यता का अभाव कहां है? समान अवसर मिलेंगे, शिक्षा मिलेगी तो हम प्रतिभावान् पराक्रमी और राष्ट्र निर्माता बन सकेंगे।"

बैरिस्टर बक महोदय ने दलित आंदोलन को सुदृढ़ करने के लिए स्थायी फंड का निर्माण करने पर बल दिया। इसके तुरंत बाद शाहू महाराज ने इस फंड में 5,000 रुपए, बाबू कालीचरण ने 1,000 रुपए तथा बहिष्कृत प्रतिनिधियों ने मोटी रकमें देकर सहयोग दिया था। कुछ लोगों ने आर्थिक सहयोग के अभिवचन दिए। बाद में रायसाहब पापन्ना जालय्या की अध्यक्षता में विषय नियामक समिति की बैठक संपन्न हुई। शाहू महाराज ने कहा कि उनके मित्र निंबालकर, भौंसले, बाबूराव यादव, कदम, दत्तोबा पेंटर तथा केलगाम के पटेल ने बहिष्कृत आंदोलन' और दलित मुक्ति संग्राम में जीवन अर्पित करने की कसमें खायीं थीं।

नागपुर त्रिदिवसीय सम्मेलन के प्रस्ताव

तीसरे दिन बड़ौदा राज्य अस्पृश्य वर्ग शाला के निरीक्षक और शिक्षाविद कृष्णराव कांबले की अध्यक्षता में प्रस्ताव पारित किए गए। पहले प्रस्ताव में सरकार के प्रति निष्ठा व्यक्त करने का प्रयास किया गया था। दूसरे प्रस्ताव में विधायिकाओं में प्रतिनिधित्व की मांग की गई और बहिष्कृत वर्ग को राजनीतिक सत्ता में भागीदारी के लिए अपील की गई। तद्नुरूप प्रस्ताव में बंबई प्रेसीडेंसी

में पांच और मध्यप्रांत और बरार (सेंट्रल प्रोविंसेज एंड बरार) में पांच प्रतिनिधि कौंसिल में नामांकित किए जाने की मांग की गई।

प्रस्ताव के अनुमोदन में गवई ने कहा, 'होमरूल आंदोलन' राजनैतिक सत्ता अर्थात् स्वराज्य प्राप्ति का आंदोलन है। स्वराज्य में हमें प्रतिनिधित्व करने का अधिकार में भागीदारी प्राप्त हो, इसीलिए हमने बहिष्कृत (दलित) आंदोलन का आयोजन किया है। हमें जनसंख्या के अनुसार प्रतिनिधित्व मिलना चाहिए। यह प्रस्ताव सर्वसम्मति से पारित कर दिया गया।

तीसरे राजनीतिक प्रस्ताव में बहिष्कृत वर्ग के प्रतिनिधियों के नामांकन में 'डिप्रैस्ड क्लास मिशन' (भारतीय निराश्रित सहायता मंडल) की खुलकर आलोचना की गई जो समाज विरोधी संगठन बन कर रह गया था। बी.आर. द्रविड और रा. कदम जो वकील थे। ने साफ-साफ शब्दों में कहा कि यह मिशन बहिष्कृत आंदोलन को ठंडा करने का प्रयास मात्र है। भटकर के प्रस्ताव का अनुमोदन गणेश अवकाजी गवई ने किया कि मिशन की बजाय हमारी परिषद से नामांकन के विषय में राय ली जानी चाहिए।

चतुर्थ प्रस्ताव में कहा गया कि अब तक सरकार ने बहिष्कृत वर्ग की सामाजिक-आर्थिक उन्नति और शिक्षा प्रचार में विशेष रुचि नहीं दिखाई। हमारे लोगों ने उनकी सालों तक हर विभाग में बिना किसी वेतन के कार्य किया। इसलिए हमारी प्रगति के लिए जिलेवार काम करने के लिए स्वतंत्र विभाग की स्थापना की जानी चाहिये।

पांचवें प्रस्ताव में स्थानीय निकाय और जिला परिषदों में बहिष्कृत समाज के प्रतिनिधि नामांकित किए जाने की अपील की गई।

छठवें प्रस्ताव में लड़के-लड़कियों की अनिवार्य शिक्षा के लिए सरकार से अनुरोध किया गया। प्रस्ताव पर शिवतरकर, पुराणिक महोदय, श्रीमती बनसोड, कुमारी रुक्मिणीबाई कोटांगले ने अपने विचार रखे। प्रस्ताव सर्वसम्मति से पारित हुआ।

सातवें प्रस्ताव को प्रस्तुत करते हुए दत्तोपंत पवार ने कहा कि शिक्षामंत्री ब्राह्मणेतर होना चाहिए। मकेसर महोदय ने अनुमोदन किया और बाबूराव यादव द्वारा इसकी पुष्टि की गयी। यह प्रस्ताव भी सर्वसम्मति से पास हुआ।

आठवें प्रस्ताव में बहिष्कृत वर्ग के अधिकाधिक विद्यार्थी टीचर्स ट्रेनिंग कालेज में प्रविष्ट करने के लिए अपील की गई। इसे सेनू नारायण मेढ़े ने प्रस्तुत किया और वासनिक महोदय ने अनुमोदित किया।

नौवें प्रस्ताव में नौकरियों में आयु सीमा बढ़ाए जाने की मांग की गई ताकि दलित वर्ग को सभी क्षेत्रों में नौकरियां प्राप्त हो सके।

''बहिष्कृत दलित-अस्पृश्य समाज के सर्वमुखी उन्नयन और विकास के लिए कुछ अन्य प्रस्ताव भी पारित किए गए जो दलित आंदोलन की भावी नीति तैयार करने में डॉ. अम्बेडकर आदि नेताओं के मार्ग दृष्टा बने। यहां यह उल्लेखनीय है कि उन दिनों कांग्रेस ने देश में ब्रिटिश सरकार से शांतिपूर्ण सहयोग करते हुए नागरिक अवज्ञा आंदोलन की शुरूआत की जा चुकी थी और राजकाज को पंगु बनाने के लिए बहिष्कार की घोषणा कर दी थी।

उस समय अम्बेडकर मूकनायक का प्रकाशन जारी रखा।

9 अक्टूबर 1920 के मूक नायक के 18वें अंक में उन्होंने 'उन्नति के साधन' शीर्षक मराठी अग्रलेख में दलितों का शिक्षित होना अत्यंत महत्वपूर्ण बताया था। उन्होंने बहिष्कृत समाज से आशा की कि वे ''अपनी वास्तविक उन्नति के साधन शिक्षा को अत्यंत तृषातुर होकर अभी से पान करते हुए अन्य लोगों के साथ सुधार हेतु पढ़ाई में स्वयं का स्तर ऊंचा उठाने के लिये प्रयासरत रहेंगे।

23 अक्टूबर 1920 के मूकनायक के 19वें अंक में ''हिंदी राष्ट्र की प्राण प्रतिष्ठा'' शीर्षक मार्मिक अग्रलेख में लिखा कि ''अंग्रेजी विद्या के अध्ययन तथा पाश्चात्य देशों एवं वहां की संस्थाओं के इतिहास के अनुशीलन से हिंदुस्तान के युवाजनों को राजा तथा प्रजा के अधिकार समझ में आने लगे। उस दौरान अनियंत्रित राजसत्ता में अनेक कमियां दृष्टिगत होती थीं। स्वतंत्रता की कल्पना स्पष्टतः समझ में आने लगी। स्वतंत्रता के लिए ब्रिटिश जनता द्वारा किए गए तथा चलाए गए संघर्ष उनके ध्यान में आए, व्यक्ति स्वातंत्र्य का मार्मिक अर्थ समझ में आने लगा। देश की अधोगति का चित्र हृदय पटल पर प्रतिबिंत हुआ...अन्याय, विषमता तथा प्रजा के अधिकारों की अवहेलना के प्रकरण सरकार के सामने रखे गए।''

आगे उन्होंने कहा कि ''कुलीन और संभ्रांत लोगों ने अंग्रेजों से सांठ-गांठ कर काफी लाभ उठाया था। उन्होंने उच्च शिक्षा तक ग्रहण किये तथा उच्च पद पर नौकरियों प्राप्त की थीं। अब वे पूर्ण सत्ता के लिए सरकार के काम में व्यवधान डाल रहे हैं। इधर ये अब उठ खड़े हुए हैं। परन्तु अछूत अभी नहीं खड़े हुए हैं। धर्म बंधु 'बहिष्कृत भारत' की कोई परवाह नहीं करते।''

'बहिष्कृत भारत' का संपादन

डॉ. अम्बेडकर ने दलित आंदोलन को नई दिशा प्रदान करने और बहिष्कृत समाज की सामाजिक-आर्थिक एवं राजनीतिक आवाज उठाने के लिए सन् 1927 में 'बहिष्कृत-भारत' पत्रिका निकाली। इंगलैंड से लौटकर अपने जीवन का उद्देश्य दलितों को समर्पित करके उन्होंने इस युग परिवर्तनकारी कार्य किया। इसी संदर्भ में 14 मार्च, 1927 को महाड़ में "कोलाबा जिला बहिष्कृत परिषद्" स्थापित की जिसके तत्त्वावधान में सामाजिक आंदोलन और अप्रैल 1927 से **'बहिष्कृत भारत'** का प्रकाशन शुरू किया। इसके संपादन करने का बीड़ा स्वयं उठाया। एक वर्ष की अल्पावधि में उन्होंने समूचे महाराष्ट्र (तब बंबई प्रेसीडेंसी) और महाराष्ट्र को स्पर्श करने वाले प्रांतों में तथाकथित ब्राह्मण अभिमान को चूर-चूर कर दिया। अस्पृश्य जातियों के शोषण और उन पर किए जाने वाले अत्याचारों, उनके मौलिक अधिकारों के हनन और सामाजिक बंधनों को जड़ से समाप्त करने का प्रयास किया था। वस्तुतः 'बहिष्कृत भारत' मराठी भाषी लाखों दलित-अछूतों की आवाज बन चुका था।

लगभग दो वर्षों तक वे इसका प्रकाशन नियमित करते रहे। इस बीच मुंबई विधान सभा में सदस्य के रूप में उन्होंने विद्वत्तापूर्ण भाषण दिए, लेकिन मराठी में पत्रकारिता जारी रखी। उन्होंने दलितों की दयनीय अवस्था के साथ-साथ हिंदू धर्म की कमजोरियों, अस्पृश्यता के व्यवहार और जाति व्यवस्था पर गहरा प्रहार किया।

डॉ. अम्बेडकर के शब्दों में, "बहिष्कृत भारत की आर्थिक स्थिति इतनी सुदृढ़ नहीं थी कि इसके लिए किसी व्यक्ति को संपादक के रूप में किसी भी व्यक्ति का चयन किया जा सके। दलितों में ऐसा स्वार्थ त्यागी, शिक्षित युवक भी उपलब्ध नहीं था जो इस कार्य को अवैतनिक रूप से संपन्न करता। इसके अतिरिक्त सामाजिक कार्य में वांछित रुचि के अभाव में इस पत्रिका के 24 पृष्ठ स्वयं मराठी में लिखकर तैयार करने की समस्त संपादकीय जिम्मेदारी भी मुझे ही निभानी आवश्यक थी।"

मराठी लोकभाषा में 'बहिष्कृत भारत' में प्रकाशित बाबा साहेब के अग्रलेखों में उनके चिंतन, अद्वितीय तर्कशक्ति तथा लेखन कौशल की अनुभूति सहज ही दृष्टिगत हो जाती है। हिंदू धर्मशास्त्रों का गहन अध्ययन और विश्लेषण करके उन्होंने प्रतिष्ठित ब्राह्मण वर्ग द्वारा स्वयं को श्रेष्ठ बनाए रखने के लिए

अपनाई गई धार्मिक एवं सामाजिक रूढ़ियों का तर्क के आधार पर विरोध किया। उन्होंने दलितों से आग्रह किया कि वे अपने पूर्ण अधिकार प्राप्त करने के लिये सतत् प्रयत्नशील रहें। अपने इन लेखों में उन्होंने जाति भेद, अस्पृश्यता, अंधविश्वास, कुप्रथाओं पर चोट की तथा दलित शिक्षा को प्रोत्साहन दिया।''

'मूकनायक' और **'बहिष्कृत भारत'** को चलाने के लिए डॉ. अम्बेडकर के पास किसी थैलीशाह का समर्थन नहीं था। अछूतों के हेत में आंदोलन करने, सामाजिक और राजनीतिक कार्यों में उनकी इतनी अधिक व्यवस्तता थी कि इसके लिये वक्त निकालना काफी मुश्किल हो गया था। संपादन का कार्य देखने और मित्रों-प्रशंसकों से धन जुटाने से लेकर समस्त औपचारिकताएं उन्हें ही पूरी करनी पड़ती थीं। जो सहयोग मिलता था वह अपर्याप्त था। वे अंधेरे से निपट अकेले सूरज की भांति लेखनी की किरणों को लेकर जूझते रहे। दलित आंदोलन को गतिशील बनाने के लिए उन्होंने पुनः 1930 में 'जनत' शीर्षक से एक अन्य पत्रिका का प्रकाशन किया। यह पत्रिका बहुत लोकप्रिय हुई। रहा जिनका सन् 1956 में नाम परिवर्तन कर 'प्रबुद्ध भारत' कर दिया गया।

पुनः लंदन में उच्च शिक्षा हेतु प्रस्थान

यहां स्मरणीय है कि सितंबर, 1920 में डॉ. अम्बेडकर अपनी अर्थशास्त्र और बैरिस्टरी की अधूरी शिक्षा पूरी करने हेतु पुनः लंदन गए। उन्होंने स्वयं लगभग सात हजार रुपए एकत्रित किए थे, शाहू महाराज ने भी उन्हें कुछ रुपयों की आर्थिक सहायता प्रदान की।

लंदन स्कूल ऑफ इकनामिक्स एंड पॉलिटिकल सांइस में एम.एस.सी. (अर्थशास्त्र) एवं ग्रेज़ इन में बैरिस्टरी की पढ़ाई हेतु अपना नामंकन कराया था। वे लंदन विश्वविद्यालय पुस्तकालय, गोल्डस्मिथ अर्थशास्त्र पुस्तकालय, ब्रिटिश म्युजियम पुस्तकालय तथा इंडिया ऑफिस लाईब्रेरी में पूरा समय अध्ययन में व्यतीत करते थे। जून 1921 में लंदन विश्वविद्यालय से ब्रिटिश भारत में इंपीरियल वित्त के प्रांतीय विकेंद्रीकरण पर उन्हें अर्थशास्त्र में एम.एस.सी. की डिग्री प्राप्त हुई। 1922-23 में कुछ माह वे जर्मनी के बोन विश्वविद्यालय में अर्थशास्त्र का अध्ययन करने गए। मार्च 1925 में उन्हें 'रुपए की समस्या के उद्गम और समाधान' पर डी.एस.सी. डिग्री से अलंकृत किया गया था।

दिसंबर 1925 में लंदन के प्रकाशक पी.एस.किंग एंड कंपनी ने इसको प्रकाशित किया। यह शोध ग्रंथ विश्व के अर्थशास्त्रियों की दृष्टि में उच्च कोटि

का अर्थशास्त्रीय शोध था जिसने आगे चलकर भारत की मुद्रा और बैंकिंग की स्थिति का मार्गदर्शन किया। सन् 1923 में ही उन्होंने लंदन से बैरिस्टरी की परीक्षा भी पास कर ली।

भारत में दलित-अस्पृश्यों की स्थिति के बारे में वे लगातार अपने सहयोगियों और मित्रों के संपर्क में रहे। उन्होंने भारत के दलितों के बारे में लंदन में भारत सचिव ई.एस. मॉन्टेग्यू से भी विचार-विमर्श किया। साथ ही विट्ठलभाई पटेल से भी अस्पृश्यता और दलित समस्या पर विचार-विमर्श भी किया। लंदन प्रवास में उन्होंने वहां के शोध-पुस्तकालयों में प्रथम बार भारत के शूद्र, दलित, अछूतों पर दुर्लभ शोध सामग्री का अवलोकन किया।

संघर्ष का रास्ता : सीधी कार्यवाही

महाड़ तालाब सत्याग्रह

दलित आंदोलन के इतिहास की दृष्टि 1926-27 का दौर काफी महत्त्वपूर्ण रहा है। यह सीधी कार्यवाही या संघर्ष का काल था। बंबई विधान परिषद में, "एस.के. बोले ने एक प्रस्ताव के जरिए अस्पृश्यों हेतु सार्वजनिक जल-स्रोतों, कुओं, सरकार द्वारा निर्मित धर्मशालाओं, सरकारी स्कूलों, कचहरी, कार्यालयों और दवाखानों का निर्माण करवाने की मांग की। 11 सितंबर, 1923 के सरकारी आदेशानुसार उक्त प्रस्ताव को क्रियान्वित कर दिया गया। फिर भी स्थानीय निकायों और म्युनिस्पिल बोर्डों ने इस आदेश की अवहेलना की और दलितों को नागरिक अधिकार देने से साफ इन्कार था। 5, अगस्त 1926 को बोले ने पुनः प्रस्ताव रखा कि उन स्थानीय निकायों या म्युनिस्पिल बोर्डों की आर्थिक सहायता बंद कर दी जाए जो परिषद के उक्त संकल्प और आदेश का अनुपालन करने में सफलता प्राप्त नहीं होती।

'महाड़ म्युनिस्पिल बोर्ड' ने उक्त प्रस्ताव के संदर्भ में महाड़ तालाब जो चाबदार तालाब नाम से विख्यात था, सभी जातियों के उपयोग के लिए खोल दिया। लेकिन सवर्ण हिंदू इस व्यवस्था के प्रति काफी विरोध व्यक्त किया था।

"इस पर 19 और 20 मार्च, 1927 को 10,000 प्रतिनिधियों की मौजूदगी में द्विदिवसीय दलित जातियों की सभा आयोजित की गई जिसमें डॉ. अम्बेडकर ने आह्वान किया कि वे अपने मौलिक अधिकारों के लिए आगे आएं। स्व-सहयोग,

स्वाभिमान और स्व-ज्ञान के माध्यम से ही वे प्रगति कर सकेंगे। उन्होंने अपने अनुयायियों से कहा उन्हें शिक्षित होकर नौकरियों में उच्च पद ग्रहण करना चाहिये। दासता की प्रतीक वंशगत वतनदारी छोड़ कर जंगली भूमि प्राप्त कर उस पर कृषि करनी चाहिए।

एक प्रस्ताव के जरिए उदार सवर्ण जातियों और सरकार से मांग की गई कि वह बोले महोदय के संकल्प के क्रियान्वयन में मदद करें। दो सवर्ण हिंदुओं ने भी इस प्रस्ताव का खुले दिल से समर्थन किया।

ऐतिहासिक मार्च

फलतः सम्मेलन समाप्ति पर डॉ. अम्बेडकर की प्रेरणा से लगभग 10,000 प्रतिनिधियों ने अपने मौलिक अधिकार का प्रयोग करने की दिशा में चावदार तालाब की ओर पानी पीने के लिए प्रस्थान किया। उसी समय शरारती तत्त्वों ने एक अफवाह फैला दी कि दलितों ने वीरेश्वर मंदिर में प्रवेश कर लिया है। इस पर शरारती सवर्ण हिंदू संगठित होकर सम्मेलन के पंडाल में टूट पड़े और प्रतिनिधियों के साथ काफी मार-पीट भी की। प्रतिनिधियों ने मुस्लिम लोगों के घरों में घुसकर उनके प्राणों की रक्षा की थी। डॉ. अम्बेडकर को पुलिस स्टेशन में प्राणरक्षा के लिए शरण लेनी पड़ी।

दलित आंदोलन के इतिहास में मौलिक अधिकारों के लिए इस प्रकार एक और संघर्षपूर्ण अध्याय जुड़ गया। अब सवर्णों में दलितों के सामाजिक बहिष्कार सर्वत्र व्याप्त हो चुका था। उन्हें अपनी कृषि-भूमि से बेदखल किया जाने लगा। अनेक गांवों में उन पर हमले का प्रयास किया गया था।

''डॉ. अम्बेडकर ने अपने अनुयायियों से कहा कि वे भी जमकर संघर्ष करें। सार्वजनिक स्थानों पर अवश्य भ्रमण करें। कुओं-तालाबों से पानी भरें और पिएं तथा मंदिर प्रवेश से बिल्कुल न घबराएं। यह करो और मरो अथवा सीधी कार्यवाही का आह्वान था। इस पर एक विचारक के अनुसार 'समृद्ध भरपेट हिंदू सत्ता के लिए अंग्रेज से लड़ता था और अस्पृश्य, दलित मानव-अधिकारों के लिए अंधविश्वासी- कट्टर-हिंदूवाद से लड़ते थे।'

'इस संघर्ष में कोलाबा जिले के अंतर्गत महाड़ म्युनिस्पिल्टी अध्यक्ष नाना साहेब टिपनिस, सवर्ण हिंदू नेता डॉ. वी प्रधान, अनतंराव चित्रे, जोशी, श्रीनिवासन तथा समाज समता मंडल के बहुत से सवर्ण हिंदुओं ने पूरा सहयोग और समर्थन प्राप्त हुआ था।'

'महाराष्ट्र के 'सत्यशोधक आंदोलन' के दो प्रमुख नेता जवालकर और जेधे ने भी अछूतों के इस सत्याग्रह का साथ दिया। उन्होंने कहा कि समस्त ब्राह्मणों को इस आंदोलन में से बाहर निकाल फेंक देना चाहिए और इसे एक व्यापक जन आंदोलन के रूप में शांतिपूर्ण ढंग से संचालन किया जाना चाहिए।'

डॉ. अम्बेडकर ने घोषणा की कि सब ब्राह्मणों को अस्पृश्यों का शत्रु मानना एक भारी त्रुटि होगी। प्रसिद्ध अथवा चर्चित नेताओं को छोड़कर अधिकांश शिक्षित ब्राह्मण और उच्च जातियों के लोगों की उनके प्रति सहानुभूति थी।

दलितों का यह आंदोलन काफी लंबे समय तक चला। पुनः 25, दिसम्बर 1927 को महाड़ में सत्याग्रहियों का सम्मेलन बुलाया गया। एक मुस्लिम नागरिक ने अपनी जगह में सम्मेलन करने की अनुमति प्रदान की। स्थानीय व्यापारियों ने इस सम्मेलन का पूर्ण रूप से बहिष्कार किया। यहां तक कि खाने-पीने के लिए बाहर से व्यवस्था करनी पड़ी। 200 सत्याग्रहियों को लेकर डॉ. अम्बेडकर बंबई गए। 3000 सत्याग्रही इसमें शामिल होने के लिये पूरी तरह तैयार थे। जिलाधिकारी ने डॉ. अम्बेडकर से प्रस्तावित सत्याग्रह स्थगित करने की अपील की। अम्बेडकर ने कहा सब बुराइयों और असमानता का मूल कारण वर्ण व्यवस्था का प्रसार होना है। उन्होंने कहा कि समानता का अर्थ है समान अवसर और व्यक्ति में छिपे गुणों को शक्ति रूप में रूपांतरित करना। उन्होंने जोर देकर कहा हिंदू समाज को दो सिद्धांतों पर पुनर्गठित किया जाना चाहिए, समानता को मान्यता और जातिप्रथा का बहिष्कार करने में अपना पूर्ण सहयोग देना चाहिये।

मनुस्मृति दहन

दलित सत्याग्रह-सम्मेलन में एक प्रस्ताव द्वारा वर्ण व्यवस्था की परिपोषक और अन्यायपूर्ण समाज व्यवस्था की पक्षधर मनुस्मृति के दहन का सर्वसम्मति से निर्णय लिया गया। सामाजिक क्रांति की दिशा में यह घटना सबसे अलग थी।

डॉ. अम्बेडकर ने कहा कि 'मनुस्मृति अस्पृश्यों की सामाजिक, आर्थिक, धार्मिक और राजनीतिक दासता को जिंदा रखती है। मनुस्मृति ने हिंदुओं का सिर लज्जा से झुका दिया है।'

सम्मेलन के निर्णयानुसार '25 दिसंबर, 1927 को मनुस्मृति को समाप्त कर दिया गया। गैर-ब्राह्मण आंदोलन के एक प्रमुख नेता भास्कर राव जेधे ने जो

ब्राह्मणवाद के अत्यंत खिलाफ थे कहा कि हिंदुओं के पवित्र धर्मग्रंथों में बुराई की अपेक्षा अच्छी बातों का उल्लेख अधिक किया गया है।

एक अन्य प्रस्ताव में पुरोहित पेशे का प्रजातंत्रीकरण किए जाने का अनुरोध किया गया और सभी इच्छुक लोगों को पुरोहित बनने का अवसर प्रदान किए जाने की मांग पर बल दिया गया है।

डॉ. अम्बेडकर ने स्वयं इस प्रस्तावित सत्याग्रह और संघर्ष के विषय में संकल्प प्रस्तुत किया था। उन्होंने भावपूर्ण और वैचारिकता से ओत-प्रोत शब्दों में कहा, ''वर्तमान परिस्थिति में सरकार को नाराज नहीं किया जाना चाहिए, सदा हमें उसे सहयोग करना चाहिये।

डॉ. अम्बेडकर के सत्याग्रही स्वरूप को प्रकट करने वाला यह संघर्ष अधिकार प्राप्ति के लिए एक सफल प्रयोग ही नहीं वरन् अस्पृश्यता निवारण, अन्यायपूर्ण और क्रूर जाति-प्रथा, सामाजिक-राजनीतिक जागृति एवं दलित शक्ति को प्रदर्शित करने वाला आंदोलन था।''

'कोलाबा दलित जातीय सम्मेलन' में उच्च जाति के दिग्भ्रमित लोगों ने अस्पृश्यों पर जो हमला किया उसकी चर्चा उन दिनों के 'टाइम्स ऑफ इंडिया' एवं 'बंबई क्रोनीकल' आदि पत्रों में प्रकाशित की गई थी। यह सम्मेलन महाड़ में 19-20 मार्च, 1927 को संपन्न हुआ था। उसकी सही तस्वीर तीसरे दशक की हिंदू मानसिकता और जातीय दंभ को प्रदर्शित करती है। पत्र नें छपा बयान पूर्ण नहीं था। डॉ. अम्बेडकर के अनुसार :

'टाइम्स आफ इंडिया' ने अपने 24 तारीख के अंक में महाड़ के दंगों पर एक बयान प्रकाशित किया था, परंतु वह बयान अधूरा था और वहां जो हुआ, उसकी सही तस्वीर प्रस्तुत नहीं की जा सकती थी, इसलिए दंगे का पूरा और सही विवरण देना आवश्यक हो जाता है।

महाड़ संघर्ष : सही तस्वीर

''कोलाबा जिले के दलित जातियों का एक सम्मेलन का आयोजन महाड़ में 19-20 मार्च 1927 को डॉ. भीमराव अम्बेडकर की अध्यक्षता में किया गया था। दलितों की उपस्थिति ढाई हजार से अधिक थी और उनमें भारी उत्साह का समावेश था। परंतु दंगे के कारण सम्मेलन के काम में गंभीर बाधा पड़ी जिसकी पूरी जिम्मेदारी महाड़ के ऊंची जाति के हिंदू निवासियों पर थी। सम्मेलन के पहले दिन जब अध्यक्षीय भाषण के बाद कई सवर्ण हिंदुओं ने भी सम्मेलन को

संबोधित किया और दलितों को आश्वासन दिया कि वे हर प्रकार से उनकी सहायता के लिए तैयार हैं और आग्रह किया कि दलित लोग सवर्ण हिंदुओं के विरुद्ध घृणा का प्रसार न करें इसे देखते हुए विषय समिति ने जिस प्रस्ताव का प्रारूप तैयार किया उसमें यह भी कहा गया था कि ऊंची जाति के हिंदुओं को दलितों के उत्थान के लिए क्या-क्या कदम उठाने चाहिये। विषय समिति में कुछ लोगों ने इस तथ्य की ओर ध्यान दिलाया कि महाड़ में दलित लोगों को पीने के पानी की बहुत समस्या है। यह समस्या महाड़ के दलित निवासियों के सामने ही नहीं है, बल्कि गांव आने वालों को भी उठानी पड़ती है जो व्यक्तिगत कार्यों या सरकारी कार्यों से महाड़ आते हैं। वहां पानी का इतना अभाव है कि सम्मेलन के लिए 15 रुपए रोज का पानी खरीदना पड़ा। कुछ दिन पहले महाड़ नगरपालिका ने एक प्रस्ताव पारित करके यह घोषणा की थी कि शहर के तालाबों पर जनता को जाने की अनुमति है परंतु उसने वहां कोई बोर्ड नहीं लगाया था। लोग वहां जाने से डरते थे। इसलिए विषय समिति के सम्मेलन में उच्च जाति के लोगों के विचार इस विषय में जानकर यह फैसला किया गया कि सम्मेलन में शामिल लोग चावदार तालाब पर एक साथ जाएं और दलित जाति के लोगों को पानी लेने का उनका अधिकार दिलाने में सहायता प्रदान करें।

3

भारत निर्माण में योगदान

आधुनिक भारत के निर्माता डा.भीम राव अम्बेडकर ने मानवता के इतिहास में राष्ट्रीयता को एक बहुत बड़ी शक्ति माना है। अम्बेडकर का राष्ट्रवाद कुछ भिन्न उद्देश्यों के साथ शुरू हुआ अर्थात दलितों और निर्धनों का उद्धार उनका प्रमुख लक्ष्य बना। उन्होंने उन लोगों के लिए समानता तथा नागरिक अधिकार दिलाने का संघर्ष किया जो सदियों से इनसे वंचित थे। अम्बेडकर ने महात्मा फूले के सिद्धांतों को आत्मसात कर लिया था। वे एक ऐसे समाज के स्वपनद्रष्टा थे जिसमें समानता, स्वतंत्रता और भ्रातृत्व का साम्राज्य हो। विदेशों में ज्ञानार्जन करके व्यापक सामाजिक दृष्टिकोण के साथ उन्होंने वह मार्ग खोज निकाला जिस पर चलने से वह अपने समाज को सवर्ण हिन्दुओं के चुंगल से छुटकारा दिला सकते थे।

अम्बेडकर विचार और व्यवहार में संतुलन बनाकर चलने वालों में से थे। उनकी गतिशीलता के सिद्धांतों का आधार यही था कि संसार में कुछ भी जड़ नहीं है, कुछ भी शाश्वत नहीं और कुछ भी सनातन नहीं। हर चीज परिवर्तनशील है। इस धारणा को अपना मुख्य आधार बनाकर अम्बेडकर का सामाजिक संघर्ष कई रूप में सामने आया। अम्बेडकर महार जाति से थे और उनका पहला सामाजिक संघर्ष महाड़ बावड़ी सत्याग्रह के रूप में सामने आया। 19 और 20 मार्च 1927 को महार में 10000 लोगों की उपस्थिती में एक अछूत सम्मेलन

आयोजित कर अम्बेडकर ने कुलीनता और हीनता की भावना को समाप्त करने अपील की, साथ ही इस सम्मेलन में एक प्रस्ताव पास किया गया और सरकार तथा सवर्ण हिन्दुओं से अपील की गई कि बोले प्रस्ताव को क्रियांवित किया जाए।

अम्बेडकर का दूसरा सामाजिक संघर्ष मंदिर प्रवेश आंदोलन से शुरू हुआ। मई, 1930 में नासिक के कालाराम मंदिर में प्रवेश के लिए आंदोलन शुरू किया गया। अम्बेडकर सोचते थे कि इस तरह का सत्याग्रह अन्य मंदिरों में प्रवेश के लिए सहायक होगा और हिन्दुओं के दिलों में परिवर्तन करेगा। इस शांतिपूर्ण सत्याग्रह का आयोजन अम्बेडकर के नेतृत्व में किया गया। इसके बाद केंद्रिय असेम्बली में एक विधेयक पेश कर के कहा गया कि यदि जनमत संग्रह कराने से यह फैसला हो जाए कि अछूतों को मंदिर में जाने दिया जाए तो उनको प्रवेश की अनुमति दी जाए, लेकिन विधेयक में देव अर्चना के अधिकार का कहीं जिक्र नहीं किया गया। अम्बेडकर ने इस विधेयक की स्पष्ट निंदा की और गांधी जी की प्रार्थना के बावजूद उन्होंने विधेयक का पूर्ण समर्थन नहीं किया। अम्बेडकर मंदिर निर्माण से अधिक महत्व छुआछुत निवारण को दिया करते थे।

इसके बाद अम्बेडकर का महार वतन संघर्ष सामने आया। 19 मार्च 1928 को अम्बेडकर ने बम्बई विधायिका में विधेयक प्रस्तुत किया कि 1874 के वंशानुगत पद अधिनियम में संशोधन किया जाए। उन्होंनें कई सम्मेलनों में विधेयक के उद्देश्यों पर प्रकाश डाला। विधेयक का पहला उद्देश्य यह था कि वतन रखने या न रखने का अधिकार उसके जोतदार की इच्छा पर हो, दूसरी बात यह है कि वतनदारों की कुछ श्रेणियों के लिए वेतन भुगतान की अच्छी सुरक्षा हो और तीसरे यह कि इस प्रकार के नियम बनाए जाएं कि वतनदार को क्या-क्या काम करने होंगे। अम्बेडकर का यह संघर्ष रंग लाया और 1959 के "बंबई इंफीरियर विलेज वतंस एबोलीशन एक्ट" के अंतर्गत महार वतन प्रथा समाप्त कर दी गई लेकिन दुर्भाग्य है कि जिस व्यक्ति ने 20 साल तक इस प्रथा को समाप्त करने के लिए संघर्ष किया वह इस प्रथा की समाप्ति के समय इस संसार में नहीं रहा।

अम्बेडकर के सभी सामाजिक संघर्ष आदर्श समाज की स्थापना के लिए थे। उनके लिए एक आदर्श समाज वह था जिसमें अनेक वर्ग विद्यमान रहें और वे एक-दूसरे के हितों को समझें और सहयोग करें। इसके लिए वे सामाजिक

चेतना पर जोर देते थे जिसको वे सभी अधिकारों की, चाहे वे मौलिक हों या सामाजिक, संरक्षक मानते थे। अम्बेडकर ने "समता सैनिक दल" का गठन किया था। इसका उद्देश्य उन मूल तत्त्वों को निष्प्रभाव करना था जिन्होंने संस्कृति और परंपरा के नाम पर अमानवीय तत्त्वों को प्रोत्साहन दिया था। उन्होंने कहा कि सामाजिक समानता एक स्थाई समाज का आधार स्तंभ है। संविधान सभा में अंतिम भाषण में उन्होंने कहा था कि हर समस्या का सामाधान संवैधानिक होना चाहिए अन्यथा अराजकता फैल जाएगी।

डा. अम्बेडकर के सामाजिक संघर्षों ने अछूतों को संगठित किया, उन्हें मनुष्यों का दर्जा दिलाया और भारतीय समाज तथा राजनीति में स्थान दिलाया। उनके नेतृत्व के फलस्वरूप एक शिक्षित वर्ग पैदा हुआ और सरकारी सेवाओं में लगा।

डॉ. अम्बेडकर ने अपने सामाजिक संघर्षों के जरिए भारतीय राजनीति को संकीर्णता, परम्परावाद एवं धर्मवाद से मुक्त कराने की चेष्टा की। उन्होंने देश को एक वैधानिक ढांचा प्रदान किया और लोगों को स्वतंत्रता का अधिकार प्रदान किया। डॉ. अम्बेडकर ने प्रमाणित कर दिया कि वे एक निर्भिक बुद्धिवादी होने के साथ-साथ एक महान राजनीतिज्ञ भी थे। हालांकि अम्बेडकर फूले से प्रभावित थे परंतु साम्प्रदायिक और असामाजिक ढंग से आंदोलन चलाने वाले उनके तथाकथित अनुयायियों से अम्बेडकर को कई बार निराशा ही मिती। भारत के इतिहास में सामाजिक एवं राजनीतिज्ञ संघर्षों के लिए डॉ. भीमराव अम्बेडकर को एक अमर पुरुष के रूप में सदा याद किया जाएगा।

राजनीति में प्रवेश

येओला नासिक में 13 अक्टूबर 1935 को अम्बेडकर ने एक रैली को संबोधित किया। 13 अक्टूबर 1935 को, अम्बेडकर को सरकारी लॉ कॉलेज का प्रधानाचार्य नियुक्त किया गया और इस पद पर उन्होंने दो वर्ष तक कार्य किया। इसके चलते अम्बेडकर बंबई में बस गये, उन्होंने यहाँ एक बड़े घर का निर्माण कराया, जिसमें उनके निजी पुस्तकालय में 50000 से अधिक पुस्तकें थीं। इसी वर्ष उनकी पत्नी रमाबाई की एक लंबी बीमारी के बाद मृत्यु हो गई। रमाबाई अपनी मृत्यु से पहले तीर्थयात्रा के लिये पंढरपुर जाना चाहती थीं पर अम्बेडकर ने उन्हें इसकी इजाजत नहीं दी। अम्बेडकर ने कहा की उस हिन्दू तीर्थ में जहाँ उनको अछूत माना जाता है, जाने का कोई औचित्य नहीं है इसके बजाय उन्होंने

उनके लिये एक नया पंढरपुर बनाने की बात कही। भले ही अस्पृश्यता के खिलाफ उनकी लड़ाई को भारत भर से समर्थन हासिल हो रहा था पर उन्होंने अपना रवैया और अपने विचारों को रूढ़िवादी हिंदुओं के प्रति और कठोर कर लिया। उनकी रूढ़िवादी हिंदुओं की आलोचना का उत्तर बड़ी संख्या में हिन्दू कार्यकर्ताओं द्वारा की गयी उनकी आलोचना से मिला। 13 अक्टूबर को नासिक के निकट येओला में एक सम्मेलन में बोलते हुए अम्बेडकर ने धर्म परिवर्तन करने की अपनी इच्छा प्रकट की। उन्होंने अपने अनुयायियों से भी हिन्दू धर्म छोड़ कोई और धर्म अपनाने का आह्वान किया। उन्होंने अपनी इस बात को भारत भर में कई सार्वजनिक सभाओं में दोहराया भी।

स्वतंत्र लेबर पार्टी

अम्बेडकर ने 1936 में स्वतंत्र लेबर पार्टी की स्थापना की, जो 1937 में केन्द्रीय विधान सभा चुनावों में 15 सीटें जीती। उन्होंने अपनी पुस्तक जाति के विनाश भी इसी वर्ष प्रकाशित की जो उनके न्यूयॉर्क में लिखे एक शोधपत्र पर आधारित थी। इस सफल और लोकप्रिय पुस्तक में अम्बेडकर ने हिन्दू धार्मिक नेताओं और जाति व्यवस्था की जोरदार आलोचना की है। उन्होंने अस्पृश्य समुदाय के लोगों को गाँधी द्वारा रचित शब्द हरिजन पुकारने के कांग्रेस के फैसले की कड़ी निंदा की। अम्बेडकर ने रक्षा सलाहकार समिति और वाइसराय की कार्यकारी परिषद के लिए श्रम मंत्री के रूप में सेवारत रहे।

मार्च 1940 में मुस्लिम लीग ने अपने लाहौर अधिवेशन में प्रसिद्ध पाकिस्तान प्रस्ताव पास किया। अम्बेडकर ने तीन साल पहले इंडिपेंडेंट लेबर पार्टी नाम से एक दल संगठित किया था। उसने पाकिस्तान प्रस्ताव का अध्ययन करने के लिए एक समिति बनाई। इस समिति के लिए दिसम्बर 1940 तक अम्बेडकर ने अपनी रिपोर्ट तैयार कर ली। वह पाकिस्तान या भारत का विभाजन - पाकिस्तान ऑर द पार्टीशन ऑफ इंडिया - नाम से प्रकाशित हुई।

1941 और 1945 के बीच में उन्होंने बड़ी संख्या में अत्यधिक विवादास्पद पुस्तकें और पर्चे प्रकाशित किये जिनमें थॉट्स ऑन पाकिस्तान भी शामिल है, जिसमें उन्होंने मुस्लिम लीग की मुसलमानों के लिए एक अलग देश पाकिस्तान की माँग की आलोचना की। वॉट कॉंग्रेस एंड गांधी हैव डन टू द अनटचेबल्स (काँग्रेस और गाँधी ने अछूतों के लिये क्या किया) के साथ, अम्बेडकर ने गांधी

और कांग्रेस दोनों पर अपने हमलों को तीखा कर दिया। उन्होंने उन पर ढोंग करने का आरोप लगाया। उन्होंने अपनी पुस्तक हू वर द शुद्राज?(शुद्र कौन थे?) के द्वारा हिन्दू जाति व्यवस्था के पदानुक्रम में सबसे नीची जाति यानी शूद्रों के अस्तित्व में आने की व्याख्या की। उन्होंने इस बात पर भी जोर दिया कि किस तरह से अछूत, शूद्रों से अलग हैं। अम्बेडकर ने अपनी राजनीतिक पार्टी को अखिल भारतीय अनुसूचित जाति फेडरेशन में बदलते देखा, हालांकि 1946 में आयोजित भारत के संविधान सभा के लिए हुये चुनाव में इसने खराब प्रदर्शन किया। 1948 में हू वर द शुद्राज? की उत्तरकथा द अनटचेबलस ए थीसिस ऑन द ओरिजन ऑफ अनटचेबिलिटी (अस्पृश्य : अस्पृश्यता के मूल पर एक शोध) में अम्बेडकर ने हिन्दू धर्म को लताड़ा। अम्बेडकर इस्लाम और दक्षिण एशिया में उसकी रीतियों के भी आलोचक थे। उन्होंने भारत विभाजन का तो पक्ष लिया पर मुस्लिम समाज में व्याप्त बाल विवाह की प्रथा और महिलाओं के साथ होने वाले दुर्व्यवहार की घोर निंदा की।

मेहनत मजदूरी करने वालों को पारिश्रमिक कम दिया जाता था, यह बड़ा महत्त्वपूर्ण मुद्दा है। शूद्रों की स्थिति का विवेचन करते हुए अक्सर इतिहासकार यही बात भूल जाते हैं। अम्बेडकर का मूल वाक्य अंग्रेजी में इस प्रकार है–Besides few slaves there was a considerable amount of free labours paid in money or food.

उन्होंने लिखा कि मुस्लिम समाज में तो हिन्दू समाज से भी अधिक सामाजिक बुराइयाँ हैं और मुसलमान उन्हें भाईचारे जैसे नर्म शब्दों के प्रयोग से छुपाते हैं। उन्होंने मुसलमानों द्वारा अर्जल वर्गों के खिलाफ भेदभाव जिन्हें निचले दर्जे का माना जाता था, के साथ ही मुस्लिम समाज में महिलाओं के उत्पीड़न की दमनकारी पर्दा प्रथा की भी आलोचना की। उन्होंने कहा हालाँकि पर्दा हिंदुओं में भी होता है पर उसे धार्मिक मान्यता केवल मुसलमानों ने दी है। उन्होंने इस्लाम में कट्टरता की आलोचना की जिसके कारण इस्लाम की नीतियों का अक्षरक्ष अनुपालन की बद्धता के कारण समाज बहुत कट्टर हो गया है और उसी को बदलना बहुत मुश्किल हो गया है। उन्होंने आगे लिखा कि भारतीय मुसलमान अपने समाज का सुधार करने में विफल रहे हैं जबकि इसके विपरीत तुर्की जैसे देशों ने अपने आपको बहुत बदल लिया है।

हमारा यह दृढ़ विश्वास है कि भारत में छोटी जोत की समस्या बुनियादी समस्या नहीं है। बल्कि यह एक मूल समस्या से निकली हुई समस्या है अर्थात सामाजिक अर्थव्यवस्था में असामंजस्य की समस्या है। इतनी अधिक भूमि में खेती होने के बावजूद उसकी जनसंख्या के अनुपात से बहुत कम भूमि में खेती होती है।

हालांकि वे मुहम्मद अली जिन्ना और मुस्लिम लीग की विभाजनकारी सांप्रदायिक रणनीति के घोर आलोचक थे पर उन्होंने तर्क दिया कि हिन्दुओं और मुसलमानों को पृथक कर देना चाहिए और पाकिस्तान का गठन हो जाना चाहिये क्योंकि एक ही देश का नेतृत्व करने के लिए, जातीय राष्ट्रवाद के चलते देश के भीतर और अधिक हिंसा पनपेगी। उन्होंने हिन्दू और मुसलमानों के सांप्रदायिक विभाजन के बारे में अपने विचार के पक्ष में ऑटोमोन साम्राज्य और चेकोस्लोवाकिया के विघटन जैसी ऐतिहासिक घटनाओं का उल्लेख किया। उन्होंने पूछा कि क्या पाकिस्तान की स्थापना के लिये पर्याप्त कारण मौजूद थे? और सुझाव दिया कि हिन्दू और मुसलमानों के बीच के मतभेद एक कम कठोर कदम से भी मिटाना संभव हो सकता था। उन्होंने लिखा है कि पाकिस्तान को अपने अस्तित्व का

औचित्य सिद्ध करना चाहिये। कनाडा जैसे देशों में भी सांप्रदायिक मुद्दे हमेशा से रहे हैं पर आज भी अंग्रेज और फ्रांसीसी एक साथ रहते हैं, तो क्या हिन्दू और मुसलमान भी साथ नहीं रह सकते। उन्होंने चेताया कि दो देश बनाने के समाधान का वास्तविक क्रियान्वयन अत्यन्त कठिनाई भरा होगा। विशाल जनसंख्या के स्थानान्तरण के साथ सीमा विवाद की समस्या भी रहेगी। भारत की स्वतंत्रता के बाद होने वाली हिंसा को ध्यान में रख कर यह भविष्यवाणी कितनी सही थी।

डॉ॰ भीमराव अम्बेडकर विधान-परिषद् में

भारत में अंतरिम सरकार का गठन हो गया था। पं॰ जवाहर लाल नेहरू उसके प्रधानमन्त्री घोषित हो चुके थे। विधान-परिषद् के अध्यक्ष पद पर 11 दिसम्बर, 1946 ई॰ को डॉ॰ राजेन्द्र प्रसाद को बिठाया गया था।

डॉ॰ भीमराव अम्बेडकर को भी संविधान-परिषद् का सदस्य बनाया गया था। किन्तु किसी भी प्रकार विधान क्षेत्र और कार्यक्षेत्र महाराष्ट्र से विधानसभा में आ पाए थे। उन्हें बंगाल विधानसभा ने, मुस्लिम लीग के सहयोग और समर्थन से अछूतों और दलितों के प्रतिनिधि के रूप में विधान-परिषद् में भेजा था।

इनको महाराष्ट्र से विधान-परिषद् में न आकर बंगाल से आना किस बात का संकेत करता है? उच्च शिक्षा प्राप्त कर विदेश में भारत आगमन काल से आरम्भ कर अधपर्यन्त डॉ॰ भीमराव अम्बेडकर अछूतों, दलितों और श्रमिकों के उद्धार के लिए लगातार प्रयत्न कर रहे थे। इन्होंने अनेक स्थानों पर आन्दोलन किए थे, और मन्दिरों में जाने का प्रयास किया था, अनेक सरोवरों तथा जलाशयों, सार्वजनिक पेय स्थलों पर धरने दिए थे और सत्याग्रह करके अछूतों को पानी पीने का अधिकार दिलाया था; किन्तु इसके बाद भी चुनाव के समय इन लोगों ने उनको धोखा दे दिया और डॉ॰ भीमराव अम्बेडकर महाराष्ट्र से विधान-परिषद् में न आकर बंगाल से विधान-परिषद् में आए–वह भी मुस्लिम लीग की सहायता से। अछूतों और मज़दूरों ने उनका बीच में ही साथ छोड़ दिया था।

इससे यह स्पष्ट हो जाता है कि अछूतों द्वारा इनको अपना नेता अभी नहीं माना गया था। क्यों? यह बहुत बड़ा प्रश्न है, जिस पर आज भी उनके समर्थकों को विचार करना चाहिए। उनकी कार्यविधि में कहीं कोई कमी नहीं थी। क्या उनका उद्देश्य वह नहीं था, जिसकी कि वे घोषण करते थे? डॉ॰

भीमराव अम्बेडकर को ऋषि की उपाधि देनेवालों को इस बात पर गम्भीरता से विचार करना चाहिए।

जब 16 दिसम्बर, 1946 ई॰ को विधान निर्माता समिति की बैठक हुई तो उसमें सर्वप्रथम प्रधानमन्त्री पं॰ जवाहर लाल नेहरू ने विधान के सम्बन्ध में अपना दृष्टिकोण प्रस्तुत किया। इसके पश्चात् अन्य व्यक्तियों ने उस पर अपने-अपने विचार प्रस्तुत किए। इस सभा में डॉ॰ भीमराव अम्बेडकर ने भी भाग लिया था।

इस बैठक के दूसरे दिन डॉ॰ भीमराव अम्बेडकर ने जो पहला भाषण दिया था वह अनेक कारणों से विचारणीय है। उसमें जहाँ उनके बदले हुए दृष्टिकोण का ज्ञान होता है—वहाँ यह भी पता चलता है कि उनकी राजनैतिक सोच कैसी थी और उनकी महत्त्वाकांक्षा का प्रवाह किस ओर जा रहा था। इस बैठक में दिए गए इनके भाषण का मुख्य अंश निम्न प्रकार है—

''अध्यक्ष महोदय,

मैं समझता हूँ कि पं॰ जवाहर लाल नेहरू ने इस समिति के समक्ष जो प्रस्ताव प्रस्तुत किया है उसके प्रथम भाग पर विस्तार से विचारों के आदान-प्रदान की अति आवश्यकता है। उनके प्रस्ताव के दूसरे भाग पर जिसमें कि उन्होंने भावी संविधान के उद्देश्यों पर प्रकाश डाला है, विचार मन्थन की उतनी आवश्यकता नहीं है। यद्यपि उनके प्रस्ताव के उस भाग में मैंने पाण्डितय की मात्रा अधिक और अधिकारों की चर्चा कम देखी है। खास तौर पर उस वर्ग के अधिकारों के विषय में कुछ भी नहीं बताया गया जो आज सब प्रकार से घाटे में है, उस हीन दशा से उबारने की उन्हें सर्वाधिक आवश्यकता है।''

इस पंक्तियों से यह स्पष्ट होता है कि उन्होंने अछूत और दलित-वर्ग का पक्ष लिया गया है। किन्तु फिर भी स्पष्ट स्वीकृति से बचने के लिए कदाचित् मुस्लिम लीग के आश्रय से प्राप्त सदस्यता के कारण बड़ी चतुराई से उन्होंने उस वर्ग का नाम लेकर और मुसलमानों को शामिल किए बिना, अपने विचारों का सामान्यीकरण किया है। इस प्रसंग में उन्होंने आगे कहा कि ''मैं चाहता हूँ कि हमारा संविधान यह स्पष्ट घोषणा कर दे कि सरकार का यह निश्चय है कि उद्योग-धन्धों तथा भूमि का राष्ट्रीकरण किया जाएगा। संविधान के अन्तर्गत अछूतों को भी अधिकारों की प्राप्ति होगी।''

यहाँ यह बताना अवश्यक है कि मुस्लिम लीग ने भी इस बैठकर का किसी कारण से बहिष्कार किया था। पं॰ जवाहर लाला नेहरू ने अपने भाषण में 'गणराज्य' पर विशेष बल दिया था।

डॉ॰ जयकर भी उस समय विधान-परिषद् के माननीय सदस्यों में से एक थे। उन्होंने कहा था कि मुस्लिम लीग की अनुपस्थिति में इस विषय को आगे बढ़ाना अनुपयुक्त होगा। तभी डॉ॰ भीमराव अम्बेडकर ने आगे कहा–

"पं॰ जवाहर लाल नेहरू के प्रस्ताव के अन्तिम उद्देश्य का जहाँ तक प्रश्न है, हममें से किसी को भी अपने मन में किसी प्रकार के ख़तरे का सन्देह बनाए रखने की आवश्यकता नहीं है। हमारी कठिनाई अन्तिम उद्देश्य को लेकर नहीं रही है। हमारे सामने मुख्य प्रश्न यह है कि आज हमारा खिचड़ी समाज है, यह किसी प्रकार एक होकर किसी एक निश्चत पर सहमत हो और फिर मिल-जुलकर उस निश्चय का पालन करें। उसी मार्ग पर चलें, जो मार्ग हमें एकता की ओर ले जाता हो, जिस मार्ग में भेदभाव और छुआछूत की भावना न हो, जहाँ सब एक-दूसरे का सम्मान करते हों।"

"इस प्रसंग में इस बात पर विचार करना उपयुक्त है कि आरम्भिक कार्यवाही के तौर पर और इस देश के प्रत्येक समुदाय और प्रत्येक वर्ग को सहयोग करने की प्रेरणा देने के लिए, बहुमत के लिए यह बड़ी दूरदर्शिता और नीतिमत्ता की बात होगी कि वह ऐसे लोगों को, जो साथ चलने को तैयार नहीं हैं और अपने में भाँति-भाँति के सन्देह पाले हुए हैं, थोड़ी अतिरिक्त सुविधाएँ दे दें। इसी प्रयोजन से मैं निवेदन करता हूँ कि हम ऐसे नारों को छोड़ दें, जिनसे लोग भयभीत हैं। अपने विरोधियों के सन्देह को दूर करने के लिए हमें उन्हें कुछ विशेष सुविधाएँ दे देनी चाहिए। हम उन्हें साथ ले लें, जिससे वे हमारे साथ स्वेच्छापूर्वक उस सड़क पर कदम-से-कदम मिलाकर चल सकें, जो हमें सन्देहरहित भाव से एकता की ओर ले जाती है, जो देशभावरहित हो, जिसमें छुआछूत की ज़रा भी गुंजाइश न रहे।"

यहाँ पर उन्होंने बहुमत की जो बात कही है उसका अर्थ हिन्दुओं अथवा कांग्रेस से है और विरोधियों को साथ न चलनेवालों से उनका अभिप्राय मुसलमान और मुस्लिम लीग से है। डॉ॰ भीमराव अम्बेडकर द्वारा मुस्लिम लीग के लिए बोलना सही भी था, क्योंकि उसके ही विनिमय में था और भविष्य के लिए अपनी स्थिति सुदृढ़ बनाने के लिए था। हिन्दुओं के प्रति अपनी घृणा का प्रदर्शन तो डॉ॰ भीमराव अम्बेडकर अनेक बार कर चुके थे और कोई भी ऐसा

अवसर वे चूकने नहीं देते थे। जबकि वे हिन्दुओं को कोसें, किन्तु मुसलमानों के समर्थन के लिए उनको अवसर कम ही मिलता था। इसलिए वह जब भी अवसर मिलता उनका समर्थन करना और उनके पक्ष में बोलना नहीं भूलते थे।

भारतीय संविधान को बनाने में अपनी भूमिका का प्रथम सूत्रपात उन्होंने मुस्लिम लीग के पक्ष लेकर किया। अपने भाषण को आगे सुचारु रूप से चलाते हुए उन्होंने कहा–

"श्री जयकर के संशोधन का मैं इसी उद्देश्य से समर्थन कर रहा हूँ। इस सदन को इस बात की परवाह नहीं करनी चाहिए कि वह जो निर्णय करनेवाला है उसके कानूनी अधिकारों से तालमेल होता है अथवा नहीं? या यह भी कि रह राजाज्ञा के अनुकूल भी है या कि नहीं है। यह इतना बड़ा प्रश्न है कि इसे कानूनी बन्धन में नहीं बाँधा जा सकता। इस सब बातों को एक ओर रखकर हम कुछ ऐसा करें, जो लोग साथ चलने के लिए तत्पर नहीं हैं वे भी हमारे साथ चलने के लिए तैयार हो जाएँ। उनके लिए हम सब सम्भव कर दें कि वे भी स्वयं ही साथ चलने के लिए आ सकें।"

डॉ॰ भीमराव अम्बेडकर द्वारा कही गई उक्त बातें सामान्यता मुस्लिम लीग के सम्मुख समर्पण करने की। इसके बाद उन्होंने आगे कहा–

"यह प्रस्ताव जिस रूप में हमारे सामने प्रस्तुत किया गया है, मुझे डर है कि मुस्लिम लीग उसमें हमारे साथ न चले। अपनी बात के समर्थन नें इस प्रस्ताव की तीसरी धारा की ओर मैं आप लोगों का ध्यान आकर्षित करना चाहूँगा–इस धारा से भारत के भावी संविधान पर प्रकाश पड़ता है। मैं इस बात को भली-भाँति जानता हूँ कि जब यह प्रस्ताव पारित हो जाएगा तो ये संविधान निर्माता समिति के लिए, संविधान निर्माण के प्रसंग के लिए एक प्रकार का आदेश सिद्ध होगा। जिस अनुच्छेद में यह बात है, कदाचित् उसमें स्वशासित प्रान्तों, भारतीय रियासतों और केन्द्रीय सरकार की भी चर्चा है। इसमें मध्यकाल में विभाजन की चर्चा नहीं की गई है। 'स्टेट-पेपर' और कांग्रेस की कार्यसमिति द्वारा स्वीकृत वर्धा के प्रस्ताव को देखते हुए मुझे यह आश्चर्य हुआ कि इनमें वर्गीकरण का उल्लेख तक नहीं है।

मैं स्वयं इसका विभाजन से असहमत हूँ और मुझे यह पसन्द नहीं है। सन् 1935 ई॰ में एक्ट में जितने प्रभावशाली केन्द्रीय शासन की स्थापना की गई है, मैं तो उससे भी अधिक शक्तिशाली केन्द्रीय सरकार के पक्षधर हूँ, किन्तु मेरी इन इच्छाओं का देश की वर्तमान स्थिति से किसी प्रकार भी तालमेल नहीं बैठता। अब तो हम बहुत दूर तक आगे बढ़ सके हैं और मैं नहीं जानता कि किन कारणों से कांग्रेस प्रशासन द्वारा निर्मित इस शक्तिशाली केन्द्रीय सरकार के भवन को जो मेरे लिए प्रशंसा तथा आदर का स्थान है, एक पक्ष उसे ढहा देने पर उतारु हो गया है।

इस परिपेक्ष्य में इस स्थिति के विरुद्ध केवल यह कह देने पर कि हमें शक्तिशाली केन्द्र नहीं चाहिए और यह माँग करने पर कि बीच का एक प्रान्तीय वर्गीकरण अवश्य होना चाहिए। हमें यह पता है कि तीसरे अनुच्छेद में वर्गीकरण के विचार में क्यों स्थान नहीं मिला? इस बात को पूरी तरह समझता हूँ कि वर्गीकरण व्याख्या के विषय में कांग्रेस मुस्लिम लीग और महामहिम सरकार एकमत नहीं हैं, किन्तु मैं तो सदा से ही मानता हूँ कि कांग्रेस के मत में प्रान्त अपना एक उपसंघ बनाना चाहे तो कांग्रेस को कोई आपत्ति नहीं होगी। यदि मेरे इस विचार में किसी प्रकार की ग़लती है तो मैं उसे सुधारने के लिए तैयार हूँ। ऐसे उपसंघ बनाने की आज्ञा क्यों नहीं दी जा रही है? हमारे इस कार्य में क्या दोष है हमें बताओ?

इस वक्त मैं इस सवाल पर कुछ नहीं कहूँगा कि इस प्रकार का प्रस्ताव सदन पारित कर सकता है या नहीं। सम्भव है इसे ऐसा अधिकार हो। मेरा प्रश्न तो यह है कि इस तरह का प्रस्ताव करना हम सबके लिए बुद्धिमत्ता की बात होगी? शक्ति हाथ में होना एक बात है और बुद्धि व विवेक का प्रयोग करना सर्वथा अलग बात है। मैं यह भी नहीं चाहता कि यह सदन इस प्रश्न पर इस दृष्टि से विचार करे कि इस प्रकार के प्रस्ताव को स्वीकार करना बुद्धिमत्ता और समझदारी का परिचय देना होगा।

हमारा मानना है कि कांग्रेस तथा मुस्लिम लीग को आपसी मनमुटाव सुधारने के लिए पुनः प्रयास करना चाहिए। यह लोकहित का एक ऐसा महत्त्वपूर्ण विषय है कि इसके निर्णय के लिए हमें इस या उस पार्टी के स्वाभिमान के विषय में नहीं सोचना चाहिए। हमारी दृष्टि तो केवल देशहित और जनता की भलाई की ओर होनी चाहिए।

अब तक डॉ॰ भीमराव अम्बेडकर ने कई जगह भाषण दे चुके थे परन्तु कहीं भी उन्होंने 'देशहित' में चर्चा नहीं की थी। इस बारे में सर्वप्रथम इस समिति में ही बोला था। इसी देशहित की बात को आगे बढ़ाते हुए डॉ॰ भीमराव अम्बेडकर ने आगे कहा—''जब हम सर्वसाधारण के भाग्य का निर्णय करने जा रहे हैं तो हमें नेताओं व्यक्ति-विशेषों या पार्टियों के स्वाभिमान की चिन्ता नहीं करनी चाहिए। ये देश की आम जनता की समस्याओं का प्रश्न है, इसलिए हमने एक उपाय सोचा है। इस समस्या को सुलझाने के लिए केवल तीन मार्ग ही मेरी दृष्टि में हैं, जो हमारी समस्या को सुलझाने से हमारी सहायता कर सकता है—पहला एक पार्टी दूसरी पार्टी की इच्छा के सम्मुख पूर्ण रूप से आत्म-समर्पण कर दे। दूसरा परस्पर एक समझौता कर लिया जाए और उसके आधार पर शान्ति स्थापित कर ली जाए। तीसरा खुला युद्ध।

''युद्ध की बात करने का कारण यह है कि मैंने संविधान निर्मातृ समिति के कुछ सदस्यों द्वारा यह कहते सुना है कि वे युद्ध के लिए तैयार हैं। मुझे यह सोचकर अत्यन्त विस्मय होता है कि क्या कोई व्यक्ति इस देश में ऐसा सोच सकता है कि राजनैतिक समस्याओं का समाधान युद्ध से किया जा सकता है? मैं नहीं जानता कि कितने लोग इस बात का समर्थन करेंगे। हो सकता है कि कुछ लोग करें और यह भी हो सकता है कि ऐसे लोगों की संख्या पर्याप्त हो। मैं ऐसा इसलिए समझता हूँ कि उन लोगों में से अधिकांश की यह धारणा है कि यह युद्ध ब्रिटिश सरकार के विरुद्ध युद्ध के अतिरिक्त अन्य कुछ न हो तो

कदाचित् मुझे इसके विरोध में विशेष न कहना हो; किन्तु क्या यह युद्ध मात्र ब्रिटिश सरकार के ही विरुद्ध ही हो पाना सम्भव है। मुझे नहीं लगता कि ये युद्ध सिर्फ़ ब्रिटिश सरकार के विरुद्ध होगा। मुझे इसमें कुछ और ही चाल नज़र आती है।

अब मैं यह स्पष्ट कर देना आवश्यक समझता हूँ कि अगर इस राष्ट्र में ऐसा कोई युद्ध छिड़ता है और उसका तनिक भी सम्बन्ध हमारे इस विचाराधीन प्रश्न के साथ है तो निश्चय जानिए कि यह युद्ध ब्रिटिश सरकार के साथ नहीं होगा, बल्कि यह युद्ध मुसलमानों के साथ होगा और इससे भी ख़राब बात यह हो सकती है कि यह युद्ध अंग्रेज़ों और मुसलमानों की सम्मिलित शक्ति के साथ हो। अगर ऐसा हुआ तो ये बात अच्छी नहीं इससे हानि हमारी ही है।

मैं इस युद्ध के विषय में जिसकी बात हमारे कुछ सदस्य सोच रहे हैं, इससे अन्य कोई बात नहीं कह सकता। यदि किसी की ऐसी धारणा है कि युद्ध द्वारा इस समस्या को अलग किया जा सकता है, या मुसलमानों के बलपूर्वक ऐसा संविधान बनाया जा सकता है जो बिना उनकी जानकारी और बिना उनकी रजामन्दी के स्वीकृत किया गया है तो इस देश को मुसलमानों से निरन्तर युद्ध करके उन्हें जीतते रहना पड़ेगा।''

बर्क ने कहा था कि–''शक्ति देना तो सरल है, किन्तु बुद्धि देना बड़ा कठिन है। अतः हमें चाहिए कि हम अपने आचरण से यह सिद्ध कर दें कि हममें केवल शक्ति ही नहीं है अपितु ऐसी बुद्धि भी है जिसके बल पर हम देश के सभी लोगों को साथ लेकर चल सकते हैं और उस मार्ग पर चला सकते हैं, जो हमें निश्चित रूप से एकता की ओर ले जाएगा, जो भेदभाव से रहित होगा, जहाँ मान-अपमान के लिए कोई कारण ही न होगा।''

जो लोग डॉ॰ भीमराव अम्बेडकर का समर्थन करनेवाले हैं, उन्होंने इस भाषण को ऐतिहासिक बताया। उनके समर्थकों का यह भी कहना है कि यह भाषण उनकी देश-भक्ति का अन्यतम उदाहरण है। इस भाषण की सभी लोगों ने बड़ी प्रशन्सा की। सभी ने उनके विचारों को सराहा।

इस सभा में वे बंगाल से और मुस्लिम लीग की सहायता और सहयोग से निर्वाचित होकर आए थे। अतः कहना उचित ही होगा कि यदि उन्होंने इस प्रकार का भाषण दिया जो मुसलमानों को खुश करनेवाला अधिक और देश-भक्ति की भावना से भरा हुआ कम है तो इसमें कोई आश्चर्य की बात नहीं। अपने आरम्भिक जीवन से ही अम्बेडकर अपनी इस नितिमत्ता का

परिचय देते हुए आए थे। उसी नीति का आश्रय भी उन्होंने इस समय लिया था। वे सिर्फ़ दलितों के उद्धार को ही अपना लक्ष्य मानते थे, इसलिए इनका ज़्यादा ध्यान इसी पर था। स्वतन्त्रता पाने के लिए उन्होंने कोई हाथ-पैर नहीं मारे।

डॉ॰ भीमराव अम्बेडकर कानून मन्त्री के रूप में

भारत को आज़ादी मिल चुकी थी। सरकार गठन की प्रक्रिया चल रही थी। दिल्ली संसद भवन में नेताओं का व्यापक जमाव हुआ था। इस बात का खुलासा हो चुका था कि भारत के प्रथम राष्ट्रपति डॉ॰ राजेन्द्र प्रसाद जी होंगे। काफ़ी सोच-समझकर यह फ़ैसला किया गया था, सभी लोगों की यही राय थी कि डॉ॰ राजेन्द्र प्रसाद जी को ही राष्ट्रपति बनाया जाए। पं॰ जवाहर लाल नेहरू जी भारत के प्रथम प्रधानमन्त्री हैं। राष्ट्रपिता महात्मा गाँधी पूरे देश के राष्ट्रपिता होते हुए पूरे देश के बापू भी हैं। महात्मा गाँधीजी ने डॉ॰ राजेन्द्र प्रसाद जी को गोपनीयता की शपथ ग्रहण कराई। इसी तरह पं॰ जवाहर लाल नेहरू को भी प्रधानमन्त्री पद की शपथ दिलाई गई।

पं॰ नेहरू जी ने अपने मन्त्रिमण्डल का गठन कर लिया था। उसमें सरदार वल्लभ भाई पटेल को गृहमन्त्री बनाया गया। वे लौहपुरुष थे, उन पर नेहरू जी की अडिग आस्था थी। सभी लोग उनका काफ़ी सम्मान करते थे।

पं॰ जवाहर लाल नेहरू जी ने डॉ॰ भीमराव अम्बेडकर को काफ़ी उच्च पद प्रदान किया था। यद्यपि डॉ॰ भीमराव अम्बेडकर विपक्ष के नेता थे, लेकिन फिर भी नेहरू जी ने उनका सम्मान किया। स्वतन्त्र भारत में वे सबसे पहले कानून मन्त्री बनाए गए। सभी लोग उनका बहुत सम्मान करने लगे, इसीलिए तो कानून बनाने का पूरा दायित्व उन्हें ही सौंपा गया था।

सभी नेताओं ने 15 अगस्त, सन् 1947 ई॰ को ही पद और गोपनीयता की शपथ ली। उसी दिन सब लोगों ने अपना कार्यभार सँभाल लिया था और सबको उनकी योग्यता के अनुकूल पद दे दिए गए थे।

डॉ॰ राजेन्द्र प्रसाद जी ने राष्ट्रपति का पद सँभालने के बाद कहा था कि भारत का नया संविधान बनना चाहिए, जब नया संविधान बन जाएगा तो पुराना रद्द कर दिया जाएगा। आज़ाद भारत को नये संविधान की ज़रूरत है, ताकि उसी के मुताबिक स्वतन्त्र भारत का संविधान लागू हो। इनके बात का समर्थन करते नेहरू जी ने भी नया संविधान बनाने पर बल दिया और कहा कि

संविधान ऐसा बनना चाहिए जिसमें सभी देशों के संविधानों के गुण हों। संविधान लचीला भी हो, कठोर भी हो, लोकतंत्र भी हो, गणतन्त्र की झलक भी उसमें देखने को मिले।

डॉ॰ राजेन्द्र प्रसाद जी की इच्छा थी कि संविधान बनाने के लिए अलग से एक समिति बनाई जाए। पं॰ जवाहर लाल नेहरू ने इसका भी समर्थन किया और समिति का गठन कर दिया गया।

संविधान निर्माण के सन्दर्भ में पं॰ जवाहर लाल नेहरू जी ने डॉ॰ राजेन्द्र प्रसाद जी से कहा–"डॉ॰ भीमराव अम्बेडकर को देश-विदेश के सभी संविधाएँ की जानकारी बहुत अच्छी तरह से है, इसलिए मैं चाहता हूँ कि भारत का नया संविधान डॉ॰ भीमराव अम्बेडकर ही बनाए, क्योंकि इन्होंने कई देश में रहकर कानून को अच्छी तरह देखा-परखा है। इनसे अच्छा दूसरा व्यक्ति और कोई नहीं जो कानून का निर्माण कर सके।" इस पर डॉ॰ राजेन्द्र प्रसाद जी ने कहा–"यह बिलकुल सच है कि डॉ॰ भीमराव अम्बेडकर ने जितनी ऊँची शिक्षा पाई है, उतनी भारत के अन्य पुरुष ने नहीं पाई। वे महाविद्वान् हैं। मैं चाहता हूँ कि संविधान ड्राफ्टिंग कमेटी का उन्हें अध्यक्ष बना दिया जाए।" इस प्रकार उन्हें संविधान ड्राफ़्टिंग कमेटी का अध्यक्ष बनाने की बात पेश की गई।

इन दोनों की बातों पर अन्य लोगों ने अपनी राय इस प्रकार पेश की "आपने ठीक सोचा है। डॉ॰ भीमराव अम्बेडकर ही भारत का नया संविधान बनाएँगे।" सभी लोगों ने अपनी-अपनी राय पेश की। सभी लोग इस बात पर अपनी-अपनी सहमति प्रकट कर रहे थे।

डॉ॰ राजेन्द्र प्रसाद जी ने डॉ॰ भीमराव अम्बेडकर को बताया कि वे संविधान ड्राफ़्टिंग कमेटी के अध्यक्ष बना दिए गए हैं। उन्हें चाहिए कि यह संविधान बहुत आसान और अच्छा बने। संविधान के अन्तर्गत एक-एक बात को ध्यान में रखा जाए। सभी लोगों के अधिकार का ख़्याल रखा जाए।

"आपकी आज्ञा का पालन होगा, राष्ट्रपति महोदय!"

डॉ॰ भीमराव अम्बेडकर भारतीय संविधान बनाने में पूरी तरह से व्यस्त तो हो गए, उनके साथ जो सहयोगी कार्यकर्ता थे वे उनका लोहा मानते थे कि डॉ॰ भीमराव अम्बेडकर को कानून का बहुत अच्छा ज्ञान है। उन्होंने लगभग सभी देशों के संविधान को पढ़ा है। वे परिश्रम करने में भी पीछे नहीं हैं। चौबीस घंटे में अट्ठारह घंटे काम करते हैं। हममें संविधान बनाने के लिए उनसे अच्छा संविधानकर्ता कोई और नहीं हो सकता।

इस प्रकार संविधान निर्माण का कार्य शुरू हो गया और डॉ॰ भीमराव अम्बेडकर उसमें पूरे ज़ोर-शोर से संलग्न हो गए। वह इस बात पर हमेशा ध्यान देते रहे कि संविधान की कोई भी धारा ऐसी न रह जाए जिसके लिए संसार को यह कहना पड़े कि भारत का संविधान बहुत सख़्त है। उन्होंने भारत के हर नागरिक को दृष्टि में रखकर संविधान बनाया था।

वे चाहते थे कि जल्दी-से-जल्दी संविधान डॉ॰ राजेन्द्र प्रसाद और पं॰ जवाहर लाल नेहरू के सामने रख दें। उनकी मेहनत और लगन रंग लाने लगी, चौबीस घंटे उन्हें संविधान बनाने में कार्य करना पड़ रहा था। बड़ी सोच-समझकर उन्होंने ये संविधान बनाया था।

प्रथम गोलमेज सम्मेलन (नवंबर 1930 - जनवरी 1931)

पहले गोलमेज सम्मेलन का आधिकारिक तौर पर राजा वी जॉर्ज ने 12 नवम्बर 1930 को प्रारम्भ किया और इसकी अध्यक्षता ब्रिटेन के प्रधानमंत्री, रामसे मैकडॉनल्ड ने की। तीन ब्रिटिश राजनीतिक दलों का प्रतिनिधित्व सोलह प्रतिनिधियों द्वारा किया गया। अंग्रेजों द्वारा शासित भारत से 57 राजनीतिक नेताओं और रियासतों से 16 प्रतिनिधियों ने भाग लिया। हालांकि, भारतीय राष्ट्रीय कांग्रेस और व्यापारिक नेताओं ने सम्मलेन में भाग नहीं लिया। उनमें से कई नेता नागरिक अवज्ञा आन्दोलन में भाग लेने के कारण जेल में थे।

सहभागी

मुस्लिम लीग—मौलाना मोहम्मद अली जौहर, मोहम्मद शफी, आगा खान, मोहम्मद अली जिन्ना, मोहम्मद जफरुल्ला खान, ए. के फजलुल हक।

हिंदू महासभा—बी एस मुंजे और एम. आर. जयकर

उदारवादी—तेज बहादुर सप्रू, सी. वाय. चिंतामणि और श्रीनिवास शास्त्री

सिख—सरदार उज्जल सिंह

केथोलिक (इसाई)—ए. टी. पन्नीरसेल्वम

दलित वर्ग (अछूत लोग)—बी.आर.अम्बेडकर

रियासतें—अकबर हैदरी (हैदराबाद के दीवान), मैसूर के दीवान सर मिर्जा इस्माइल, ग्वालियर के कैलाश नारायण हक्सर, पटियाला के महाराजा भूपिंदर सिंह, बड़ौदा के महाराजा सयाजीराव गायकवाड़ III, जम्मू और कश्मीर के महाराजा हरि सिंह, बीकानेर के महाराजा गंगा सिंह, भोपाल के नवाब हमीदुल्ला

खान, नवानगर के के. एस. रणजीतसिंहजी, अलवर के महाराजा जय सिंह प्रभाकर और इंदौर, रीवाँ, धौलपुर, कोरिया, सांगली और सरीला के शासक।

एक अखिल भारतीय महासंघ बनाने का विचार चर्चा का मुख्य बिंदु बना रहा। सम्मेलन में भाग लेने वाले सभी समूहों ने इस अवधारणा का समर्थन किया। कार्यकारिणी सभा से व्यवस्थापिका सभा तक की जिम्मेदारियों पर चर्चा की गई और बी.आर. अम्बेडकर ने अछूत लोगों के लिए अलग से राजनीतिक प्रतिनिधि की मांग की।

दूसरा गोलमेज सम्मेलन (सितंबर - दिसंबर 1931)

7 सितम्बर 1931 को दूसरा सत्र प्रारम्भ हुआ। पहले गोलमेज सम्मलेन से दूसरा गोलमेज सम्मेलन तीन प्रकार से भिन्न था। दूसरे सम्मलेन के प्रारम्भ होने तक–

कांग्रेस प्रतिनिधित्व–गांधी-इरविन संधि की बदौलत इस सम्मेलन में काँग्रेस ने भी भाग लिया। भारत से महात्मा गांधी को आमंत्रित किया गया था और उन्होंने एकमात्र काँग्रेस प्रतिनिधि के रूप में सरोजिनी नायडू के साथ भाग लिया। इसके अलावा मदन मोहन मालवीय, घनश्याम दास बिरला, मोहम्मद इकबाल, सर मिर्जा इस्माइल-मैसूर के दीवान, एस.के. दत्ता और सर सैयद अली इमाम ने भी भाग लिया। गांधीजी ने दावा किया कि एकमात्र काँग्रेस ही भारत का राजनीतिक प्रतिनिधित्व करती है और अछूत लोग हिंदू लोग हैं और उन्हें अल्पसंख्यक के रूप में नहीं देखा जाना चाहिए और मुसलामानों या अन्य अल्पसंख्यकों के लिए पृथक मतदाता अथवा अन्य किसी भी प्रकार के सुरक्षा उपाय नहीं होने चाहिए। अन्य भारतीय सहभागियों ने इन दावों को अस्वीकार कर दिया। गांधी-इरविन संधि के अनुसार, गाँधीजी को नागरिक अवज्ञा आंदोलन (सीडीएम) को बंद करने को कहा गया और यदि वे ऐसा करते हैं तो ब्रिटिश सरकार आपराधिक कैदियों को छोड़कर, अन्य कैदियों को मुक्त कर देगी। आपराधिक कैदियों से तात्पर्य उन कैदियों से था जिन्होंने ब्रिटिश अधिकारियों को मारा था। परिणामों से निराश और खाली हाथ, महात्मा गांधी भारत लौटे।

राष्ट्रीय सरकार–दो सप्ताह पूर्व लंदन में लेबर सरकार गिर गई थी। रामसे मैकडोनाल्ड अब कंजर्वेटिव पार्टी के प्रभुत्व वाली राष्ट्रीय सरकार की अध्यक्षता कर रहे थे।

वित्तीय संकट—सम्मेलन के दौरान, ब्रिटेन सरकार ने स्वर्ण मानक कि विनिमेयता रद्द कर दी जिससे राष्ट्रीय सरकार का ध्यान भी भंग हो गया।

सम्मेलन के दौरान, गांधीजी मुस्लिम प्रतिनिधित्व और सुरक्षा उपायों पर मुसलमानों के साथ कोई समझौता नहीं कर पाए। सम्मेलन के अंत में रामसे मैकडोनाल्ड ने अल्पसंख्यक प्रतिनिधित्व के संबंध में एक सांप्रदायिक निर्णय की घोषणा की और उसमें यह प्रावधान रखा गया कि राजनीतिक दलों के बीच किसी भी प्रकार के मुक्त समझौते को इस निर्णय के स्थान पर लागू किया जा सकता है।

गांधी ने अछूतों को हिन्दू समुदाय से अलग एक अल्पसंख्यक समुदाय का दर्जा देने के मुद्दे का विशेष रूप से विरोध किया। उनका अछूतों के नेता बी. आर. अम्बेडकर के साथ इस मुद्दे पर विवाद हुआ। अंततः दोनों नेताओं ने इस समस्या का हल 1932 की पूना संधि द्वारा निकाला।

तीसरा गोलमेज सम्मेलन (नवंबर - दिसंबर 1932)

तीसरा और अंतिम सत्र 17 नवम्बर 1932 को प्रारम्भ हुआ। मात्र 46 प्रतिनिधियों ने इस सम्मलेन में भाग लिया क्योंकि अधिकतर मुख्य भारतीय राजनीतिक प्रमुख इस सम्मलेन में मौजूद नहीं थे। ब्रिटेन की लेबर पार्टी और भारतीय राष्ट्रीय कांग्रेस ने इस सत्र में भाग लेने से इनकार कर दिया।

इस सम्मेलन में एक कॉलेज छात्र चौधरी रहमत अली ने विभाजित भारत के मुस्लिम भाग का नाम पाकिस्तान (जिसका अर्थ है पवित्र भूमि) रखा। उसने पंजाब का पी पंजाब, अफगान से ए, कश्मीर से कि, सिंध से स और बलूचिस्तान से तान लेकर यह शब्द बनाया। जिन्ना ने इस सम्मेलन में हिस्सा नहीं लिया।

सितंबर, 1931 से मार्च, 1933 तक, सैमुअल होअरे के पर्यवेक्षण में, प्रस्तावित सुधारों को लेकर प्रपत्र बनाया गयाय जिसके आधार पर भारत सरकार का 1935 का अधिनियम बना।

गोलमेज सम्मेलन में गांधी और अम्बेडकर

विशेष प्रतिनिधित्व का गाँधी जी द्वारा सख्त विरोध किया गया था परन्तु वह वयस्क मताधिकार के पक्षधर थे और अस्पृश्यता को मिटाने के पक्ष में थे। लंदन में गांधी ने यही कहा। लेकिन डॉ. अम्बेडकर अपनी बात पर अड़े रहे। गांधी ने तो अल्पसंख्यक समिति को भंग करने की भी बात की।

गांधी जी : "हममें से प्रायः सभी लोग उस दल या वर्ग के चुने हुए प्रतिनिधि नहीं हैं जिनके हम प्रतिनिधि कहे जाते हैं। हम यहां सरकार द्वारा नामजद होने की वजह से हैं। हम लोग ऐसे व्यक्ति नहीं हैं जिनकी सर्वसम्मत हल पाने के लिए यहां होने की भारी जरूरत थी। इसके अलावा, कृपया मुझे यह कहने का अधिकार प्रदान करें कि सभी अल्पसंख्यक समिति की बैठकें बुलाने का कोई उचित समय नहीं था। यह असलियत भी नहीं है क्योंकि हम यह निश्चित रीति से नहीं जानते थे कि इस बातचीत के बाद किसी विशेष लाभ की प्राप्ति नहीं होगी। अगर हम निश्चित रूप से यह जानते होते कि जो कुछ हम चाहते हैं हमें मिल जाएगा तब हम बातचीत को कलह की टोकरी में डालने के पहले दो बार अवश्य सोचते। यह ऐसा ही था कि मानो हमें बताया गया हो। इस बातचीत से किसी निष्कर्ष पर पहुंचना मौजूदा प्रतिनिधि द्वारा सांप्रदायिक समस्या का सर्वसम्मत हल निकालने की योग्यता पर निर्भर करता है। यह समाधान स्वराज के संविधान का मुकुट तो बन सकता है, उसकी नींव नहीं बन सकता। यह इसलिए कि हमारे मतभेद स्थायी हो गए हैं और अगर वह पैदा नहीं हुए तो इसकी वजह विदेशी हुकूमत है। मुझे इस बात में तनिक भी शक नहीं कि सांप्रदायिक मतभेदों का हिमशैल स्वतंत्रता के सूरज का तापमान से ही पिघल जाएगा।

मैं इसलिए यह सुझाव देने की धृष्टता कर रहा हूं कि अल्पसंख्यक समिति को अनिश्चित काल तक के लिए स्थगित कर दी जानी चाहिये और संविधान के मूलभूत सिद्धांतों को शीघ्र अति शीघ्र तय कर दिया जाना चाहिये। इस बीच सांप्रदायिक समस्या का अनौपचारिक रूप से एक वास्तविक समाधान ढूंढ़ने का काम जारी रहेगा और जारी रहना चाहिए। इस कारण संविधान के बनाने के काम सतत् रूप से जारी रखना चाहिए। हमें इस तरफ से ध्यान हटा लेना चाहिए और संरचना के मुख्य भाग के निर्माण पर सारा ध्यान केंद्रित करना चाहिए।"

डॉ. अम्बेडकर : "मुझे ऐसा लगता है कि अब दो ही विकल्प शेष रह गये हैं–या तो यह कि अल्पसंख्यक समिति इस समस्या को सुलझाने और किसी संतोषप्रद हल, अगर यह संभव है तो उसे ढूंढ़ने के लिए सतत् प्रयत्नशील रहना चाहिए और अगर यह संभव न हो तब ब्रिटिश सरकार इस समस्या को खुद हल करने का दायित्व स्वीकार कर लेना चाहिए। हम इस समस्या को तीसरे पक्ष के विवेचन के लिए छोड़ने के लिए सहमति नहीं दे सकते जिसमें उत्तरदायित्व की

वही भावना हो जैसी कि ब्रिटिश सरकार में उत्तरदायित्व की भावना होनी चाहिए।

प्रधानमंत्री जी, मुझे एक बात स्पष्ट कर देने की अनुमति दीजिए। दलितवर्ग इसके लिए उत्सुक नहीं है, शोर नहीं मचा रहा है, उसने कोई आंदोलन नहीं छेड़ा है कि ब्रिटिश लोगों से सत्ता तुरंत भारतीयों को सौंपी जानी चाहिए। ब्रिटिश लोगों के खिलाफ उनकी अपनी शिकायतें हैं और मैं समझता हूं कि मैंने उनकी भावनाओं को स्पष्ट करने के लिए यह यथेष्ट रूप से व्यक्त भी कर दिया है कि हमारी ये शिकायतें काल्पनिक नहीं हैं। लेकिन सच बात यह है कि दलित वर्गों के लोग राजनीतिक सत्ता का हस्तांतरण किए जाने के लिए उत्सुक नहीं हैं। उनकी स्थिति पर प्रकाश डाला जाय तो यह है कि हम सत्ता का हस्तांतरण नहीं चाहते हैं। लेकिन अगर ब्रिटिश सरकार इन शक्तियों को दबाने में असमर्थ है तो देश में सत्ता के हस्तांतरण के लिए आवाज उठायी जा रही है और हम जानते हैं कि दलित वर्गों के लोग इन शक्तियों को मुकाबला करने की स्थिति में नहीं हैं–तब हमारा निवेदन है कि अगर आप यह हस्तांतरण करते हैं तब इस हस्तांतरण के साथ ऐसी शर्त्त और ऐसा प्रावधान होना चाहिए कि सत्ता किसी गुट, किसी अल्पतंत्र, कुछ लोगों के वर्ग के हाथों में नहीं आ जाएगी, वो चाहे मुसलमान हों या हिन्दू, बल्कि इसका समाधान ऐसा होगा कि इस सत्ता में सारे समुदायों की अपने-अपने अनुपात के अनुसार साझेदारी होगी। इसलिए, मेरे से यह परे हैं कि जब तक मुझे यह पता न चल जाए कि मेरी या मेरे समुदाय की स्थिति क्या है, तब तक में इस संघीय संरचना समिति के विचार-विमर्श के बगैर किसी तरह उत्तरदायित्व लेने के लिये तैयार नहीं हूँ।

उसी बैठक में डॉ. अम्बेडकर के तुरंत बाद महात्मा गांधी ने कहा :

"अस्पृश्य कहे जाने वाले लोगों के बारे में एक और बात का उल्लेख करना चाहूँगा। मैं अन्य अल्पसंख्यकों के द्वारा उठाए दावों को समझ सकता हूं, लेकिन अस्पृश्य लोगों की तरफ से किए जाने वाले दावे अब भी शेष रह जाते हैं, जिनकी सभी बेरहमी के साथ अपेक्षा की जाती रही है। इसका मतलब है कि हमने उन्हें हमेशा के लिए बदनसीब बना दिया है। मैं अस्पृश्यों के जीने के अधिकार को नहीं छीनूंगा, चाहे यह भारत के लिए आजादी हासिल करने की शर्त ही क्यों न हो। मैं खुद को असंख्य अस्पृश्यों का नुमांइदा मानता हूं। यहां मैं सिर्फ कांग्रेस की तरफ से ही नहीं, बल्कि अपनी ओर से बोलता हूं और मेरा दावा है कि अगर

अस्पृश्यों का मत लिया जाएगा, तब उनके सबसे ज्यादा मत मेरे पक्ष में होंगे और मैं देश में एक कोने से दूसरे कोने तक यह बताने का काम करूंगा कि अस्पृश्यता के इस कलंक को 'पृथक निर्वाचन पद्धति' और 'पृथक आरक्षण' द्वारा जड़ से समाप्त नहीं किया जा सकता है जो उनके लिए नहीं, बल्कि कट्टर हिंदुओं के लिए शर्म की बात है।

अपनी स्थिति स्पष्ट करते हुए इससे पहले गांधी यह उल्लेख कर चुके थे कि आखिरी बात यह है कि इस विचार-विमर्श में मेरे भाग लेने की सिर्फ एक ही वजह है कि मैं भारतीय राष्ट्रीय कांग्रेस का प्रतिनिधि हूं। मुझे इसकी स्थिति स्पष्ट कर देनी चाहिए। आपको जो कुछ दिखाई देता है, खासतौर से इंग्लैंड में, उसके उल्टे यह कांग्रेस सारे देश का प्रतिनिधित्व करने का दावा करती है। यह निश्चित रूप से लाखों गूंगे लोगों का प्रतिनिधि होने का भी दावा करती है, जिसमें भारी संख्या में अछूत शामिल हैं, जिन्हें दलित कहने के बजाय कुचला ज्यादा गया है और वे लोग भी शामिल हैं जो इन्हीं की तरह से बहुत ही अभागे और उपेक्षित हैं और जिन्हें 'पिछड़ा वर्ग' कहा जाता है।

ऐसा माना जाता है कि मैं विधान-मंडल में अछूतों का कोई भी प्रतिनिधित्व दिए जाने के खिलाफ हूं, यह बात सत्य नहीं है। मैंने जो कुछ कहा और जिसे मैं दुहरा रहा हूं, वह यह है कि मैं आपका विशेष प्रतिनिधित्व होने के खिलाफ हूं। मैं यह अच्छी तरह मानता हूं कि इससे उन्हें कोई लाभ नहीं होगा, उल्टे ज्यादा नुकसान ही होगा। लेकिन कांग्रेस वयस्क मताधिकार के लिए कृत संकल्प है। इसलिए उनमें से लाखों लोगों के नाम मतदाताओं की सूची में आ जाएंगे। अस्पृश्यता की भावना को जड़ से समाप्त करने के लिये प्रयास जारी हैं। ऐसी स्थिति में यह असंभव-सा लगता है कि इन मतदाताओं के द्वारा नामजद व्यक्तियों का दूसरे लोगों के द्वारा बायकाट किया जाएगा, लेकिन इन व्यक्तियों के लिए विधान-मंडलों में चुनकर आने की अपेक्षा सामाजिक और धार्मिक उत्पीड़न से सुरक्षा की अधिक आवश्यकता है। हमारे आचार-विचार ने जो कानून से अक्सर ज्यादा शक्तिशाली हैं, उन्हें इतना निम्न स्तरीय बना दिया कि हर समझदार हिंदू को लज्जा का अनुभव करना चाहिए और इसके लिए पश्चाताप करना चाहिए। इसलिए मैं कठोर से कठोर कानून का गठन चाहता हूं, जिसके अधीन इस प्रकार के आचार-विचार अपराध घोषित किए जा सकें, जो श्रेष्ठ कहे जाने वाले वर्ग के लोग मेरे देश के इन निवासियों पर कर रहे हैं।

ईश्वर का धन्यवाद, हिंदुओं का विवेक जाग गया है, अस्पृश्यता की भावना अब शीघ्र ही हमारे पापमय इतिहास का अवशेष बनकर रह जाएगी।''

दलितों के बारे में, यहां दृष्टव्य है कि गांधी भी उसी 'मोतीलाल नेहरू रिपोर्ट' (1928) की तर्ज पर लंदन में बोले जिसने दलित अस्तित्व पर प्रश्नचिह्न लगाया था, विधान सभाओं में नामांकन, प्रतिनिधित्व का विरोध किया और सिर्फ शिक्षा पर बल दिया था।

डॉ. अम्बेडकर ने दृढ़तापूर्वक कहा कि : ''मैं अपने बारे में बता रहा हूं कि मुझे कोई संदेह नहीं है कि अगर भारत के दलित वर्ग के लोगों को इस समिति के लिए प्रतिनिधि चुनने का मौका दिया गया तब मेरा ही चयन किया जायेगा। मैं इसलिए कहता हूं कि चाहें मैं नामजद होऊं या नहीं, मैं पूरी तरह से अपने समुदाय का प्रतिनिधि हूं। किसी को इस बारे में कोई भ्रम नहीं होना चाहिए।

डॉ. अम्बेडकर की राय में गांधी का दलित हितैषी होने का दावा खोखला, बेबुनियाद था। उन्होंने स्पष्टतया कहा ब्रिटिश सरकार को अल्पसंख्यक समिति के माध्यम से अपने प्रयास जारी रखना चाहिए और गांधी के बयान पर ध्यान न दे, या स्वयं इसे हल करने का प्रयास किया जाना चाहिए।

डॉ. अम्बेडकर का स्पष्ट कहना था कि गैर-जिम्मेदार लोग दलितों का हितैषी बनने का दावा कर रहे हैं जबकि वे खुद और उनके साथ सर्वाधिक दलित हितैषी हैं और उनके जीवन-मरण के प्रश्न को सुलझाने में समर्थ हैं। गांधी जी तिलमिला उठे।

गांधी जीः (अंत में महात्मा गांधी ने जोर देकर कहा कि) ''मैं चाहता हूं कि यह समिति और सारी दुनिया इस बात को समझे कि आज हिंदू सुधारवादियों की एक जमात है, जो अस्पृश्यता के इस कलंक को मिटाने के लिए कृत संकल्प है। हम अपने कागजों में जनसंख्या के आंकड़ों में अस्पृश्यों को एक पृथक वर्ग के रूप में ही नहीं रखना चाहते। सिख हमेशा सिख के रूप में रहें, इसी तरह मुसलमान और यूरोपियन भी। क्या अस्पृश्य हमेशा अस्पृश्य रहेंगे? अगर अस्पृश्यता रहेगी तब मुझे डर है कि कहीं हिंदुत्व न खत्म हो जाए। इसलिए मैं डॉ. अम्बेडकर के प्रति और उनकी सहज इच्छा के प्रति अस्पृश्यों का उद्धार हो और उनकी योग्यता के प्रति पूरे आदर के साथ अत्यंत विनम्रतापूर्वक यह कहना चाहता हूं कि उन्होंने जिन अत्याचारों को झेला है और उन्हें जो कड़वे अनुभव हुए हैं, उनके इस निर्णय की पृष्ठभूमि में यही काम कर रहे हैं। मुझे ये कहते हुए

दुख होता है। लेकिन अगर मैं यह सब न कहूं तब मैं अस्पृश्यों के हितों के प्रति निष्ठावान नहीं रहूंगा, जो मुझे अपनी जिंदगी से भी ज्यादा प्यारे हैं, अगर मैं कुछ न बोलूं कि मैं सारे संसार के स्वामित्व के लिए भी उनके अधिकारों के साथ कोई सौदेबाजी नहीं करूंगा। मैं यह बात पूरे उत्तरदायित्व के साथ कह रहा हूं और मैं यह कहता हूं कि जब डॉ. अम्बेडकर भारत के सम्पूर्ण दलितों व अछूत वर्गों की बात करते हैं, तब उनका यह कहना उचित नहीं है कि उनके वही एकमात्र प्रतिनिधि हैं।''

गोलमेज सम्मेलन में जब गांधी जी यह कहे कि ''जो लोग अस्पृश्यों के लिए राजनीतिक अधिकार की बात करते हैं, वे लोग अपने भारत को नहीं समझते।...अगर मुझे उसकी मुखालफत अकेले ही करनी पड़ी, तब मैं सारी जिंदगी इसकी मुखालफत करता रहूंगा।''

इस प्रकार डॉ. अम्बेडकर और महात्मा गांधी दोनों नेताओं ने दलित समस्या के समाधान के लिए अपना-अपना पक्ष प्रस्तुत करते रहे। उस समय मूल प्रश्न यह नहीं था कि दलितों का सच्चा प्रतिनिधि और हिमायती कौन है? असल बात थी अछूत-दलितों के अधिकारों की प्राप्ति।

वास्तव में भारत के लौह पुरुष कहे जाने वाले डॉ. भीमराव अम्बेडकर ने अपने तर्कों, अपनी विद्वत्तापूर्ण वाक्-शैली, दलितों के लिए छेड़े गए मुक्ति संग्राम के अनुभवों, के आधार पर ब्रिटिश साम्राज्य के शिखर राजपुरुषों के सम्मुख सिद्ध कर दिया कि वे ही दलितों के सच्चे प्रतिनिधि हैं। वे उन करोड़ों मूक लोगों की वाणी हैं जिन्हें समाज ने सदियों से हाशिए पर बहिष्कृत-तिरस्कृत बनाकर रखा।

इस प्रकार 'गोलमेज परिषद् वार्ता' में डॉ. अम्बेडकर को अपने सपनों का भारत बनाने, अछूतों की समस्या के समाधान का अवसर मिल गया और दलित मुक्ति संग्राम ने आकाश की ऊंचाईयों को स्पर्श कर लिया।

पूना पैक्ट और अम्बेडकर

द्वितीय गोलमेज सम्मेलन से लौटने पर राष्ट्रपिता महात्मा गांधी को गिरफ्तार करके पूना के यरवदा जेल में बंद कर दिया गया। यरवदा जेल से ही वायसराय को गांधी जी ने एक पत्र लिखा–''दलित वर्ग के लिए अलग से आरक्षण देकर आप देश के साथ अन्याय करेंगे। इस तरह हमारा भारत टुकड़ों में बँट जायेगा। मैं आमरण अनशन प्रारम्भ कर रहा हूँ। अछूतों को, जिन्हें मैं

हरिजन कहता हूँ, समाज से अलग नहीं किया जायेगा। ये भारतीय समाज में रहेंगे, जिसे हिन्दू धर्म कहा जाता है। इन्हें समाज से अलग करने का अधिकार किसी को नहीं।"

अछूतों की समस्या के समाधान के लिए मुंबई में एक सभा का आयोजन किया गया। इस सभा में काशी हिन्दू विश्वविद्यालय के संस्थापक पंडित मदन मोहन मालवीय भी उपस्थित हुए और उन्होंने अम्बेडकर को समझाया। उनका कहना था–"भारत और गांधी जी का ख्याल करो। अपने माँग पत्र पर विचार करो कि वह कहाँ तक ठीक है। क्या तुम्हारा यह ख्याल ठीक है कि दलित वर्ग को समाज से अलग आरक्षण दिया जाना चाहिये?"

पं. मदनमोहन मालवीय की बातों का उत्तर देते हुए अम्बेडकर ने कहा–"मुझे आपकी हर बात मंजूर है पंडित जी, लेकिन मैं दलित वर्ग को उनके अधिकार दिलाऊँगा।" मालवीय जी ने अम्बेडकर को फिर समझाया–"अम्बेडकर, गांधी जी के साथ समझौता कर लो। इसमें सबकी भलाई है। दलितों पर भी पूरा-पूरा ध्यान दिया जायेगा। उन्हें समाज में मान-सम्मान दिया जायेगा और उनके अधिकारों का भी ख्याल रखा जायेगा।"

अम्बेडकर के अनुसार भारत में अन्य धर्मावलम्बियों को नहीं परेशान किया जाता, सारी गलती अछूतों की है। गांधी जी ने आमरण अनशन किया। अगर यही अनशन वे देश की आजादी के लिये करते, तो पूरा देश उपवास करने लगता। छोटी-सी बात के लिए इतना बड़ा अनशन? यह मेरी समझ में नहीं आता। मैं छुआछूत को मिटाना चाहता हूँ, इसलिये मैं यह कर रहा हूँ।"

अम्बेडकर को मालवीय जी ने बहुत समझाया कि आपकी मांग पूरी होगी लेकिन अम्बेडकर ने स्वीकार नहीं किया।

अम्बेडकर ने कहा–"सीटें ज्यादा-से-ज्यादा दी जायें। उनके निर्वाचन का समय पच्चीस वर्ष का रखा जाये।" गांधी जी ने जेल से अम्बेडकर को पत्र लिखकर भेजा-जिसे इस सभा में पढ़कर सुनाया गया।

पत्र में लिखा था–

"प्रिय डॉक्टर अम्बेडकर, देश को टुकड़े-टुकड़े मत होने दो। हिन्दू जाति को बचा लो। मेरी सहानुभूति भी तुम्हारे साथ है। मेरा जीवन तुम्हारे हाथ में है। अब जैसा उचित समझो वैसा करो। अगर तुम मेरा कहना मान लोगे तो बहुत अच्छा रहेगा।"

अम्बेडकर से मिलने के लिए कस्तूरबा गांधी भी इनके पास आयी थी और कहा–"गांधी जी से समझौता कर लो अम्बेडकर और उन्हें बचाओ।" पंडित मदन मोहन मालवीय जी ने फिर से अम्बेडकर को समझाया–"महात्मा गांधी की आवश्यकता पूरे देश को है। अगर यह सूरज अस्त हो गया, तो पूरे देश में अंधेरा हो जायेगा, इसलिये मेरी प्रार्थना है कि उस महान् पुरुष के प्राण बचाओ अम्बेडकर। हम एक महान् इंसान से हाथ धो बैठेंगे, उनकी आवश्यकता अभी आगे है।" मालवीय जी की बात सुनकर अम्बेडकर शांत हो गये और बोले–"मैं अब इन्कार नहीं करूँगा और संसार के महान् नेता गांधी जी से समझौता कर लूंगा। वह भी नहीं चाहते थे कि गांधी जी की तबियत और खराब हो।"

अब दोनों नेताओं में समझौता हो गया। उस समझौता पर गांधी जी और डॉक्टर भीम राव अम्बेडकर दोनों लोगों के हस्ताक्षर थे। वह समझौता सभा में पढ़कर सुनाया गया, जो इस प्रकार था–

1. उनकी पहली शर्त यह थी कि दलितों के लिये राज्य की विधान सभा में सीटें 78 से बढ़कर 148 कर दी जाये।
2. दूसरी शर्त यह थी कि इन सीटों का निर्वाचन कानूनी ढंग से होगा।
3. तीसरी शर्त थी कि केन्द्रीय विधान सभा में दलितों के प्रतिनिधि मिले-जुले निर्वाचन क्षेत्रों के सिद्धान्तों के अनुरूप इनका चुनाव होगा।
4. चौथी शर्त यह थी कि केन्द्र की विधान सभाओं में जितनी सीटें निर्धारित होती हैं, उनमें 18 प्रतिशत सीट हरिजन के लिए आरक्षित हों।
5. पाँचवीं शर्त में लिखा था कि-प्रदेश और केन्द्र दोनों चुनावों की प्रक्रिया दस साल तक उसी तरह चलेगी।
6. छटी शर्त के अनुसार, केन्द्र और प्रदेश की विधान सभा में जितनी भी आरक्षित सीटें होंगी, जब हटाई जायेंगी तो उनके लिये दलितों का जनमत लिया जायेगा।
7. सातवीं शर्त के अनुसार अछूतों के मताधिकार का प्रबंध लोथियन कमेटी की रिपोर्ट के आधार पर किया जायेगा।
8. आठवीं शर्त यह थी कि सरकारी नौकरियों और स्थायी नौकरियों में हरिजनों के साथ कोई भेदभाव नहीं करेगा। हर विभाग में जैसी उनकी योग्यता होगी वैसा ही स्थान दिया जायेगा। जो हरिजन योग्य हैं उन्हें उसी अनुसार पद दिया जायेगा।

9. नवीं शर्त यह थी कि अछूत जातियों के लिए हर प्रदेश में शिक्षा का अधिक-से-अधिक अनुदान किया जायेगा, ताकि महार जाति का प्रत्येक बच्चा शिक्षा ग्रहण कर सके।
10. दसवीं शर्त के अनुसार छुआछूत को जल्दी-से-जल्दी देश से मिटा दिया जायेगा जिससे भेद-भाव को समाप्त किया जाए।

पंडित मदन मोहन मालवीय ने इस समझौते को पढ़कर सबको सुनाया। हिन्दुओं की ओर से उन्होंने स्वयें अपने हस्ताक्षर कर दिये। डॉक्टर भीम राव अम्बेडकर ने भी उस समझौते पर अपने हस्ताक्षर किये। इस पत्र पर हस्ताक्षर करते हुए डॉ. बी.आर. अम्बेडकर ने कहा–"दलितों, मैं तुम्हें तुम्हारा अधिकार दिलवा रहा हूँ मैंने गांधी जी से समझौता कर लिया है कि वे अनशन समाप्त कर दें।"

सभा में जोर-जोर से नारे बुलंद होने लगे–"डॉक्टर अम्बेडकर जिन्दाबाद! महात्मा गांधी जिन्दाबाद! अम्बेडकर की जय, भीम राव अम्बेडकर अमर रहें।" दोनों लोगों का यहाँ के लोगों ने सम्मान किया।

संविधान निर्माण

अपने विवादास्पद विचारों और गांधी व कांग्रेस की कटु आलोचना के बावजूद अम्बेडकर की प्रतिष्ठा एक अद्वितीय विद्वान और विधिवेत्ता की थी जिसके कारण जब, 15 अगस्त 1947 में भारत की स्वतंत्रता के बाद, कांग्रेस के नेतृत्व वाली नई सरकार अस्तित्व में आई तो उसने अम्बेडकर को देश का पहले कानून मंत्री के रूप में सेवा करने के लिए आमंत्रित किया, जिसे उन्होंने स्वीकार कर लिया। 29 अगस्त 1947 को, अम्बेडकर को स्वतंत्र भारत के नए संविधान की रचना कि लिए बनी के संविधान मसौदा समिति के अध्यक्ष पद पर नियुक्त किया गया। अम्बेडकर ने मसौदा तैयार करने के इस काम में अपने सहयोगियों और समकालीन प्रेक्षकों की प्रशंसा अर्जित की। इस कार्य में अम्बेडकर का शुरुआती बौद्ध संघ रीतियों और अन्य बौद्ध ग्रंथों का अध्ययन बहुत काम आया।

संघ रीति में मतपत्र द्वारा मतदान, बहस के नियम, पूर्ववर्तिता और कार्यसूची के प्रयोग, समितियाँ और काम करने के लिए प्रस्ताव लाना शामिल है। संघ रीतियाँ स्वयं प्राचीन गणराज्यों जैसे शाक्य और लिच्छवि की शासन प्रणाली के मॉडल पर आधारित थी। अम्बेडकर ने हालांकि उनके संविधान को

आकार देने के लिए पश्चिमी मॉडल इस्तेमाल किया है पर उसकी भावना भारतीय है।

अम्बेडकर द्वारा तैयार किया गया संविधान पाठ में संवैधानिक गारंटी के साथ व्यक्तिगत नागरिकों को एक व्यापक श्रेणी की नागरिक स्वतंत्रताओं की सुरक्षा प्रदान की जिनमें, धार्मिक स्वतंत्रता, अस्पृश्यता का अंत और सभी प्रकार के भेदभावों को गैर-कानूनी करार दिया गया। अम्बेडकर ने महिलाओं के लिए व्यापक आर्थिक और सामाजिक अधिकारों की वकालत की और अनुसूचित जाति और अनुसूचित जनजाति के लोगों के लिए सिविल सेवाओं, स्कूलों और कॉलेजों की नौकरियों में आरक्षण प्रणाली शुरू करने के लिए सभा का समर्थन भी हासिल किया, भारत के विधि निर्माताओं ने इस सकारात्मक कार्यवाही के द्वारा दलित वर्गों के लिए सामाजिक और आर्थिक असमानताओं के उन्मूलन और उन्हें हर क्षेत्र में अवसर प्रदान कराने की चेष्टा की जबकि मूल कल्पना में पहले इस कदम को अस्थायी रूप से और आवश्यकता के आधार पर शामिल करने की बात कही गयी थी। 26 नवम्बर 1949 को संविधान सभा ने संविधान को अपना लिया। अपने काम को पूरा करने के बाद, बोलते हुए, अम्बेडकर ने कहा–

मैं महसूस करता हूं कि संविधान, साध्य (काम करने लायक) है, यह लचीला है पर साथ ही यह इतना मजबूत भी है कि देश को शांति और युद्ध दोनों के समय जोड़ कर रख सके। वास्तव में, मैं कह सकता हूँ कि अगर कभी कुछ गलत हुआ तो इसका कारण यह नहीं होगा कि हमारा संविधान खराब था बल्कि इसका उपयोग करने वाला मनुष्य अधम था।

1951 में संसद में अपने हिन्दू कोड बिल के मसौदे को रोके जाने के बाद अम्बेडकर ने मंत्रिमंडल से इस्तीफा दे दिया। इस मसौदे में उत्तराधिकार, विवाह और अर्थव्यवस्था के कानूनों में लैंगिक समानता की मांग की गयी थी। हालांकि प्रधानमंत्री नेहरू, कैबिनेट और कई अन्य कांग्रेसी नेताओं ने इसका समर्थन किया पर संसद सदस्यों की एक बड़ी संख्या इसके खिलाफ थी। अम्बेडकर ने 1952 में लोक सभा का चुनाव एक निर्दलीय उम्मीदवार के रूप में लड़ा पर हार गये। मार्च 1952 में उन्हें संसद के ऊपरी सदन यानि राज्य सभा के लिए नियुक्त किया गया और इसके बाद मृत्यु तक वे इस सदन के सदस्य रहे।

जैसा कि सर्वविदित है कि भारतीय संविधान के निर्माण में डॉ॰ भीमराव अम्बेडकर का महत्त्वपूर्ण योगदान है। इसके लिए ये काफ़ी प्रसिद्ध भी हुए। स्वाधीन भारत के भावी संविधान में दलित-वर्गों की सुरक्षा के लिए डॉ॰ भीमराव

अम्बेडकर, राव बहादुर और आर॰ श्रीनिवासन ने कुछ सामाजिक-राजनीतिक सुझाव रखे जिसका वर्णन निम्न प्रकार किया गया है–

शर्त–1

समान नागरिकता

इनके द्वारा दिए गए सुझाव के प्रथम शर्त में समान नागरिकता का ज़िक्र है। दलित-वर्ग के लोग अपनी वर्तमान आनुवांशिक गुलामी की दशा में बहुसंख्यक शासन को अपनी सहमति नहीं देंगे। बहुसंख्यक शासन लागू होने से पहले दलितों को अस्पृश्यता की कुरीति से पूरी तरह मुक्ति मिलनी चाहिए। इस मामले को बहुसंख्यकों की इच्छा पर नहीं छोड़ा जाना चाहिए। दलितों को अन्य नागरिकों की तरह सभी अधिकार मिलने चाहिए।

(क) अस्पृश्यता को समाप्त करने और समान नागरिकता का अधिकार बहाल करने के लिए मौलिक अधिकार को संविधान में दर्ज किया जाए।

मौलिक अधिकार

मौलिक अधिकार के सन्दर्भ में डॉ॰ भीमराव अम्बेडकर का मानना है कि 'भारत के सभी नागरिक कानून की निगाह में एक समान हैं और सबके नागरिक अधिकार बराबर हैं। वर्तमान समय में छुआछूत के बारे में लागू कोई भी अधिनियम, कानून, आदेश, व्याख्या या रिवाज़ जो किसी व्यक्ति को दण्डित करता है, असुविधा पहुँचाता है, अयोग्य करार देता है या पक्षपात करता है, तो उसे नए संविधान के लागू होते ही समाप्त माना जाएगा।'

(ख) 'भारत सरकार अधिनियम', 1919 की धारा 110 और 111 के तहत अधिशासी अधिकारियों को मिलनेवाली छूट को समाप्त करना और उन्हें ठीक उसी तरह की ज़िम्मेदारी सौंपना जैसा कि ब्रिटेन और यूरोप में है।

शर्त–2

समान अधिकारों का स्वतन्त्र उपयोग

दलितों के समान अधिकारों की घोषणा करना ही पर्याप्त नहीं है। यह असंदिग्ध है कि दलितों को समाज की रूढ़िवादी ताकतें समान नागरिकता के

अधिकार का उपयोग नहीं करने देंगी। कई तरह की बाधाएँ खड़ी करेंगी। अतएव, दलितों का मानना है कि अगर ये अधिकार महज़ काग़ज़ी नहीं हैं, तो अधिकारों का हनन करनेवालों को दंड देने की व्यवस्था की जाए।

(क) इस लक्ष्य को पूरा करने के लिए दलित-वर्ग की इच्छा है कि 'भारत सरकार अधिनियम', 1919 भाग 11 जो अपराध, प्रक्रिया एवं दण्ड परिभाषित करता है, उसके साथ निम्नांकित धारा जोड़ दी जाए।

नागरिकता हनन का अपराध

अगर कोई इन्सान किसी दूसरे इन्सान को सार्वजनिक वास, लाभ, सुविधा, धर्मशाला में ठहरने के अधिकार, शैक्षिक संस्थाओं में प्रवेश, सड़क, राह, गली, तालाब, कुआँ व पानी के उपयोग के अन्य स्थान, सार्वजनिक वाहन, भूमि, हवा अथवा पानी, नाट्य गृहों अथवा कला व रंगकर्म से जुड़े अन्य सार्वजनिक स्थलों के उपयोग से रोकता है, तो उसे अस्पृश्यता के बारे में पहले से चले आ रहे शर्तों पर विचार किए बिना पाँच वर्ष तक की कारावास की सज़ा अथवा दोनों दी जाएगी।

(ख) दलितों द्वारा अपने अधिकारों का सही रूप में उपयोग न किए जाने के पीछे प्रमुख कारण रुढ़िवादियों द्वारा अवरोध उत्पन्न करना है। दलितों को सबसे बड़ा खतरा सामाजिक बहिष्कार से है। रूढ़िवादियों के पास सबसे ख़तरनाक हथियार यही है, जिसके बल पर वे दलितों को वह सब कुछ करने से रोकते हैं जो इन रूढ़िवादियों को पसन्द नहीं है। बहिष्कार का हथियार कब और कैसे इस्तेमाल किया जाता है, इसका पूरा ब्योरा उस समिति की रिपोर्ट में है, जिसे सन् 1928 ई॰ में मुम्बई सरकार ने गठित किया था। इस समिति का काम मुम्बई प्रेसिड़ेसी के दलित-वर्गों (अस्पृश्यों) और आदिवासियों की आर्थिक, सामाजिक और शैक्षिक स्थिति का पता लगाना और उनके उत्थान के उपाय सुझाना था।

रिपोर्ट का संक्षिप्त सारांश

दलित-वर्ग एवं सामाजिक बहिष्कार

दलित-वर्ग को अपने अधिकारों का सही और स्वतन्त्र रूप में इस्तेमाल करने में कोई रुकावट उत्पन्न न हो इसके लिए कई उपाय बतलाए गए हैं, लेकिन हमें आशंका है कि आनेवाले समय में दलितों के रास्ते में बाधाएँ आएँगी।

पहली आशंका तो यही है कि रूढ़िवादी वर्गों के लोग कहीं दलितों के ख़िलाफ़ खुली हिंसा पर न उतर आएँ। हमें याद रखना चाहिए कि हर गाँव में दलितों का एक छोटा-सा वर्ग रहता है और बहुसंख्यक आबादी रूढ़िवादियों की है। वे कट्टरपन्थी रूढ़िवादी दलितों को ऐसा कोई कदम नहीं उठाने देंगे, जिससे इन रूढ़िवादियों की सामाजिक हैसियत और उनके हित प्रभावित होते हों और उन पर कोई आँच आती हो। वैसे दलितों के ख़िलाफ़ खुली हिंसा का रास्ता अपनाने से ये लोग थोड़ा कतराएँगे, क्योंकि पुलिस और मुकदमे का डर रहेगा।

आर्थिक हालत भी एक प्रमुख बाधा है जो दलितों के नागरिक अधिकारों के मार्ग में आती रहती हैं। प्रेजीड़ेसी के ज़्यादातर हिस्सों में दलितों की आर्थिक स्थिति बहुत ख़राब है। कुछ लोग गाँव के बड़े ज़मींदारों के यहाँ बँटाई पर खेती करते हैं, ज़मींदार जब चाहे उन्हें खेती से बेदखल कर दें। कुछ लोग इन्हीं ज़मींदारों के यहाँ खेतिहर मज़दूर हैं और बाकी लोग इन्हीं के यहाँ दैनिक मज़दूरी कर जो भोजन और अनाज प्राप्त करते थे, और उससे अपना व परिवार का भरण-पोषण करते थे। रूढ़िवादी ज़मींदारों को आर्थिक हैसियत ही इनका सबसे बड़ा हथियार है जिसके बल पर ये दलितों का उत्पीड़न करते हैं, उन्हें नागरिक अधिकारों से वंचित रखते हैं। दलित-वर्ग पूर्णतः इन्हीं लोगों पर निर्भर है, इसलिए जब भी ये इसका विरोध करते या अपने नागरिक अधिकारों के बारे में आवाज़ उठाते हैं, उन्हें खेत से बेदखल कर दिया जाता है, मज़दूरी करने से रोक दिया जाता है, गाँव की चौकीदारी करने से भी रोक दिया जाता है। दलितों का इस तरह का बहिष्कार सुनियोजित तरीके से किया जाता है, जिससे वे ज़मींदारों की शर्तों पर फिर से कार्य करने हेतु विवश हो जाए दलितों के लिए गाँव के सार्वजनिक रास्ते बन्द कर दिए जाते हैं। बनिए सौदा देने से इन्कार कर देते हैं।

गाँव में सामूहिक स्थिति से पानी भरने पर भी प्रतिबन्ध लगा दिया जाता था। कभी-कभी तो मामूली-सी घटना के चलते दलितों का सामाजिक बहिष्कार कर दिया जाता है। इस तरह की कई घटनाएँ प्रकाश में आई हैं, जैसे—किसी दलित ने जनेऊ पहन लिया, ज़मीन खरीद ली, अच्छे कपड़े या गहने पहन लिए, दूल्हा घोड़ी पर चढ़कर गाँव के आम रास्ते पर चले आए, तो उनका सामाजिक बहिष्कार कर दिया गया।''

दलित-वर्ग का दमन करने के लिए प्रमुख रूप से सामाजिक बहिष्कार के हथियार का प्रयोग किया जाता है। दमन के इस सफल तरीके के समक्ष अब

खुली हिंसा का तरीका भी कमज़ोर पड़ गया है। आप जिससे चाहे सम्बन्ध रखें, जिससे चाहें न रखें। इस अधिकार ने 'सामाजिक बहिष्कार' को हथियार का कानूनी जामा पहना दिया है, जिससे यह सबसे ख़तरनाक हथियार सिद्ध हो रहा है। यदि हमें दलितों का उत्थान करना है। उन्हें अभिव्यक्ति और काम की स्वतन्त्रता का अधिकार सही मायनों में देना है, तो हमें बहुसंख्यकों के इस अत्याचार को हर कीमत पर रोकना होगा।'

सामाजिक बहिष्कार से बचने के लिए दलितों ने सोचा कि इस कुरीति से उन्हें तभी छुटकारा मिलेगा, जब इसे दण्डनीय अपराध के रूप में दर्ज़ किया जाएगा। अतः 'भारत सरकार अधिनियम', 1919 भाग 11 में धारा को जोड़ा जाए।

बहिष्कार के अपराध की परिभाषा

बहिष्कार के अपराध की परिभाषा को निम्न प्रकार स्पष्ट किया गया है–

1. एक व्यक्ति यदि दूसरे व्यक्ति को ज़मीन या मकान किराए या पट्टे पर देने, उसके साथ व्यापार करने, कोई अन्य काम करने से मना करता है जिसे सामान्य परिस्थितियों में वह करता तो उसे बहिष्कार माना जाएगा अथवा
2. समाज में प्रचलित ऐसे सामाजिक, व्यवहारिक अथवा व्यापारिक सम्बन्ध में रखने से जो संविधान में दर्ज़ मौलिक अधिकारों का उल्लंघन नहीं करते, आपत्ति व्यक्त करता है अथवा
3. दूसरे व्यक्ति के विधिक अधिकारों के उपयोग में बाधाएँ खड़ी करता है, रोकने की कोशिश करता है हस्तक्षेप करता है।

(यह बर्मा के 'बहिष्कार विरोधी अधिनियम', 1922 से लिया गया है। भारत की परिस्थितियों को ध्यान में रखते हुए इसमें कुछ संशोधन किए गए हैं।)

बहिष्कार हेतु दण्ड

कोई व्यक्ति ऐसा काम करे जो कानूनन उसे नहीं करना चाहिए या ऐसा काम न करे जिसे वह करने का हकदार है, अथवा इस व्यक्ति को शारीरिक, मानसिक क्षति पहुँचाने, प्रतिष्ठा गिराने, सम्पत्ति को नुकसान पहुंचाने, कारोबार में बाधा डालने, उसके रहन-सहन को प्रभावित करने के उद्देश्य से इस व्यक्ति का या इससे सम्बद्ध दूसरे व्यक्ति का बहिष्कार करता है, उसे सात साल की कैद अथवा जुर्माना, या दोनों दण्ड दिए जाएँगे।

स्पष्टीकरण—अगर अदालत इस बात से संतुष्ट है कि अभियुक्त ने यह काम किसी दूसरे व्यक्ति के उकसाने या उसकी साँठ-गाँठ या किसी षड्यन्त्र या किसी सामूहिक समझौते के तहत नहीं किया है, तो इस कृत्य को इस धारा के तहत अपराध नहीं माना जाएगा।

बहिष्कार हेतु प्रोत्साहित करने के लिए दण्ड

वह व्यक्ति जो किसी दूसरे व्यक्ति या समूह के बहिष्कार हेतु सार्वजनिक रूप से कोई प्रस्ताव रखता हो, प्रकाशित करता हो या बाँटता हो, अथवा इस प्रयोजन से या यह जानते हुए कि इससे बहिष्कार को प्रोत्साहन मिलेगा सार्वजनिक रूप से किसी बयान, अफ़वाह या रिपोर्ट को पढ़ता हो, प्रकाशित कराता हो या बाँटता हो, अथवा किसी और तरीके से बहिष्कार करने के लिए प्रेरित करता हो, बढ़ावा देता हो तो उसे पाँच वर्ष की कैद अथवा जुर्माना या दोनों से दण्डित किया जाएगा।

स्पष्टीकरण—इस धारा के तहत अपराध हुआ है, यह मानने के लिए प्रभावित व्यक्ति का नाम या वर्ग इंगित होना ज़रूरी नहीं है। यदि व्यक्ति या वर्ग प्रभावित हुआ है या प्रभावित हो सकता है तो माना जाएगा कि अपराध हुआ है।

बहिष्कार की धमकी हेतु दण्ड

यदि किसी व्यक्ति को गैर-कानूनी कार्य न करने पर धमकी दी तो उसे पाँच वर्ष के कारावास अथवा जुर्माना या दोनों का दण्ड मिलेगा।

स्पष्टीकरण—निम्नांकित कार्य बहिष्कार नहीं माने जाएँगे—

1. श्रमिक विवादों के मामले में,
2. सामान्य व्यावसायिक प्रतिस्पर्धा में।

शर्त—3

भेदभाव के विरुद्ध संरक्षण

दलित-वर्ग इस बात पर भी सन्देह में हैं कि आनेवाले दिनों में जब कोई नया कानून बनेगा या कोई सरकारी आदेश जारी होगा तो उनके साथ भेदभाव नहीं किया जाएगा। अतः कानूनी रूप से ऐसे उपाय किए जाएँ, ताकि

विधान-मण्डलों या कार्यपालिकाओं के लिए भेदभाववाले कानून बनाना असंभव हो जाएगा और जब तक यह सुनिश्चित नहीं किया जाएगा दलित-वर्ग के लोग भविष्य में बहुसंख्यकों के शासन को अपनी सहमति नहीं देंगे।

संविधान में निम्नांकित चीज़ें दर्ज होनी चाहिए–

1. संविदा का अधिकार और उसके अनुपालन का अधिकार। मुकदमा दायर करने, पक्ष करने, साक्ष्य देने, उत्तराधिकार पाने, खरीदने, पट्टे पर देने, बेचने, रखने और निजी सम्पत्ति का अधिकार।
2. नागरिक और सैनिक सेवाओं और शिक्षण संस्थाओं में भर्ती का अधिकार। सरकार विभिन्न वर्गों को प्रतिनिधित्व देने के लिए शर्त या प्रतिबन्ध लगा सकती है।
3. सार्वजनिक हित में गठित किसी धर्मार्थ ट्रस्ट का लाभ बिना किसी भेदभाव के पाने का अधिकार। यदि किसी धर्म विशेष के लिए गठित है तो इस धर्म के सभी लोगों को बिना किसी भेदभाव के इसका लाभ मिलने का अधिकार।
4. आवास, सार्वजनिक सुविधाओं, शिक्षण संस्थाओं, धर्मशालाओं, नदियों, झरनों, कुओं, तालाबों, सड़कों, गलियों, रास्तों, सार्वजनिक वाहनों, विमान सेवाओं, नौवहन, थिएटर व आम सार्वजनिक स्थलों का अन्य नागरिकों की भाँति समान रूप से इस्तेमाल करने का अधिकार। सरकार उचित कारणों से कुछ प्रतिबन्ध लगा सकती है, बशर्ते वे शर्तें या प्रतिबन्ध सभी नागरिकों पर समान रूप से लागू होते हों।
5. नागरिकों के जीवन और सम्पत्ति की रक्षा के लिए बने कानूनों और कानूनी प्रक्रियाओं का अन्य नागरिकों की तरह समान रूप से लाभ उठाने का अधिकार। इसमें अस्पृश्यता की कोई पूर्व शर्त या परम्परा आड़े नहीं आनी चाहिए।

शर्त–4

विधान-मण्डल में समुचित प्रतिनिधित्व

सुझाव के इस चौथे शर्त में दलितों को विधान-मण्डल में समुचित प्रतिनिधित्व दिलाने पर बल दिया गया है। दलित-वर्ग अपने हितों की रक्षा के लिए विधायिका और कार्यपालिका पर अपना प्रभाव डाल सकें, इसके लिए उन्हें

पर्याप्त राजनैतिक अधिकार मिलने चाहिए। इस हेतु चुनावी कानून में कुछ प्रमुख बातें शामिल होनी चाहिए, जो निम्नलिखित हैं–

1. प्रान्तीय और केन्द्रीय विधान-मण्डलों में पर्याप्त प्रतिनिधित्व का अधिकार,
2. अपने ही लोगों को अपना प्रतिनिधि चुनने का अधिकार।

(क) वयस्क मताधिकार द्वारा और (ख) शुरू के 10 वर्ष के लिए पृथक् निर्वाचन-मण्डलों द्वारा और उसके बाद संयुक्त निर्वाचन मण्डलों और आरक्षित सीटों द्वारा। यह स्पष्ट करना भी आवश्यक है कि संयुक्त निर्वाचन-मण्डल की बात दलित-वर्ग तभी मानेगा, जब चुनाव वयस्क मताधिकार के आधार पर होगा।

नोट : दलितों हेतु पर्याप्त प्रतिनिधित्व के बारे में कोई संख्या बताना तब तक संभव नहीं है, जब तक कि यह पता न चल जाए कि अन्य समुदायों को कितनी सीटें मिल रही हैं। यदि दूसरे समुदायों को दलितों से बेहतर प्रतिनिधित्व दिया जाएगा तो दलित इसे कभी स्वीकार नहीं करेंगे। जैसे मद्रास और मुम्बई में दलितों को अन्य अल्पसंख्यकों की तुलना में ज़्यादा प्रतिनिधित्व मिलना ही चाहिए।

शर्त–5

नौकरियों में पर्याप्त प्रतिनिधित्व

इस शर्त में यह कहा गया है कि सरकारी नौकरियों में ऊँची जाति के अधिकारियों ने दलितों का काफ़ी शोषण किया है। अपने अधिकारों और कानून का अपनी जातियों के हितों के लिए ग़लत ढंग से इस्तेमाल किया है। न्याय, समानता और विवेक के सिद्धान्त की धज्जियाँ उड़ाई है दलितों का भयावह शोषण किया है। ख़त्म करके ही रोका जा सकता है। सरकारी नौकरियों पर हिन्दू सवर्णों के एकाधिकार को नौकरियों में भर्ती की ऐसी पद्धति अपनाई जाए, ताकि दलित समेत समाज के अन्य अल्पसंख्यक वर्गों के लोग भी उचित हिस्सा पा सकें। इस उद्देश्य की प्राप्ति हेतु दलितों की माँग है कि संविधान में कुछ प्रमुख बातों को शामिल किया जाए। जैसे–भारत में तथा उसके सभी प्रान्तों में सरकारी नौकरियों में भर्ती के लिए लोक सेवा आयोग का गठन किया जाए। लोक सेवा आयोग के किसी सदस्य को केवल विधान-मण्डल में प्रस्ताव पास करके ही हटाया जा सकेगा और उसके

सेवा-निवृत्त होने के बाद उसे किसी सरकारी पद पर नहीं रखा जाएगा। लोक सेवा आयोग का यह कर्तव्य होगा कि वह व्यक्ति की क्षमता को परखते हुए लोगों की भर्ती इस तरह करे ताकि सभी समुदायों को उचित प्रतिनिधित्व मिले। प्रतिनिधित्व घटने-बढ़ने पर यह देखे कि किस समुदाय को प्राथमिकता देनी चाहिए।

शर्त–6

पक्षपात या हितों को नज़र-अन्दाज़ करने का निदान

दलित-वर्ग इस बात से पूर्णतः अवगत है कि देश को स्वतन्त्र होने के पश्चात् सत्ता बहुसंख्यक रूढ़िवादियों के हाथ में ही होगी। दलितों को आशंका है कि ये बहुसंख्यक उनके साथ न्याय नहीं करेंगे। यह तथ्य भी स्मरणीय है कि दलितों को चाहे जितना प्रतिनिधित्व दे दिया जाए, वे सभी विधान-मण्डलों में अल्पसंख्या में ही रहेंगे। दलित-वर्ग की इच्छा है कि संविधान में ऐसा प्रावधान होना चाहिए, जिससे उनके साथ पक्षपात या उनके हितों की अनदेखी न होने पाए। इसके लिए भारत के संविधान में कुछ प्रमुख बातें शामिल की जानी चाहिए। प्रथम, भारत और उसके सभी प्रान्तों के विधान-मण्डलों, कार्यपालिकाओं और कानूनी मान्यता प्राप्त अन्य संस्थाओं की यह ज़िम्मेदारी होगी कि वे शिक्षा, स्वास्थ्य-सफ़ाई, नौकरियों में भर्ती व दलितों के राजनैतिक व सामाजिक उत्थान से सम्बद्ध अन्य मामलों में दलितों की भेदभाव रहित भागीदारी के लिए प्रावधान बनाएँ। (ब्रिटिश उत्तरी अमेरिका अधिनियम, 1867, धारा 93) द्वितीय, भारत में या उसके किसी प्रान्त में जहाँ कहीं भी इस धारा का उल्लंघन होगा, दलितों को सम्बद्ध प्रान्तीय अधिकारी या अधिकारियों के विरुद्ध काउंसिल में गवर्नर-जनरल के यहाँ अपील करने का अधिकार होगा और अगर कोई केन्द्रीय अधिकारी या प्राधिकरण इसका उल्लंघन करता है तो भारत मन्त्री के यहाँ अपील करने का अधिकार होगा। तृतीय, इस प्रकार के किसी भी मामले में अगर गवर्नर-जनरल या भारत मन्त्री को महसूस होता है कि प्रांतीय या केन्द्रीय अधिकारियों, प्राधिकारियों ने इस धारा को ठीक से लागू करने हेतु उचित कदम नहीं उठाए हैं तो गवर्नर-जनरल या भारत मन्त्री स्वयं इस मामले में कोई आदेश जारी कर सकते हैं। इसके विरुद्ध अपील सुननेवाला पदाधिकारी इस आदेश को मानने के लिए विवश होगा।

शर्त–7

विशेष विभागीय देखभाल

वर्तमान समय में दलित-वर्ग की जो हालत है। उसके लिए बहुसंख्यक रूढ़िवादी ही ज़िम्मेदार हैं। ये किसी भी हालत में दलितों को अपने बराबर नहीं आने देंगे। यह कहना ही काफ़ी नहीं है कि दलित बहुत ग़रीब हैं, भूमिहीन हैं, इस तथ्य को ध्यानगत रखना चाहिए कि दलितों की दयनीय आर्थिक स्थिति का कारण यह है कि जीवन-यापन के सभी मार्ग उनके लिए बन्द हैं और यह सब सामाजिक पूर्वाग्रहों के कारण है। यह एक ऐसा तथ्य है जो दलितों को दूसरे सामान्य जातियों के मज़दूरों से पृथक् करता है। इस वजह से अक्सर दलितों एवं अन्य निम्न जातियों के मध्य संघर्ष की स्थिति उत्पन्न हो जाती है। दलितों पर तरह-तरह के भयावह अत्याचार किए जाते हैं। दलितों में इतनी क्षमता नहीं है कि वे अपने लिए बचाव का रास्ता ढूँढ़ सकें। पूरे भारत में दलितों पर कैसे-कैसे अत्याचार किस-किस तरह से किए जाते हैं, इसका ब्योरा मद्रास सरकार राजस्व बोर्ड की रिपोर्ट (5 नवम्बर, 1882, संख्या 723) में है। इसका सार अंश :

134. अत्याचार के कई उपाय हैं। पेरिया लोगों को मालिकों की बात न मानने पर–

(i) ग्रामपंचायतों या फ़ौजदारी अदालतों में झूठे मुकदमे दर्ज़ कराए जाते हैं।
(ii) पेरिया लोगों की बस्तियों के आसपास की ज़मीन सरकार से पट्टे पर ले ली जाती है, जिससे पेरिया अपने पशुओं को वहाँ चरा न सकें तथा सवर्णों के मन्दिर में प्रवेश न कर सकें।
(iii) पेरिया लोगों को ज़मीन पर कब्ज़ा के लिए सरकारी दस्तावेज़ों में फर्ज़ी नाम दर्ज़ करा दिए जाते हैं।
(iv) झोपड़ियाँ नष्ट कर दी जाती हैं।
(v) पीढ़ियों से चली आ रही काश्तकारी से वंचति कर दिया जाता है।
(vi) फ़सलें काट ली जाती हैं और विरोध करने पर उल्टा पेरियाँ लोगों के विरुद्ध चोरी और दंगे के मुकदमे दायर कर दिए जाते हैं।
(vii) सादे कागज़ पर अँगूठा लगवा दिया जाता है और बाद में इस पर जो चाहे लिखकर पेरिया लोगों का शोषण किया जाता है।

(viii) खेतों में पानी ले जाने से रोका जाता है।

(ix) ब्याज का भुगतान न करने पर बिना किसी कानूनी नोटिस के पेरिया लोगों की सम्पत्ति कुर्क कर ली जाती है।

135. यद्यपि इस प्रकार के अत्यचारों के विरुद्ध न्याय पाने के लिए दीवानी और फ़ौजदारी आदलतें हैं, लेकिन दलित-वर्ग यहाँ तक पहुँत नहीं पाते हैं। अदालत में वही जा सकता है, जिसके पास वकील को फ़ीस देने के लिए पैसा हो, अदालत तक जाने का किराया हो और लम्बी अवधि तक मुकदमा लड़ने के लिए रोज़ी-रोटी की पूरी व्यवस्था हो। दूसरी महत्त्वपूर्ण बात यह है कि अधिकांश मामलों में निचली अदालतों में फ़ैसला करनेवाले भी वही ऊँची जातियों के भ्रष्ट अधिकारी होते हैं जो ज़मींदारों की ही मदद करते हैं उन्हीं के पक्ष में फ़ैसला सुनाते हैं।

136. यह वर्ग प्रशासन में भी प्रभावी है। प्रत्येक कार्यालय में ऊपर से नीचे तक इन्हीं के लोग भरे हैं। ऐसी स्थिति में इनके हितों की अनदेखी कैसे हो सकती है। इस तरह का कोई प्रयास किया भी गया तो ये अपने प्रभाव का इस्तेमाल कर उसे रुकवाने या निष्प्रभावी बनाने हेतु कोई कसर बाकी नहीं रखेंगे।

इस प्रकार यह तो स्पष्ट है कि यदि दलितों को वास्तव में न्याय दिलाना है तो यह दायित्व सरकार को लेना होगा। कुछ निश्चित नीतियाँ तैयार करनी होंगी और उन पर अमल के उपाय भी निश्चित करने होंगे। यह देखना सरकार की ज़िम्मेदारी होगी कि दलित भी औरों की तरह अपने अधिकारों का स्वतन्त्र उपयोग कर पा रहा है या नहीं। इस मार्ग में जो समस्या उत्पन्न हो उसे दूर करना सरकार का काम है। दलित-वर्ग चाहते हैं कि यह उद्देश्य तभी पूरा होगा जब सरकार में इसके लिए एक अलग विभाग बनाया जाएगा। भारत सरकार पर ऐसा विभाग बनाने की कानूनी ज़िम्मेदारी डालने के लिए 'भारत सरकार अधिनियम' में निम्नलिखित धारा जोड़ी जाएँ—

1. नए संविधान के लागू होने के साथ ही भारत सरकार में दलितों के हितों की रक्षा और उनके उत्थान के लिए एक अलग विभाग बनाया जाए, जिसका प्रमुख एक मन्त्री को बनाया जाए।
2. मन्त्री इस विभाग का कामकाज़ तब तक देखेगा जब तक कि उसे केन्द्रीय विधानमण्डल का विश्वास मिला हुआ है।

3. मन्त्री का काम यह देखना होगा कि पूरे भारत में कहीं भी दलितों के साथ सामाजिक अन्याय, उनका शोषण-उत्पीड़न न होने पाए। इस तरह की किसी भी वारदात को रोकने के लिए वह प्रभावी कदम उठाएगा। इसके अलावा दलितों के उत्थान के लिए भी वह कदम उठाएगा।
4. गवर्नर-जनरल को कानूनी रूप से निम्नलिखित अधिकार प्राप्त होंगे–
   (क) दलितों के कल्याण हेतु शिक्षा, स्वास्थ्य आदि से सम्बन्धित किसी अधिनियम के तहत प्राप्त अधिकारों, ज़िम्मेदारियों को वह पूरी तरह या आंशिक रूप से मन्त्री को सौंप सकता है।
   (ख) हर एक इलाके में 'दलित-वर्ग कल्याण ब्यूरो' बना सकता है जो मन्त्री के अधीन कार्य करेगा और उसे सहायता प्रदान करेगा।

शर्त–8

दलित-वर्ग तथा मन्त्रिमण्डल

दलित-वर्ग की इच्छा है कि उनके हितों की रक्षा हेतु विधानमण्डल में उन्हें प्रतिनिधित्व प्राप्त हो। सरकार पर अपना प्रभाव डालने के लिए जितना ज़रूरी यह है उतना ही आवश्यक है नीति-निर्धारण में उनकी हिस्सेदारी। यह तभी संभव है जब किसी दलित को मन्त्रिमण्डल में स्थान मिले। दलितों की माँग है कि अन्य अल्पसंख्यकों की तरह दलितों का भी मन्त्रिमण्डल में प्रतिनिधित्व होना चाहिए। यह दलितों का नैतिक अधिकार है। दलितों का प्रस्ताव है कि गवर्नर या गवर्नर-जनरल की मन्त्रिमण्डल में दलितों का प्रतिनिधित्व सुनिश्चित करने की प्रमुख ज़िम्मेदारी होगी।

4

अम्बेडकर : विचार एवं दर्शन

भीमराव अम्बेडकर के चिन्तन और दृष्टि को समझने के लिये कुछ बिन्दु ध्यान में रखना जरुरी है। सबसे पहले तो यह कि वे अपने चिन्तन में कहीं भी दुराग्रही नहीं हैं। उनके चिन्तन में जड़ता नहीं है। वे निरन्तर अपने अनुभव और ज्ञान से सीखते रहे और अपने अनुभवजन्य ज्ञान के आधार पर अपने निष्कर्षों को परिष्कृत करते रहे। द्वितीय उन्होंने जगह-जगह अपने लेखन में हिन्दु अथवा हिन्दुओं इत्यादि शब्दों का प्रयोग किया है, लेकिन ज्यादातर ये दोनों शब्द मोटे तौर पर सवर्णहिन्दु और सवर्ण हिन्दुओं के अर्थ में ही प्रयोग किये गये हैं। इस आधारभूत स्थापना के बाद अम्बेडकर के योगदान का सही मूल्याँकन करना ज्यादा सही होगा।

अम्बेडकर अस्पृश्य समाज के अधिकारों एवं उनके उत्थान के लिये जीवन भर लड़ते रहे। उन्होंने स्वयं को दलित समाज के उत्थान के लिये समर्पित कर दिया था। परन्तु इससे यह निष्कर्ष निकाल लेना कि वे समाज के केवल एक हिस्से के नेता थे और उसी का प्रतिनिधित्व करते थे, सही नहीं होगा। बाबा साहब का दृष्टिकोण न तो संकुचित था और न ही वे पक्षपाती थे। दरअसल दलित समाज को सशक्त करने और उन्हें शिक्षित करने का उनका अभियान पूरे हिन्दू समाज को सशक्त करने का ही अभियान था। उनके प्रश्न केवल उस वक्त ही प्रासंगिक नहीं थे बल्कि आज भी उतने ही प्रासंगिक हैं। समाज का

एक महत्वपूर्ण और संख्यावान भाग यदि अशक्त और अशिक्षित रहेगा तो हिन्दु समाज सशक्त कैसे बन सकता है? उन्होंने एक महत्वपूर्ण मुद्दा उठाया था कि भारतीय समाज विदेशी आक्रमणकारियों से बार-बार हारता क्यों रहा? उन्होंने इसका उत्तर भी दिया।

जिस समाज में सम्पूर्ण समाज के केवल एक हिस्से को ही रक्षा करने का जिम्मा दिया हो और बाकी समाज का देश की सुरक्षा से कुछ लेना देना न हो, वह देश भला दुश्मन का मुकाबला कैसे कर पाता? शिक्षा का अधिकार

जब समाज के केवल एक ही हिस्से को ही हो और बाकी सारा समाज ज्ञान विज्ञान से दूर ही रहने को बाध्य हो तो वह देश दुश्मन से कैसे लड़ेगा? अम्बेडकर इसी विषमता को समाप्त करने के लिये ही तो लड़ रहे थे। वह समाज के सबसे प्रताड़ित समाज को सशक्त बनाने का उपक्रम कर रहे थे। उनके इस प्रयास को एकांगी कैसे कहा जा सकता है? कुछ सौ साल पहले यह प्रयास मध्यकालीन भारतीय दशगुरु परम्परा के दशम गुरु श्री गोविन्द सिंह जी ने भी किया था। वर्ण विहीन और जातिविहीन समाज की स्थापना का प्रयास। चिड़ियों से बाज लड़ाने की उनकी घोषणा, दलित समाज का सशक्तीकरण नहीं तो और क्या था? इस क्षेत्र में भारतीय समाज निरन्तर प्रयोगशील रहा है। भक्ति काल भी इस प्रकार के प्रयोगों की प्रयोगशाला था। लेकिन उस प्रयोगशाला के प्रयोगधर्मियों ने वर्ण व्यवस्था की सीमा का उल्लंघन उस समय भी नहीं किया था। अम्बेडकर उसी प्रयोगधर्मिता को आगे बढ़ा रहे थे। लेकिन इस बार इस प्रयोग में एक नई नवीनता थी। आज तक ऐसे अधिकांश प्रयोग सवर्ण हिन्दुओं की तरफ से ही हुये थे। पहली बार इस प्रयोग का सूत्रधार एक ऐसा व्यक्ति बन रहा था जो स्वयं तथाकथित अस्पृश्य समाज का हिस्सा था और वह वर्ण व्यवस्था को ही चुनौती दे रहा था। जाहिर है इस प्रयोग से समाज में तपश बढ़ती और वह बढ़ी भी। बहुत से लोग इस बात पर आश्चर्य भी प्रकट करते हैं और दुख भी कि बाबा साहब की भाषा में तल्खी बहुत है और कड़वडाहट भी। भाषा के बारे में उनकी यह टिपण्णी ठीक है, लेकिन ध्यान रखना चाहिये भीतर जितनी पीड़ा, दर्द और वेदना होगी, अभिव्यक्ति की भाषा भी तो उसी के अनुरुप होगी। इस पैरामीटर के हिसाब से तो अम्बेडकर की भाषा व्यवस्थित ही कही जायेगी।

यह हिन्दू समाज के भीतर हो रहा सागर मंथन ही कहा जायेगा। महात्मा गांधी ने तो वर्ण व्यवस्था पर स्टेंड ले लिया था। सभी जानते थे कि वर्ण व्यवस्था अब केवल शास्त्रों में ही रह गई थी। यथार्थ में इसका स्थान जाति ने ले लिया है। जाति रचना बहुत संशलिष्ट व्यवस्था है, जिस पर बहस लाजिमी है। लेकिन गांधी वर्ण व्यवस्था को सही ठहराने को लेकर सैद्धान्तिक बहस चलाने में ज्यादा रुचि ले रहे थे। अम्बेडकर मंदिर प्रवेश और तालाब से पानी पीने के अधिकारों को लेकर लड़ रहे थे। इस सारे मंथन से जाहिर है विष भी निकल रहा था। यह जहर भी अम्बेडकर को ही पीना पड़ रहा था। वे बार-बार सवर्ण हिन्दुओं

से आग्रह कर रहे थे कि विषमता की इन दीवारों को गिरायो, तभी हिन्दू समाज शक्तिवान बन सकेगा। गुस्से में उन्होंने 1935 में नासिक में यह घोषणा भी कर दी कि वे हिन्दू नहीं रहेंगे। वे सवर्ण हिन्दुयों को हर तरीके से झकझोर रहे थे। अंग्रेजी सरकार ने दलित समाज को कानूनी रुप से कुछ अधिकार दिये तो थे। लेकिन अम्बेडकर जानते थे कि यह समस्या कानून की समस्या नहीं है। यह तो अपने हिन्दू समाज के भीतर की समस्या है। इसे तो हिन्दू समाज को ही सुलझाना पड़ेगा। वे समाज को कोंस रहे थे। राजनैतिक शक्ति तो जरुरी है ही, लेकिन भीतर का जहर निकालने के लिये तो हिन्दू समाज को ही बिरेचन करना होगा। वे समाज के विभिन्न वर्गों को एक दूसरे के खिलाफ खड़ा करने का उपक्रम नहीं कर रहे थे बल्कि वे तो समाज के सभी वर्गों को जोड़ने के अभियान में जुटे थे।

अम्बेडकर की इस घोषणा से ईसाई मिशनरियां और इस्लामी संस्थाएँ बहुत प्रसन्न हुईं। उनके लिये तो यह शिकार फांसने जैसी स्थिति थी। हैदराबाद के निजाम ने तो बाबा साहेब को अकूत धन का लालच भी दिया। लेकिन अम्बेडकर नहीं डगमगाये। उनके एक अन्नय शिष्य शंकरानन्द शास्त्री ने लिखा कि उनका मानना था कि मतांतरण से राष्ट्रान्तरण होता है। बाबा साहेब का मत था कि इस्लाम और ईसायत विदेशी मजहब हैं। इनके अपनाने से व्यक्ति अपने देश की परम्परा से टूटता है। कुछ लोग अम्बेडकर पर आरोप लगाते हैं कि वे अंग्रेजों के समर्थक थे। यदि ऐसा होता तो बे अंग्रेजों को खुश करने के लिये ईसाई बनने में देर न लगाते। उनके पटु शिष्य शंकरान्नद शास्त्री ऐसे ही एक प्रसंग का उल्लेख करते हैं हुये लिखा है कि किसी के सुझाव पर उन्होंने प्रताड़ितों की सहायता करने वाली अमेरिका की कुछ गैर-सरकारी संस्थाओं को अपने आन्दोलन की सहायता हेतु लिखा। जाहिर है कि संस्थाओं ने अपनी शर्तें रखी होंगी। बाबा साहेब ने निष्कर्ष निकाला कि ऐसी सब संस्थाएँ धन के बल से भारत में ईसाई मजहब में लोगों को मतान्तरित करने में रुचि रखती हैं, गरीब की मदद करने में नहीं।

तभी देश के सामने एक नये संविधान की रचना का प्रश्न उपस्थित हुआ। अंग्रेजों ने भारत छोड़कर जाने की घोषणा कर दी थी। भारत को अब अपने लिये युगानुकूल एक नई स्मृति की रचना करनी थी। पुरानी स्मृतियां काल बाह्य हो चुकी थीं। इस नई स्मृति का रचियता कौन हो? संविधान की ड्राफ्ट कमेटी

के अध्यक्ष पर भीम राव अम्बेडकर को बिठाया गया। वे आधुनिक भारत के मनु हुये। उन्होंने हंस कर कहा, जब देश को शास्त्रों की जरुरत थी तो एक शूद्र वेदव्यास को बुलाया गया। महाकाव्य की जरुरत हुई तो दूसरे शूद्र बाल्मीकि को बुलाया गया। अब संविधान की जरुरत हुई तो मुझे बुलाया गया। अम्बेडकर आजाद भारत के प्रथम विधिमंत्री बने। हिन्दुओं के लिये एक विधि संहिता बनाने का प्रसंग आया तो सबसे बड़ा सवाल उठ खड़ा हुआ हिन्दू को पारिभाषित करने का। बाबा साहेब ने मुसलमान, ईसाई, यहूदी और पारसी को छोड़ कर इस देश के सब नागरिक हिन्दू हैं, ऐसा कहा। अर्थात विदेशी उदगम के मजहबों को मानने वाले अहिन्दू हैं, बाकी सब हिन्दू हैं। उन्होंने इस परिभाषा से देश की आधारभूत एकता को रेखांकित कर दिया था।

अम्बेडकर का स्वास्थ्य ठीक नहीं रहता था। विधि मंत्री के पद से वे त्यागपत्र दे चुके थे। मन बेचैन था। ईसाई मिशनरियां दलित समाज को मतान्तरित कर रही हैं, इसका संकेत शंकरानन्द शास्त्री पहले ही कर चुके थे। बाबा साहब ज्ञान के रास्ते के पथिक थे। वह रास्ता जिसे सिद्धार्थ गौतम ने तर्क का सम्बल प्रदान किया था। दुख मुक्ति का रास्ता। उन्होंने नागपुर में दीक्षा ग्रहण की। वे भगवान बुद्ध की शरण में दीक्षित हो गये। उनका गला भर आया था। उन्होंने रहस्योदघाटन किया कि मैंने अरसा पहले महात्मा गांधी को बचन दिया था कि मैं जिस मत में भी दीक्षित हूंगा, तो यह ध्यान रखूंगा कि उससे भारतीयता को कम से कम नुकसान हो। आज मैंने वह बचन पूरा कर दिया है। बुद्ध भारत की सनातन परम्परा का ही हिस्सा हैं। इस लिये मेरी इस दीक्षा से कोई हानि नहीं होगी।

अम्बेडकर समाज के एक बड़े हिस्से को विदेशी मिशनरियों व सामी सम्प्रदायों के जाल से बचाने का रास्ता दिखा गये। भारत विभाजन पर जब दोनों ओर से बहुत ही दर्दनाक हालात में लोगों की अदल-बदली हो रही थी तो अम्बेडकर ने अपने लोगों को चेतावनी दी कि पाकिस्तान या हैदराबाद में कोई भी निम्न जाति का व्यक्ति इस्लाम स्वीकार करने की बात तक न सोचे। संविधान सभा में उन्होंने कहा था—"आज हम राजनैतिक, सामाजिक तथा आर्थिक दृष्टि से टुकड़े-टुकड़े हो गये हैं। हम आपस में लड़ने वाले गुट बन गये हैं। ईमानदारी से कहूं तो मैं भी इस प्रकार लड़ने वाले एक गुट का नेता हूं। फिर भी मुझे विश्वास है कि कालानुक्रम में अच्छा समय आने पर हमारे देश को एक

होने से रोकना संसार की किसी भी शक्ति के लिये संभव नहीं होगा। हममें इतने जाति पंथ हैं, तो भी इसमें कोई संदेह नहीं कि हम एक ही समुदाय हैं। भारत के विभाजन के लिये यद्यपि मुसलमानों ने लड़ाई की तो भी आगे कभी एक दिन उन्हें अपनी गलती महसूस होगी और उनको लगेगा एक अखंड भारत ही हमारे लिये अच्छा है।"

राजनीतिक विचार

डॉ. भीमराव अम्बेडकर एक राजनैतिक विचारक थे। उन्हें दलित चेतना का जन्मदाता भी कहा जा सकता है, साथ-ही-साथ उन्होंने समाज के करोड़ों शोषित वर्गों के अधिकारों के लिए भी काफी कार्य किया था। वे समतावादी समाज की स्थापना के समर्थक थे तथा हिन्दू सामाजिक व्यवस्था को इसके मार्ग में सबसे बड़ी बाधा मानते थे। उनके राजनीतिक विचारों का अध्ययन निम्न प्रकार किया जा सकता है–

(1) नागरिक अधिकारों का समर्थन–डॉ. अम्बेडकर का विचार था कि प्रत्येक सभ्य तथा सुसंस्कृत समाज के लिये नागरिक अधिकारों का होना पहली शर्त है। उनके अनुसार इन सभी अधिकारों को प्राप्त करना आम नागरिकों का जन्म सिद्ध अधिकार है। यह बिना किसी भेदभाव के प्राप्त होने चाहिए, साथ ही वे इन अधिकारों की रक्षा के लिये कानूनी गारन्टी भी प्रदान करने के पक्ष में थे ताकि कार्यपालिका एवं विधायिका इन अधिकारों का हनन कर न सके। उन्होंने इन अधिकारों की रक्षा के लिये भारतीय संविधान में नागरिकों के संवैधानिक उपचारों के अधिकार को मान्यता दिलवायी।

(2) राज्य की भूमिका के सम्बन्ध में विचार–डॉ. अम्बेडकर राज्य को एक आवश्यक संगठन तो मानते थे परन्तु पश्चिमी देशों के उदारवादी प्रभाव के कारण ही वे इसकी निरंकुशता सत्ता के विरोधी थे। उनके अनुसार राज्य को सामाजिक, राजनीतिक तथा आर्थिक समानता की स्थापना के लिये कार्य करना चाहिए। वे राज्य के कल्याणकारी स्वरूप के समर्थक थे। उनका मानना था कि राज्य को समाज के कमजोर तथा उपेक्षित वर्ग के लोगों को संरक्षण देना चाहिए, यही उसकी सही भूमिका है।

अम्बेडकर एक उदारवादी नेता थे। वे एक ऐसे राज्य का निर्माण करना चाहते थे जिसमें सभी को जीने, स्वतन्त्रता पूर्वक विचार व्यक्त करने तथा अपनी क्षमताओं को पूर्ण रूप से विकसित करने की स्वतन्त्रता प्राप्त हो।

(3) अल्पसंख्यकों के बारे में डॉ. अम्बेडकर का विचार—डॉ. अम्बेडकर अल्पसंख्यकों को सम्पूर्ण अधिकार दिलाने के पक्ष में थे। एक सच्चे लोकतन्त्रवादी के रूप में वे अल्पसंख्यकों को उनकी भाषा, लिपि तथा सस्कृति को पूर्ण सुरक्षा देने के पक्ष में थे।

(4) संघीय व्यवस्था के अन्तर्गत शक्तिशाली केन्द्र के समर्थक—विश्व की राजनीतिक व्यवस्थाओं का तुलनात्मक अध्ययन करने के बाद डॉ. अम्बेडकर भारत जैसे विविधताओं वाले देश के लिये संघीय व्यवस्था को अधिक उपयुक्त मानते थे। संघीय व्यवस्था के अन्तर्गत शक्तियों का विकेन्द्रीयकरण होने से भ्रष्टाचार की सम्भावना कम हो जाती है। ये केन्द्र को मजबूत रखने के पक्ष में थे। राष्ट्रीय एकता की रक्षा के लिये शक्तिशाली केन्द्र के भी समर्थक थे।

(5) नारी अधिकारों के समर्थक—डॉ. अम्बेडकर का विचार था कि भारतीय हिन्दू सामाजिक व्यवस्था के अन्तर्गत स्त्रियों की स्थिति भी लगभग शूद्रों जैसी थी। स्त्रियों को हिन्दू समाज में समान अधिकार दिलाने के लिये उन्होंने विधि मन्त्री के नाते हिन्दू कोड बिल भारतीय संसद के सामने रखा जिसमें स्त्रियों को पिता की सम्पत्ति में अधिकार प्राप्त होना चाहिये। मृत पति की सम्पत्ति पर पत्नी का अधिकार माना गया तथा पत्नी को असाधारण स्थिति में पति से तलाक देने की व्यवस्था की गयी। परन्तु कांग्रेस के ही रूढ़िवादी संसद सदस्यों द्वारा हिन्दू कोड बिल का विरोध कर देने से इसके पारित होने में बाधा उत्पन्न हो गयी थी। हिन्दू कोड बिल पर मतभेद के कारण डॉ. अम्बेडकर ने नेहरू मंत्रिमण्डल से त्यागपत्र दे दिया। परन्तु नारी अधिकारों के लिये अम्बेडकर का योगदान अविस्मरणीय रहेगा।

(6) भाषायी आधार पर राज्यों के पुनर्गठन का समर्थन—डॉ. अम्बेडकर भाषायी आधार पर प्रान्तों के पुनर्गठन के समर्थक थे। उनका विचार था कि इससे प्रान्तों में जातीय तथा सांस्कृतिक तनाव को एक हद तक कम किया जा सकता है। वे प्रादेशिक भाषाओं एवं लिपियों को संरक्षण देने के पक्ष में थे परन्तु प्रादेशिक भाषाओं को सरकारी कामकाज की भाषा का स्तर देन के पक्ष में नहीं थे। उनका मानना था कि इससे प्रान्तवाद का प्रसार होगा तथा हिन्दी को राष्ट्रभाषा का वास्तविक दर्जा प्राप्त करने के मार्ग में अड़चनें खड़ी होंगी। इससे राष्ट्रीय एकता को भी क्षति पहुँचेगी। राष्ट्रभाषा के रूप में हिन्दी के साथ-साथ वे अंग्रेजी को तब तक सम्पर्क तथा सरकारी कामकाज की भाषा के

रूप में जारी रखने के पक्ष में थे जब तक हिन्दी राष्ट्रभाषा का दर्जा प्राप्त न कर ले।

(7) पाकिस्तान की मांग का समर्थन—अम्बेडकर का विचार था कि किसी भी सांस्कृतिक, धार्मिक अथवा जातीय समुदाय को अपने स्वतन्त्र तथा पृथक विकास के लिये अलग क्षेत्र के लिये आवाज उठाना न्याय संगत है बशर्ते उसमें पृथक राष्ट्र के सभी मौलिक तत्व मौजूद हों। प्रथम गोलमेज सम्मेलन में उन्होंने मुस्लिम प्रतिनिधियों की पृथक राज्य की मांग के वे पक्षधर थे। सत्ता में दलितों के लिये समान भागीदारी चाहते थे। अम्बेडकर के आलोचकों ने उन्हें पृथकवादी कहा है। परन्तु अम्बेडकर द्वारा अल्पसंख्यकों के स्वायत्तता के अधिकार के समर्थन के पीछे सम्भवतः उनके मन में हिन्दू समाज द्वारा किये गये छुआछूत के व्यवहार के विरूद्ध कटुता थी। इस कटुता के कारण ही अम्बेडकर राष्ट्र की मुख्यधारा से कट गए तथा उन्होंने पाकिस्तान की मांग का समर्थन किया।

(8) दलितों के लिये आरक्षण का समर्थन—डॉ. अम्बेडकर ने 'गोलमेज सम्मेलनों' में दलितों के लिये पृथक् निर्वाचन क्षेत्रों का निर्माण करने का प्रस्ताव रखा था। परन्तु गाँधी जी के आमरण अनशन के कारण उन्हें पृथक निर्वाचन क्षेत्र के विचार से हटना पड़ा। परन्तु उनका दृढ़ विचार था कि दलितों के उत्थान के लिये उन्हें संसद, राज्य विधानमण्डलों तथा सरकारी नौकरियों में आरक्षण देने का प्रावधान किया जाना चाहिए। उनके प्रयासों से ही भारत के नये संविधान के अन्तर्गत अनुसूचित जातियों के लिये संसद तथा विधानमण्डलों तथा सरकारी नौकरियों में आरक्षण की व्यवस्था की गयी।

डॉ. अम्बेडकर का विचार था कि भारत की नौकरशाही दलित वर्ग की समस्याओं के प्रति संवेदनशील नहीं है। उस दौरान संगठन हिन्दुओं का प्रभुत्व था। नौकरशाही को दलित वर्ग के प्रति संवेदनशील बनाने के लिये यह जरूरी है कि इसमें दलित वर्ग के लोगों को अधिक से अधिक संख्या में भर्ती की जाये।

(9) संसदीय लोकतन्त्र के समर्थक—डॉ. अम्बेडकर संसदीय लोकतन्त्र को ही बेहतर शासन-व्यवस्था मानते थे। भारत में दलितों के साथ होने वाले अत्याचारों के बावजूद वे लोकतन्त्र को ऐसी व्यवस्था का निर्माण करना चाहते थे जिसमें बिना हिंसक संघर्ष के सामाजिक तथा राजनीतिक बदलाव सम्भव है। भारतीय संविधान के निर्माण के समय उन्होंने संविधान सभा में संसदीय

लोकतन्त्र के पक्ष को बड़े ही सशक्त तरीके से प्रस्तुत करने का प्रयास किया था।

(10) धर्म निरपेक्ष राज्य का समर्थन–डॉ अम्बेडकर धर्मनिरपेक्षता राज-व्यवस्था के समर्थक थे। उनका मानना था कि धार्मिक मामलों में राज्य को तटस्थ दृष्टिकोण अपनाना चाहिए तथा किसी विशेष धर्म अथवा मत के लिये ही कार्य नहीं करना चाहिये। वे राज्य से यह अपेक्षा करते थे कि न तो वह किसी धर्म विशेष को संरक्षण दें और न ही किसी धर्म अथवा मत को हतोत्साहित ही करें। प्रत्येक धर्म के मतावलम्बियों को स्वतन्त्रतापूर्वक अपने धर्म का पालन करने तथा उसके प्रचार-प्रसार की पूर्ण स्वतन्त्रता होनी चाहिए।

अम्बेडकर के सामाजिक विचार

डॉ. अम्बेडकर एफ बहुमुखी प्रतिभा के व्यक्ति थे। वे एक विद्वान्, विचारक और बुद्धिवादी लेखक होने के साथ-साथ एक निर्भीक वक्ता, कुशल लेखक व पत्रकार एवं अदम्य साहस के धनी व्यक्ति थे। उनके जीवन का एकमात्र लक्ष्य संस्कृति और परम्परा के नाम पर अमानवीयता को बढ़ावा देनेवाले सभी अवयवों को पूरी तरह समाप्त करना था। इस बारे में अपने विचार प्रस्तुत करते हुए उन्होंने कहा था–"मैं घृणा करता हूँ अन्याय से, अत्याचार से, बनावटी गौरव और वैभव से, बकवास से, व्यर्थ के विवाद से और मेरी घृणा की लपेट में वे सभी व्यक्ति आते हैं, जो इन सब बातों से ग्रस्त हैं। उन्होंने स्पष्ट यह किया कि वे समाज के श्रेष्ठ वर्ग द्वारा दलित-वर्ग के प्रति किए जा रहे अत्याचारों को समाप्त कराने के लिए दृढ़-संकल्प हैं। डॉ॰ भीमराव अम्बेडकर इस बात पर ज़ोर देते थे कि दलित और सवर्ण समाज के दो हाथों के समान हैं, यदि मनुष्य का एक हाथ क्षतिग्रस्त होता है तो वह पंगु हो जाएगा। इसी प्रकार दलित-वर्ग की लोकहिताय अनदेखी होने पर समाज की व्यवस्था पंगु हो जाएगी। अतः समाज में वर्ण भेद नहीं होना चाहिए। वास्तविकता यह है कि दलितों और सवर्णों के परस्पर सहयोग से ही देश का विकास होगा। इन्होंने अपने जीवन की संध्या बेला में बौद्ध-धर्म स्वीकार कर भगवान् बुद्ध की शरण ग्रहण की तथा दो माह भी पूरे नहीं हो पाए थे कि मानवता का यह सजग प्रहरी 6 दिसम्बर, सन् 1956 ई॰ को इस संसार से चल बसा। दलितों और बहिष्कृतों के लिए उनके बलिदान एवं समर्पण के लिए उन्हें 'भारत रत्न' के सर्वोच्च सम्मान से विभूषित किया गया है जो उनकी जन्म शताब्दी के अवसर पर उनके प्रति

सच्ची श्रद्धांजलि है। इसमें सन्देह नहीं कि सामाजिक क्रान्ति के प्रतीक के रूप में डॉ॰ बाबा साहब अम्बेडकर का नाम भारत के इतिहास में सदैव अमर रहेगा।

उत्तरी भारत में बुद्धप्रिय मौर्य, संघप्रिय गौतम काशीराम और मायावती जैसे नेताओं ने फुले, बाबा साहब अम्बेडकर से ही सामाजिक-परिवर्तन और दलित क्रान्ति का पाठ पढ़ा। यद्यपि इन नेताओं के विचार और कार्य-शैली अलग-अलग रही। मौर्य और गौतम क्रमशः आर॰ पी॰ आई॰, क्रांग्रेस, भाजपा में रहे। कांशीराम ने डी॰ एस॰ फोर बाद में बहुजन समाज नामक नई पार्टी का गठन किया और सुश्री मायावती को सत्ता की कुर्सी पर आसीन किया।

जिस प्रकार सुर्य विश्व को दिन में सरल प्रकाशमय बनाता है और रात्रि में अंधकार मिटाने में चन्द्रमा का भी योगदान है पर चमकते हुए सितारे भी हमें भाते हैं, उसी प्रकार सामान्य साधारण जीवन में एक दीपक भी अँधेरा मिटाता है। नेता छोटा हो या बड़ा यदि वह सच्चरित्र लोगों के हित की बात सोचता है, अपनी क्षमता और योग्यता के अनुसार जितना भी योगदान करता है वही वरेण्य है। हमें नहीं मालूम कौन-कौन भटक गए हैं। इसका फ़ैसला समयानुसार स्वयं हो जाएगा। हमें गैर-ब्राह्मण आन्दोलन और दलित आन्दोलन को शीर्ष पर ले जानेवाले सभी छोटे-बड़े कार्यकर्ताओं और नेताओं का कृतज्ञ होना चाहिए जो अपने समय में रोशनी देने के लिए अँधेरे से लड़े। सामाजिक न्याय, समता, सामाजिक परिवर्तन के लिए हम सभी को एकजुट होकर एक लम्बी लड़ाई लड़नी है।

सामाजिक-आर्थिक क्रान्ति भारत की दहलीज़ पर पहुँच रही है जो अब नियन्त्रण से पूर्णतः बाहर हो चुकी है।

डॉ॰ भीमराव अम्बेडकर ने अछूत जाति में पैदा होने के बावजूद अपनी मेहनत तथा प्रतिभा के बल पर अमेरिका तथा इंग्लैण्ड के विश्वविद्यालयों से सर्वोच्च डिग्रियाँ प्राप्त कीं। परन्तु अछूत जाति में पैदा होने के कारण उन्हें बचपन तथा किशोरावस्था में सवर्णों से अपमानजनक व्यवहार मिला जिससे उनके मन में यह धारणा गई कि जब तक हिन्दू समाज में जाति-व्यवस्था रहेगी, छुआछूत तथा जातीय भेदभाव बना रहेगा। डॉ॰ भीमराव अम्बेडकर अपने सजातीय तथा अछूत समझे जानेवाले लोगों के प्रति सवर्ण हिन्दुओं के इस व्यवहार से अत्यन्त खिन्न थे। दलित-वर्ग के लोगों की स्थिति में सुधार लाने के लिए उन्होंने जाति-व्यवस्था पर प्रहार किया। अछूत समझे जानेवाले लोगों को

उन्होंने संगठित किया तथा उन्हें समानता का अधिकार दिलाने के लिए आन्दोलनों का नेतृत्व किया।

सामाजिक क्रान्तिकारी के रूप में उनके विचारों तथा कृत्यों को निम्न प्रकार प्रस्तुत किया गया है–

1. ब्राह्मणवाद का विरोध–डॉ॰ भीमराव अम्बेडकर समाज में व्याप्त ब्राह्मणवाद का भी घोर विरोध करते थे। उनका मानना था कि मनु द्वारा स्थापित वर्ण-व्यवस्था के अन्तर्गत ब्राह्मण-वर्ग को सर्वोच्च स्थान दिया गया। अपनी इस विशिष्ट स्थिति के कारण ही ब्राह्मण-वर्ग ने वर्ण-व्यवस्था पर एकाधिकार कर लिया तथा समाज के एक बड़े वर्ग को शूद्र का दर्ज़ा दे दिया। हिन्दू सामाजिक व्यवस्था के अन्तर्गत ब्राह्मणों को ही सामाजिक नियनों तथा रीति-रिवाजों के निर्धारण का अधिकार था। अतः शूद्रों पर होनेवाले अत्याचार एवं अन्याय में ब्राह्मणों की सहमति रहती थी। डॉ॰ भीमराव अम्बेडकर इस ब्राह्मणवादी व्यवस्था को दलितों पर होनेवाले अन्याय के प्रति उत्तरदायी मानते थे। इसलिए उन्होंने इसका विरोध किया।

2. भारतीय समाज में छुआछूत जाति-व्यवस्था का प्रतिफल–बाल्यावस्था के दौरान जब डॉ॰ भीमराव अम्बेडकर ने पढ़ाई शुरू की तो उन्हें संस्कृत पढ़ने की इजाज़त केवल इसलिए नहीं दो गई कि वे अछूत समझी जानेवाली महार जाति में पैदा हुए थे। स्कूल तथा कॉलेज में तथा बाद में महाराजा बड़ौदा की सेवा में रहते हुए उनके साथ जो छुआछूत पूर्ण व्यवहार हुआ, उससे उनके मन में देश की जाति-व्यवस्था के प्रति विरोधी भावना उत्पन्न हो गई। डॉ॰ भीमराव अम्बेडकर का विचार था कि हिन्दू सामाजिक व्यवस्था का आधार ही जाति-व्यवस्था है। जाति-व्यवस्था के कारण ही हिन्दू सामाजिक-व्यवस्था के अन्तर्गत असमानता तथा भेदभाव को बढ़ावा मिला।

इन्होंने हिन्दू जाति-व्यवस्था का विश्लेषण करते हुए कहा है कि प्राचीन हिन्दू वर्ण-व्यवस्था के कारण ही अछूतों का एक वर्ग बना दिया गया है। शनैः-शनैः यह जन्म पर आधारित हो गया तथा समाज का एक वर्ग अछूत हो गया। डॉ॰ भीमराव अम्बेडकर ने जाति-व्यवस्था की व्यापक रूप से आलोचना या निन्दा की है। इस हिन्दू समाज में शूद्र कहे जानेवाले वर्ग के लोगों को उनके मौलिक अधिकारों से वंचित कर दिया गया। यहाँ तक कि उनके शिक्षा प्राप्त करने का अधिकार भी छीन लिया गया। यहाँ तक कि उनको मन्दिर में जाने

पर भी प्रतिबन्ध था। इस प्रकार उनकी स्थिति अत्यन्त दयनीय तथा ग़ुलाम से भी बदतर हो गई। डॉ॰ भीमराव अम्बेडकर का विचार था कि दलित भीम-राव वर्ग के लोगों की स्थिति में सुधार लाने के लिए इस जाति-व्यवस्था को तोड़ना बहुत ही ज़रूरी है।

3. जाति-व्यवस्था हिन्दू समाज के पतन के लिए उत्तरदायी–डॉ॰ भीमराव अम्बेडकर का मानना था कि जाति-व्यवस्था से छुआछूत तथा भेदभाव की भावना को बल मिला। इससे हिन्दू समाज की एकता भंग हुई तथा उसका पतन हुआ। विदेशी आक्रमणकारियों ने हिन्दू समाज की इस फूट का लाभ उठाकर भारत पर अधिकार कर लिया जिसका परिणाम यह हुआ कि सैकड़ों वर्ष तक भारत को गुलामी स्वीकार करनी पड़ी।

4. सामाजिक असमानता जाति-व्यवस्था का मुख्य आधार–व्यापक अनुभव और अध्ययन के आधार पर डॉ॰ भीमराव अम्बेडकर का यह दृढ़ मत बन चुका था कि भारतीय जाति-व्यवस्था में समानता नाम की कोई चीज़ नहीं है। यहाँ तक कि उन्होंने हिन्दू-धर्म को ही असमानता का पोषक करार दिया था कि अपने जीवन के अन्तिम वर्षों में उन्होंने हिन्दू-धर्म तथा हिन्दू जाति-व्यवस्था के साथ सम्बन्ध विच्छेद करके बौद्ध-धर्म को अपनाया। उनके अनुसार बौद्ध-धर्म समानता, मानवतावाद तथा आपसी भाईचारे का प्रतीक था।

5. जाति-व्यवस्था शोषण का कारण है–डॉ॰ भीमराव अम्बेडकर के विचार में जाति-व्यवस्था भी शोषण के लिए कुछ हद तक ज़िम्मेदार है। भारतीय सामाजिक व्यवस्था के अन्तर्गत शोषण को बढ़ावा देने में जाति-व्यवस्था की मुख्य भूमिका रही है। डॉ॰ भीमराव अम्बेडकर का विचार था कि भारतीय समाज की जातिवादी व्यवस्था के आधार पर संगठन शोषण को प्रोत्साहन देता है। इस व्यवस्था के अन्तर्गत शूद्रों के लिए यह निश्चित कर दिया गया कि सवर्णों की सेवा करते रहेंगे। एक शुद्र के घर में पैदा हुआ बच्चा शूद्र ही होगा तथा शूद्र के रूप में ही मरेगा।

अम्बेडकर की बौद्ध धर्म के प्रति आस्था

भीमराव बौद्ध धर्म अंगीकार करने से पूर्व वे 'दि बुद्ध एण्ड हिज धम्म' नामक पुस्तक लिख रहे थे, ऐसी उनके शिष्यों की मान्यता है। इस मान्यता में किसी को कोई आपत्ति भी नहीं होनी चाहिये। इस पुस्तक के अन्तर्गत उन्होंने बौद्ध धर्म का उल्लेख किया है।

'दि बुद्ध एण्ड हिज धम्म' डॉक्टर अम्बेडकर की मृत्यु के उपरान्त सन् 1957 में प्रकाशित हुआ था। अपने इस ग्रन्थ में उन्होंने बौद्ध धर्म को अपनी बौद्धिक विवेचना सहित नये ढंग से प्रस्तुत किया है। उसका विश्लेषण भी उनका अपना ही है। उनके अनुयायियों का यह मानना है कि यह ग्रन्थ निष्पक्ष स्पष्ट एवं सरल है। बौद्ध, विद्वानों, बौद्ध देशों, बौद्ध संस्थाओं ने उनके इस ग्रन्थ का स्वागत किया है। अपने इस ग्रन्थ में डॉक्टर अम्बेडकर ने बौद्ध धर्म को हीनयान और महायान में विभाजित होने की बात को किसी प्रकार का कोई महत्व दिया ही नहीं। क्यों? यह सबसे बड़ा प्रश्न है जिसका उत्तर डॉक्टर अम्बेडकर ने नहीं दिया है इससे स्पष्ट है कि मतभेद तो वहाँ भी था, फिर अम्बेडकर को क्या मिला?

अम्बेडकर के अनुसार हीनयान और महायान में विभाजित बौद्ध धर्म एक ही है, हाँ उसकी दार्शनिक व्याख्याएं भिन्न-भिन्न हो सकती हैं; किन्तु सांसारिक दुःखों का निवारण ही मूलतः धम्म का स्वरूप है, जो दोनों में पाया जाता है। दो बौद्ध धर्म होना सम्भव नहीं है। अपने इस स्मरणीय कहे जाने वाले ग्रन्थ में डॉक्टर अम्बेडकर ने कुछ प्रश्न उठाकर उनका स्वयं ही समाधान भी प्रस्तुत किया है। पहला प्रश्न उन्होंने बुद्ध के जीवन के सम्बन्ध में ही उठाया है। बुद्ध ने पबज्जा क्यों ग्रहण की?

इसके विषय में परम्परा से यही कथन प्रचलित है कि सिद्धार्थ गौतम ने एक वृद्ध पुरुष एक रोगी तथा एक मृतक के शव को देखा तो इससे उनको वैराग्य हो गया और वे घर को छोडकर चले गये। उनका संसार से मन ऊब चुका था इसलिये उन्होंने बौद्ध धर्म अपनाया और अपना सारा जीवन वैराग्य में गुजार दिया।

डॉक्टर अम्बेडकर ने इस पारस्परिक प्रचलन को स्वीकार नहीं किया था। इसके लिये उन्होंने उस समय भी उन सामाजिक और राजनीतिक परिस्थितियों को उत्तरदायी बनाया, जो उस समय उनके समक्ष उनके राज्य में उठ खड़ी हुई थीं। उनका कहना है कि सिद्धार्थ चुपचाप सोते थे उठकर नहीं गये थे, अपितु अपने परिवार वालों की आज्ञा प्राप्त करने के उपरान्त ही उन्होंने घर-बार छोड़ा था। अपने ग्रंथ में डॉक्टर अम्बेडकर ने सिद्धार्थ गौतम के गृहत्याग की घटना को बड़े ही आकर्षक ढंग से प्रस्तुत करने का यत्न किया है। इस पुस्तक में अम्बेडकर ने सिद्धार्थ का जीवन परिचय विस्तृत रूप से दिया है तथा बौद्ध धर्म का भी उल्लेख किया है।

प्रचलित परम्परा से हटकर उनके गृहत्याग का जो विश्लेषण डॉक्टर अम्बेडकर ने प्रस्तुत किया, इसके लिये उन्होंने सप्रमाण कुछ भी सिद्ध नहीं किया है। अपनी पुस्तक में उन्होंने दूसरा प्रश्न यह किया है कि यदि जीवन स्वभावतः दुःख है, तो जीते जी दुःख का अन्त किस प्रकार होगा?

बौद्ध धर्म के अनुसार जीवन दुःखमय है। इसे बौद्ध धर्म की मूल मान्यता कहा गया है। अम्बेडकर का कहना है कि यह मान्यता बौद्ध धर्म की जड़ पर कुठाराघात करती है, क्योंकि यदि सारा जीवन ही दुःखमय है तो मनुष्य के जीने का क्या उद्देश्य है, इससे तो उद्देश्य ही समाप्त हो जायेगा। उसका अन्त करने का मार्ग अम्बेडकर ने प्रस्तुत किया। उनका कहना है कि जीवन स्वभावतया दुःख है, यह उचित नहीं। अपितु जीवन में दुःख है, यह समझना चाहिये। जीवन दुःख का ही नाम है, इसमें दुःख के सिवाय और कुछ भी नहीं।

अम्बेडकर का तीसरा प्रश्न है–आत्मा, कर्म तथा पुनर्जन्म? अम्बेडकर ने जिन तीनो प्रश्नों को किया था बौद्ध विद्वानों ने भी इसे विवाद का विषय माना है। आज भी उसी प्रकार विद्यमान है। इन विषयों को लेकर विभिन्न भ्रान्तियों का भी जन्न हुआ है। कुछ विद्वान् स्वीकार करते हैं कि बुद्ध ने 'आत्मा' के अस्तित्व को स्वीकार किया है; किन्तु अम्बेडकर इसे गलत मानते हैं। उनका कहना है कि बुद्ध ने आत्मा को कभी स्वीकार नहीं किया। आत्मा की प्रचलित धारणा का तो बुद्ध ने खण्डन भी किया है।

डॉक्टर अम्बेडकर ने 'कर्म' और 'पुनर्जन्म' के सिद्धान्त को स्वीकार किया है। पुनः प्रश्न उठता है कि यदि आत्मा ही नहीं है तो कैसा कर्म और कैसा पुनर्जन्म? वास्तव में ये दोनों ही गहन गम्भीर प्रश्न हैं। उन्होंने ने अपने ग्रंथ में इन दोनों प्रश्नों का उत्तर दिया है। उनका कहना है कि हिन्दू धर्म में विद्यमान, आत्मा, कर्म और पुनर्जन्म के विचारों को उलझा दिया है; किन्तु डॉक्टर अम्बेडकर ने अपनी बुद्धि के अनुसार इनका निराकरण अपने इस ग्रंथ में किया है; किन्तु वे कितना निराकरण कर पाये हैं; यह विद्वानों के विचार करने की बात है; इसके लिये हिन्दुओं को कोसना न्यायोचित नहीं था।

बौद्ध जातक कथाओं का प्रचलन विश्व के सभी भागों में है। उनकी रचनाएँ किसने की और क्यों की? क्योंकि इन रचनाओं में आत्मा और कर्म तथा पुनर्जन्म की सब बातें पायी जाती हैं। यदि आत्मा नहीं हैं तो अनश्वर कौन है? यदि सब कुछ नश्वर है तो फिर अनश्वर शब्द की उत्पत्ति क्यों हुई? इनका उत्तर

डॉक्टर अम्बेडकर की पुस्तक में प्राप्त नहीं है। हो भी कैसे? गृहत्याग, साधना, दुःखों से निवृत्ति के लिये तपस्या-ये सब कर्म ही तो हैं।

अम्बेडकर का चौथा प्रश्न है-बुद्ध ने भिक्षु संघ की स्थापना क्यों की? डॉक्टर अम्बेडकर पूछते हैं कि क्या महात्मा बुद्ध भिक्षुओं को समाज से अलग रखना चाहते थे, इसलिये उन्होंने संघ की स्थापना की? अथवा क्या उनके मन में भिक्षुओं के रूप में आदर्श समाज-सेवक का भाव उत्पन्न करना था? क्योंकि भिक्षु संघ पर ही तो बौद्ध धर्म का अस्तित्व निर्भर है। उन्होंने भिक्षु संघ और उसके कर्त्तव्यों तथा आदर्शों का अपनी बुद्धि के अनुसार विश्लेषण किया जिससे कि आज के भिक्षु मात्र स्वकल्याण में ही विरक्त हैं तो यह महा स्वार्थी हैं। यह भिक्षु का कर्त्तव्य नहीं, उसका कर्त्तव्य समाजसेवा है। उनके मत में भिक्षु की यही कल्पना बौद्ध धर्म के आदर्श से मेल खाती है। इसी को उन्होंने विस्तार से अपनी पुस्तक में स्थान दिया है। अपनी पुस्तक में उन्होंने इन सभी बातों पर ज्यादातर जोर दिया है।

अम्बेडकर का मानना है कि यदि भिक्षु संघ अपने कर्त्तव्य का पालन करता रहता तो संसार में आज जो बौद्ध धर्म की स्थिति है वह न होती, वह एक जीवित जागृत धर्म होता। इन्हीं विषयों के अन्तर्गत डॉक्टर अम्बेडकर ने धर्म क्या है, अधर्म क्या है, सद्धर्म क्या है, धर्म तथा नैतिकता, पुनर्जन्म, कर्म, आत्मा, ईश्वर, अहिंसा आदि धारणाओं का स्पष्ट एवं सरल विश्लेषण प्रस्तुत किया है। अनेक विद्वानों ने बौद्ध धर्म के विपरीत जो कुछ कहा है अपनी इस पुस्तक में इस प्रश्न के अन्तर्गत डॉक्टर भीम राव अम्बेडकर ने उन सबका खण्डन किया है। उन्होंने यह भी स्पष्ट किया है कि हिन्दू धर्म और बौद्ध धर्म दोनों एक नहीं हैं।

डॉक्टर अम्बेडकर का पाँचवाँ प्रश्न–'बौद्ध धर्म में प्रचलित अहिंसा' के विषय में है। इस विषय में भी समाज में अनेक धारणायें और भ्रान्तियाँ प्रचलित हैं। उन्होंने इसका निराकरण करने के लिये अहिंसा के अनेक प्रकार के अर्थों तथा व्यवहारों का विश्लेषण किया और फिर बौद्ध धर्म की अहिंसा की धारणा को स्पष्ट किया है। उनका कहना है कि बुद्ध के मार्ग से उनकी यह विवेचना पूर्णतया मेल खाती है। अम्बेडकर ने हिन्दू तथा जैन मतों में प्रचलित अहिंसा की धारणा का खण्डन करते हुए दायें-बायें की अपेक्षा बीच में चलने का परामर्श दिया है; अर्थात् अनुपयोगी पशुवध उनकी दृष्टि में हिंसा नहीं है। वे मांसाहार

को त्याज्य नहीं मानते। स्वयं बुद्ध ने अनेक बार मांसाहार किया है। यही उनका मध्य मार्ग है।

अम्बेडकर की मृत्यु के पश्चात् इस पुस्तक का प्रकाशन 1956 में हुआ। डॉक्टर अम्बेडकर ने 14 अक्टूबर, सन् 1956 को बौद्ध धर्म स्वीकार किया था। उसके बाद वे भारत तथा नेपाल के बौद्ध सम्मेलनों में जाते रहे तथा 'दि बुद्ध एण्ड हिज धम्म' पुस्तक के पन्ने भी लिखते रहे। उन्होंने अपनी पुस्तक में बुद्ध धर्म के ऊपर काफी प्रकाश डाला है।

अम्बेडकर मधुमेह के रोगी थे, जिस कारण भ्रमण करने में उन्हें परेशानी होती थी। राजनीति और अछूतोद्धार के कार्य में निरन्तर व्यस्त रहने के कारण उनका स्वास्थ्य निरन्तर गिरता गया। एक समय ऐसा भी आया जब उनको बिस्तर पर से उठने की भी अनुमति नहीं मिली। उनकी पत्नी डॉक्टर सविता स्वयं चिकित्सक थीं। उन्होंने उनकी उत्तम-से-उत्तम चिकित्सा की व्यवस्था की थी। शारदा कबीर अम्बेडकर की सेवा में हमेशा लगी रहती थी कभी-कभी वे रात में भी नहीं सोती थी, इनके इलाज पर विशेष ध्यान देती थी।

'दि बुद्ध एण्ड हिज धम्म' नाम की पुस्तक किसी प्रकार अम्बेडकर ने पूर्ण की और पाँच दिसम्बर, सन् 1956 को उन्होंने भूमिका लिख दी। मानो मृत्यु को उनकी प्रतीक्षा थी। अब वह जीवन से पूरी तरह उब चुके थे, इस संसार में नहीं रहना चाहते थे।

5 दिसम्बर की भूमिका लिखने के उपरान्त वे सो गये। डॉक्टर सविता ने सुबह-सुबह अपने पति को देखा। उन्हें अस्वस्थ देखकर दुबारा सुलाकर स्वयं प्रातःकालीन नित्य कर्म के लिये चली गयीं। स्थिति चिंताजनक होने के कारण वह बार-बार उनको देखने आती रहती थीं। उन्हें हर समय यही खतरा बना रहता कि कहीं अम्बेडकर को कुछ हो तो नहीं गया।

नौकर नानकचन्द्र रतू अम्बेडकर की बहुत अधिक सेवा करता था। 5 दिसंबर 1956 की रात में उसने अम्बेडकर के सिर पर तेल लगाया तथा हाथ-पैर दबाये। फिर रेडियो पर अपने मनपसंद गीत सुनने लगे। उस रात उन्होंने थोड़े-से चावल भी खाये थे। उनमें से अपनी एक पुस्तक को अपने पास रखने के लिए कहा। उन्हें अपनी लिखी हुई पुस्तकों से उनको बहुत अधिक प्रेम था।

डॉ. अम्बेडकर ने अपनी पुस्तक 'द बुद्ध एण्ड हिज धम्म' का प्रस्तावना व भूमिका जो 'टाइप्ड' था मंगवाया। रात देर तक पढ़ते रहे। अत्रे, जोशी व वर्मा

सरकार के लिखवाये हुए पत्रों को भी पढ़ा। उस रात सुदामा बिस्तर के पास ही थर्मस में कॉफी व मिठाई रख गया था। सभी काम रोज की तरह हो रहे थे। किसी को जरा भी संदेह नहीं हो रहा था कि इनकी तबियत खराब है।

उसी दिन की बात है नानकचन्द्र रतू ने बैठे हुए अम्बेडकर को लिटा दिया। वह मधुर स्वर में कहने लगा–"आपको अपने बुद्ध भगवान की कसम मालिक बाबू! आप बैठा मत कीजिये। आपकी साँस फूलने लगती है। डॉक्टर मालकिन का कहना है कि आप ज्यादा-से-ज्यादा आराम करें।"

"रतू, अब तू मुझे डाँटने लगा है। क्या तू भी दूसरों की तरह होता जा रहा है, कम-से-कम तुझे तो मेरे पक्ष में रहना चाहिये।"

"नहीं मालिक!"

अम्बेडकर मुस्कराये और फिर स्नेह भरे स्वर में कहने लगे-"नानक तू मुझ पर अपना अधिकार समझता है। तू प्यारा ही नहीं, बहुत प्यारा है, इसलिये तू मेरी आँखों का तारा बन गया है। मैं तुझे अपने यशवंत से भी ज्यादा प्यार करता हूँ।"

लेडी डॉक्टर शारदा कबीर कमरे में प्रवेश कर रही थीं। उसने पति की बातें सुन लीं तो हँसकर कहने लगीं।-"मैं डॉक्टर हूँ और रतू कम्पाउंडर हो गया है। मैं कहती हूँ, यही चिल्लाती हूँ कि अकारण अपने शरीर को तकलीफ मत दो। ज्यादा-से-ज्यादा तुम्हें आराम की जरूरत है, क्योंकि कमजोरी की वजह से तुम्हारा शरीर थक जाता है।"

नानकचन्द्र रतू अम्बेडकर की देह दबाने लगा, तभी शारदा कबीर ने उसकी छुट्टी कर दी। वह कहने लगीं-"अब तुम जाओं रतू, यह अब मैं कर लूँगी। रात भी काफी हो चुकी है अब तुम अपने घर चले जाओ। बाकी काम मैं कर लूँगी।"

रतू ने कहा "आप!।"

"हाँ मैं।" उन्होंने कहा।

शारदा ने सारी रात उनकी सेवा की और जब वे सुबह में नित्य कर्म से निवृत्त होकर लौटीं, तो पाया कि अम्बेडकर की मृत्यु हो गयी थी। शारदा कबीर पति के शव से लिपटकर फूट-फूट कर रोने लगीं। यशवंत राव भी सुनकर दौड़ता हुआ आया और बिलख-बिलख कर रोने लगा। नौकर नाकचन्द्र स्तू भी फूट-फूट कर रोने लगा। सभी लोग उनकी मृत्यु पर फूट-फूट कर रो रहे थे।

शारदा कबीर ने रतू को उनके सगे-सम्बन्धियों, मित्रों, सहयोगियों, समाचार-पत्रों तथा आकाशवाणी आदि में समाचार देने के लिये भेज दिया। रतू ने जल्द-से-जल्द यह समाचार सभी को पहुँचा दिया। आकाशवाणी ने प्रातःकाल ही डॉक्टर अम्बेडकर के निधन का समाचार दो बार प्रकाशित किया। चारों तरफ यह खबर सुबह आग की तरह फैल चुकी थी।

संसद का अधिवेशन प्रारंभ होते ही सुबह दस बजे तत्कालीन प्रधानमंत्री पं. जवाहरलाल नेहरू ने सदन की कार्यवाही को स्थगित कर दिया। उन्होंने बाबा साहब बी.आर. अम्बेडकर को श्रद्धांजलि दी और उसके बाद सदन की कार्यवाही उस दिन के लिये स्थगित करने की घोषणा की। पंडित जवाहर लाल नेहरू वहाँ से सीधे अम्बेडकर के निवास स्थान पर पहुँचे। वहाँ जाकर उन्होंने डॉक्टर भीम राव अम्बेडकर के पार्थिव शरीर को श्रद्धांजलि अर्पित की। उनको श्रद्धांजलि देने वाले नेताओं में पंडित गोविन्द बल्लभभाई पन्त, श्री जगजीवन राम, राज्य सभा के उप-सभापति आदि अनेक महानुभाव श्रद्धांजलि एवं पुष्पांजलि अर्पित करने के लिये उनके निवास स्थान पर जमा हो गये थे। वहाँ पहले से ही लोगों की काफी भीड़ जमा हो चुकी थी। सभी उन्हें श्रद्धांजलि अर्पित करने आये थे।

16 दिसम्बर को दीक्षा समारोह में सम्मिलित होने के लिये अम्बेडकर बाम्बे जाने वाले थे किन्तु ईश्वर को यह मंजूर नहीं था। उनके अन्तिम संस्कार के लिये बम्बई ही जाना उचित समझा गया। सभी लोगों ने यह फैसला किया कि उनका शव उनके निवास स्थान से एयरपोर्ट तक सम्मान सहित ले जाया जाए, एयरपोर्ट पहुँचने तक शव यात्रा में पाँच घंटे का समय लगा। लाखों लोगों ने उन्हें श्रद्धांजलि दी। उनकी शव यात्रा में लाखों लोगों की भीड़ एकत्रित थी। उनकी शव यात्रा में इतने लोग एकत्र हो गये कि वहाँ पर पैर रखने की जगह नहीं थी। रात 9 बजकर 30 मिनट पर हवाई जहाज द्वारा उन्हें बम्बई में ले जाया गया।

उनके शव के साथ उनकी पत्नी शारदा कबीर के अलावा शंकरानन्द शास्त्री, आनन्द कौशल्यायन, सेवक नानकचन्द्र रतू व सुदामा तथा कुछ अन्य व्यक्ति थे। वे लोग शव के साथ जहाज से आये थे। ये सभी लोग इनके बहुत प्रिय थे।

बम्बई के शातांकुज हवाई अड्डे पर उनका शव सुबह तीन बजे पहुँचा। संविधान निर्माता के मृत्यु की खबर को सुनकर केवल बम्बई ही नहीं समूचा

भारत शोक में डूबा था। उनके शव को दादर तथा जुलूस के रूप में ले जाया गया। लाखों की संख्या में लोगों ने अपने प्रिय नेता के अन्तिम दर्शन किये।

डॉक्टर भीम राव अम्बेडकर के पार्थिव शरीर की अन्त्येष्टि की तैयारियाँ हुई। उनके अन्तिम संस्कार के समय भी लाखों की संख्या में भीड़ एकत्रित हुई थी, जिसमें सभी वर्ग के लोग थे। मध्यान्ह डेढ़ बजे के लगभग उनकी शव यात्रा आरम्भ हुई। पाँच घंटे तक बम्बई के मुख्य बाजारों तथा स्थानों की यात्रा करती हुई जब यह यात्रा श्मशान पर पहुँची तब तक बम्बई का सारा यातायात ठप्प पड़ा रहा। शवयात्रा के गन्तव्य मार्ग पर दोनों ओर यात्रियों की अपार भीड़ बाबा साहब के अन्तिम दर्शनों के लिये प्रातःकाल से ही उत्सुकता से प्रतीक्षा कर रही थी। सभी लोगों ने श्वेत वस्त्र धारण किये हुए थे। यह किंवदन्ती प्रचलित हो गयी कि उस दिन बम्बई के बाजारों में, दुकानदारों के पास सफेद धोतियों का भण्डार ही समाप्त हो गया था। तब लोगों ने श्वेत चादरें खरीदकर अपनी मनोकामना पूर्ण करने का यत्न किया।

इनकी इस शवयात्रा में जितनी भीड़ थी, उतनी भीड़ इससे पहले केवल लोकमान्य तिलक की शवयात्रा में देखने को मिली थी, किसी अन्य नेता या महापुरुष की यात्रा में नहीं। लोग पेड़ों पर चढ़कर शवयात्रा के दर्शन कर रहे थे। डॉक्टर भीम राव अम्बेडकर के एक भक्त पचपन वर्षीय बापू अर्जुन के पेड़ पर चढ़कर अपने अराध्य के दर्शन करने में लीन थे कि अघटनीय घटना घटित हुई और वे धम्म से ही नीचे आ गिरे तथा तत्काल ही उनके प्राण पखेरू उड़ गये।

अर्थी श्मशन पर लायी गयी। उनके एक मात्र पुत्र यशवंत राव ने चिता को आग दी। देखते-ही-देखते चिता धूं-धूं करके ऊँची-ऊँची लपटों में जलने लगी। इस तरह अछूतों का मसीहा चला गया, स्वतंत्र भारत का नया संविधान बनाने वाला भीम राव अम्बेडकर इस नश्वर संसार को त्याग कर हमेशा के लिये विदा हो गया। भिक्षु श्रेष्ठ भदन्त कौशल्यायन ने अन्तिम संस्कर की सारी रीति बौद्ध मत की परम्परा के अनुसार सम्पन्न करायी।

वहीं पर एक सामान्य-सी शोक सभा हुई। उसमें भिक्षु भदन्त आनन्द कौशल्यायन के अतिरिक्त आचार्य पी.के. अत्रे और दादा साहेब गायकवाड़ दो शब्द बोले थे।

आचार्य अत्रे ने अपनी श्रद्धांजलि में मार्मिक शब्दों में कहा—"ऐ आकाश के देवताओं! आओ, आकर देख लो फिर कभी तुम्हें यह दृश्य देखने की नहीं

मिलेगा। इस प्रकार एक समाज-सुधारक, अछूतों का उद्धार करने वाला, दलितों, शोषितों के मसीहा के जीवन का पटापेक्ष हुआ। आज दलितों का मसीहा यह संसार छोड़कर जा रहा है।

डॉक्टर भीम राव अम्बेडकर दलित वर्ग के नेता थे। उन्होंने उच्च शिक्षा प्राप्त की थी। उन्हें पूरे संसार के कानून का अच्छा ज्ञान था। वे देश-सेवक, लोक-सेवक, राष्ट्रभक्त और दलितों के भगवान थे। वे संसार के एक महान् पुरुष थे। उनका अभाव सम्पूर्ण देश को हमेशा खलता रहेगा। उन्होंने युग को एक नई चेतना दी और सभी को एक डोर में बाँधने की पूरी-पूरी कोशिश की। संसार उनका सदा आभारी रहेगा। वह उनसे हमेशा प्रेरणा लेता रहेगा। वे सदा प्रेरणा के प्रतीक रहेंगे। जब तक यह संसार रहेगा तब तक लोग भीम राव अम्बेडकर को याद करते रहेंगे। भारतीय इतिहास में उनका नाम स्वर्णिम अक्षरों में लिखा जा चुका है। आज भी अम्बेडकर का नाम भारत के हर नागरिक की जुबान पर है, आज भी लोग कानून मंत्री के नाम से उन्हें याद करते हैं। इन्होनें अछूतों तथा दलितों के लिए इतना अधिक काम किया, इसलिए मरकर भी ये अमर हैं। इसलिए इन्हें दलितों का मसीहा कहा जाता है।

5

डॉ० भीमराव अम्बेडकर का मूल्यांकन

बाबा साहेब भीमराव अम्बेडकर को हमें आधुनिक मिथभंजक के रूप में देखना चाहिए। भारत और लोकतंत्र के बारे में परंपरावादियों, सनातनियों, डेमोक्रेट, ब्रिटिश बुद्धिजीवियों और शासकों आदि ने अनेक मिथों का प्रचार किया है। ये मिथ आज भी आम जनता में अपनी जड़ें जमाए हुए हैं। बाबा साहेब ने भारतीय समाज का अध्ययन करते हुए उसके बारे में एक नया सोच पैदा किया है। भारतीय समाज के अनेक विवादास्पद पहलुओं का आलोचनात्मक और मौलिक विवेचन किया है। भारत में भक्त होना आसान है परन्तु समझदार होना मुश्किल है। बाबा साहेब ऐसे विचारक हैं जो शूद्रों के सामाजिक तानेबाने को पूरी जटिलता के साथ उदघाटित करते हैं। बाबा साहेब के भक्तों में एक बड़ा तबका है जो दलितचेतना और दलित विचारधारा से लैस है।

अम्बेडकर की साफ धारणा थी कि संसदीय जनतंत्र जनता की मूल समस्याओं का समाधान नहीं कर सकता। सन् 1943 में इंडियन फोडरेशन के कार्यकर्ताओं के एक शिविर में भाषण करते हुए अम्बेडकर ने कहा "हर देश में संसदीय लोकतंत्र के प्रति बहुत असंतोष है। भारत में इस प्रश्न पर विचार करना अत्यंत आवश्यक है। भारत संसदीय लोकतंत्र प्राप्त करने के लिए बातचीत कर रहा है। इस बात की बहुत जरूरत है कि कोई यथेष्ठ साहस के साथ भारतवासियों से कहे-संसदीय लोकतंत्र से सावधान। यह उतना बढ़िया

उत्पाद नहीं है जितना दिखाई देता था।" इसी भाषण में आगे कहा 'संसदीय लोकतंत्र कभी जनता की सरकार नहीं रहा,न जनता के द्वारा चलाई जाने वाली सरकार रही। कभी ऐसी भी सरकार नहीं रही जो जनता के लिए हो।'

भीमराब अम्बेडकर ने 1942 के रेडियो भाषण में स्वाधीनता,समानता और भाईचारा, इन तीन सूत्रों का उद्भव फ्रांसीसी क्रांति में देखा। उन्होंने कहा "मजदूर के लिए स्वाधीनता का अर्थ है जनता के द्वारा शासन। संसदीय लोकतंत्र का अर्थ जनता के द्वारा शासन नहीं है।"

अम्बेडकर ने संसदीय लोकतंत्र की व्याख्या करते हुए लिखा" संसदीय लोकतंत्र शासन का ऐसा रूप है जिसमें जनता का काम अपने मालिकों के लिए वोट देना और उन्हें हुकूमत करने के लिए छोड़ देना होता है।" अम्बेडकर ने लोकतंत्र को मजदूर वर्ग के नजरिए से देखा और उस पर अमल करने पर भी जोर दिया।

अम्बेडकर की धारणा थी कि 'लोकप्रिय हुकूमत के तामझाम के बावजूद संसदीय लोकतंत्र वास्तव में आनुवंशिक शासकवर्ग द्वारा आनुवंशिक प्रजा वर्ग पर हुकूमत है। यह स्थिति वर्णव्यवस्था से बहुत कुछ मिलती-जुलती है। ऊपर से लगता है कोई भी आदमी चुना जा सकता है,मंत्री हो सकता है, शासन कर सकता है। वास्तव में शासक वर्ग एक तरह वर्ण बन जाता है। उसी में से, थोड़े से उलटफेर के साथ,शासक चुने जाते हैं। जो प्रजा वर्ग है, वह सदा शासित बना रहता है।'

कुछ लोग निरन्तर इस प्रयास में लगे रहे कि डॉ॰ भीमराव अम्बेडकर को किसी-न-किसी तरह बदनाम किया जाए। उन पर देश-भक्ति की भावना न होने का आरोप लगाया गया बेबुनियाद है। वे एक सच्चे देश-भक्त थे। वे अपने देश का आज़ाद देखना चाहते थे। उन्होंने एक बार कहा था—

''उच्च-वर्ण के हिन्दुओं के साथ कुछ बातों से मेरा मतभेद है, लेकिन अपने देश की रक्षा के लिए मैं अपनी जान भी दे दूँगा। देश मुझे अपने प्राणों से भी प्यारा है।'' देश की गुलामी के दौरा उनकी जाति की जो दुर्दशा थी, वही दुर्दशा वे स्वतन्त्र भारत में नहीं देखना चाहते थे। डॉ॰ भीमराव अम्बेडकर की केवल एक ही ख़्वाहिश थी कि आज़ाद भारत में उनकी जाति के लोगों को भी मानवता अधिकार मिलें। नागरिक सुविधाएँ मिलें। गर्मी, सर्दी, वर्षा से उनकी जाति की भी हिफ़ाजत हो सके। उनको भी मान-सम्मान प्राप्त हो, उनका बात-बात पर अपमान न हो और उसको सरकारी नौकरियों पर नियुक्त किया जाए।

उनका यह भी विचार था कि उनकी जाति के लोगों के साथ लोग पशुवत नहीं बल्कि इन्सानों जैसा व्यवहार करें। एक प्रकार से देखा जाए तो इनका यह विचार ठीक ही था। वे अपने मार्ग पर सही थे। उन्होंने जो कुछ भी किया दलित व मज़दूरों की भलाई के लिए किया।

डॉ॰ भीमराव अम्बेडकर और महात्मा गाँधी के मध्य हमेशा असमानता रहती थी। दोनों के विचार अलग-अलग होते थे, फिर भी महात्मा गाँधी ने इस बात को मान लिया था कि–"अम्बेडकर में त्याग करने की शक्ति थी। उन्होंने समाज में अपना एक अद्वितीय स्थान बन लिया था।"

इन्होंने हमेशा कर्तव्य-परायणता को प्रमुखता दी, उसी में लीन रहते थे। विकास की पूजा करते थे, परलोक की उन्हें कोई चिन्ता नहीं थी। वे सांसारिक जीवन में ही सुख-सुविधाओं को चाहते थे। उन्होंने इन्हीं सुख-सुविधाओं को प्राप्त करने के लिए काफ़ी परिश्रम भी किया।

डॉ॰ भीमराव अम्बेडकर एक असामान्य इंसान थे। वे जिस परिवार में पैदा हुए थे। वह एक अछूत, उपेक्षित, अशिक्षित और ग़रीब परिवार था, लेकिन उन्होंने अपनी जाति में क्रान्तिकारी परिवर्तन ला दिया था। उनके जीवन का प्रमुख उद्देश्य था अछूतों तथा दलितों का उद्धार करना। उनके जीवन-काल में ही सदियों का रोग-अछूतपन भारत भूमि से धीरे-धीरे हटने लगा था। वे अछूतों के रक्षक कहे जाने लगे थे।

इन्होंने अपना पूरा जीवन सादगी में ही व्यतीत किया, उनके विचार ऊँचे थे और चरित्र ही उनका बल था। वे ऊँचे ओदहे पर पहुँच गए थे। वे कानून मन्त्री थे, मगर उन्हें पद का लालच नहीं था। वह तो केवल जनता के सेवक थे। उन्होंने अपने सिद्धान्त की रक्षा के लिए मन्त्री पद को भी ठुकरा दिया था। स्वतन्त्र भारत के संविधान पर डॉ॰ भीमराव अम्बेडकर की गहरी छाप पड़ी थी। उसका नाम स्वर्णिम अक्षरों में अंकित हो गया है, जब तक संविधान रहेगा तब तक लोग डॉ॰ भीमराव अम्बेडकर का स्मरण करते रहेंगे। वे प्रबल इच्छा-शक्ति और अपनी धुन व इरादे के पक्के इन्सान थे। वे अपनी धुन के, इरादे के पक्के थे। फ्रांस के नेपोलियन ने एक बार कहा था–"जो मूर्ख होते हैं, वे ही 'असम्भव' में विश्वास करते हैं।

नेपोलियन के इस बात का डॉ॰ भीमराव अम्बेडकर पर काफ़ी प्रभाव था। वे इसका समर्थन भी करते थे। वे भी किसी काम को असम्भव नहीं समझते थे। वे धीर थे, गम्भीर थे। अपने मार्ग पर अटल रहे, चट्टान की तरह अटल रहे।

मार्ग में परेशानियाँ और बाधाएँ भी आईं लेकिन वे कभी नहीं घबराए। उन्होंने कभी भी हिम्मत नहीं हारी। वे सदा आगे ही बढ़ते रहे, कभी पीछे मुड़कर नहीं देखा। सदा उन्होंने अपने लक्ष्य को ध्यान में रखा। इसलिए वे आगे बढ़ते ही रहे। रास्ते में जो रुकावटें आईं, उन्हें अम्बेडकर ने हटा दिया। बड़ी-से-बड़ी मुश्किल से टकराकर वह आगे बढ़ते रहे। उन्हें सिर्फ़ अपना मक़सद ही नज़र आता था।

वे कर्मठी थे। उनका मानना था कि भाग्य के भरोसे बैठना नहीं चाहिए, बल्कि अपने भाग्य को स्वयं बनाना चाहिए। वे हरि नाम को याद करते थे या नहीं, निश्चित रूप से नहीं कहा जा सकता। उन्हें देवी-देवताओं में, स्वर्ग-नरक में कम विश्वास था। वे इन बातों में ज़्यादा यकीन नहीं रखते थे। सामने अनेक प्रकार की विध्न-बाधाएँ उत्पन्न हुई लेकिन वे कभी भी विचलित नहीं हुए। वे इस लौकिक जीवन को सुखी देखना चाहते थे। उन्होंने ज़िन्दगी में कभी हिम्मत नहीं हारी। हमेशा हौसले के साथ आगे बढ़ते रहे। कोई भी बाधा उनका रास्ता रोकने में असमर्थ थी। वह रुकनेवालों में से नहीं थे।

उनके सामने अनेक प्रकार की विध्न-बाधाएँ उत्पन्न हुईं लेकिन वे कमी भी विचलित नहीं हुए। वे हमेशा तने रहे। कभी भी झुके नहीं, लड़खड़ाए, मगर गिरे नहीं। वे खड़े रहे। उनमें स्वाभिमान था, वे कोशिश करते रहे। वे अपने रास्ते पर चलते रहे। कभी धीरे, कभी तेज़, लेकिन चलते ही रहे। परेशानियाँ एवं विरोधों से जूझते रहे। उन्हें इन सब में क़ामयाबी भी मिली और वह जीते भी। जो लोग उनका विरोध करते थे बाद में उन्होंने उनके कार्य को सराहा भी।

अपने जीवन-काल में ही लोगों द्वारा उन्हें अम्बेडकर साहब कहा जाने लगा था। धीरे-धीरे समाज में उनकी इज्ज़त भी होने लगी। उन्हें बहुत ज़्यादा सम्मान भी प्राप्त होने लगा था। उन्हें मान-पत्र भी दिए जाने लगे थे। उनके सम्मान में बहुत-सी सभाएँ भी आयोजित की जाने लगीं। उन्हें सभा में माला पहनाई जाती, फूल दिए जाते। चारोंओर उनकी जय-जयकार होने लगी। हर कोई उनका गुणगान करता। कितने ही लोगों ने बाबा साहब कहकर पुकारना शुरू कर दिया। हर कोई उन्हें सम्मान की दृष्टि से देखते थे। जहाँ भी जाते लोग उनका भव्य स्वागत करते।

डॉ॰ भीमराव अम्बेडकर को मरणोपरान्त सरकार ने देश के सर्वोच्च नागरिक सम्मान 'भारत रत्न' से विभूषित किया। वे भारत रत्न ही नहीं 'विश्व भूषण' थे। उन्होंने एक जाति या वर्ण के उत्थान के लिए ही सिर्फ़ कार्य नहीं

किया, विश्व-भर के पिछड़े लोगों का सामाजिक और राजनैतिक स्तर ऊँचा उठाने की उन्होंने प्रेरणा दी। वे एक ऐसे महापुरुष थे जिन्होंने सहस्त्राब्दियों से दलितों और पिछड़ों को अत्याचार और असमानता की बेड़ियों से मुक्त कराकर उन्हें समानता और सम्मानजनक जीवन-स्तर का अधिकारी बनाया। इसके लिए उन्होंने अन्तिम साँस तक संघर्ष किया। जिस सम्मान के वे वास्तविक अधिकारी थे, यद्यपि वह उन्हें जीते-जी न मिला, मगर उनके महानिर्वाण के पश्चात्, देश की आज़ादी के 55 वर्ष बीत जाने के पश्चात्, अधिकार भरा उनका सम्मान, जन-जन में बढ़ता चला जा रहा है और बढ़ता ही जाएगा।

व्यक्तित्व

व्यक्तित्व एक मुकम्मल चरित्र होता है। यह व्यक्ति के चरित्र व स्वभाव को स्पष्ट करता है। डॉ॰ भीमराव अम्बेडकर भी महान् व्यक्तित्व के इन्सान थे। इनके व्यक्तित्व के प्रमुख तथ्यों को जानना आवश्यक है। सामाजिक और ऐतिहासिक हालातों का चित्रण करनेवाले प्राचीन साहित्य के अध्ययन से पता चलता है कि तप-त्याग कि जिस संस्कृति को आर्यों ने द्रविड़ों तथा नागों, जो एक ही मत के लोग थे, ने जन्म दिया था, वह अवान्तर काल में स्वार्थ मूलक वणिक् संस्कृति में परिवर्तित हो गई; यानि वणिक् संस्कृति बन गई, जिसका मुख्य उद्देश्य लाभ ही होता था तथा नुकसान के लिए उसमें कोई जगह नहीं होती। अगर किसी वज़ह से नुकसान होता भी है, उसे खुद सहन न करके दूसरों से सहन करवाकर अपना लाभ बरकरार रखा गया।

तप-त्याग की संस्कृति में एक प्रमुख विशेषता यह है कि अपना नुकसान होते हुए दूसरों की हानि या अहित को बहुजन या समाज का नुकसान समझते हुए उसको दूर करने का प्रयास किया जाता है।

इस तरह वणिक् संस्कृति शोषण पर आधारित होकर दूसरों के शोषण से स्वयं को पुष्ट एवं मज़बूत बनाती रही यह क्रम आज भी बरकरार है। एक तरफ़ मज़दूर-वर्ग चाहे वह खेतिहर हो या उद्योग-श्रमिक या फिर किसी दूसरी तरह का, जिसके अन्तर्गत काष्ठा, पत्थर तथा मिट्टी धातु के काम करनेवाले हर मज़दूर शामिल हैं। उनको उसकी मेहनत का पूरा परिश्रमिक न देकर रोटी, कपड़ा और शिक्षा, स्वास्थ्य आदि के बारे में अनिश्चय की स्थिति उत्पन्न की जाती है तो दूसरी तरफ़ भव्य मन्दिरों का निर्माण दान देकर प्रतिष्ठा, सम्मान अर्जित किया जाता है। कुएँ और धर्मशालाओं का निर्माण कर यह जताने का

प्रयास किया जाता है कि वे बहुत उदार हैं। अपने जय-जयकार के लिए सड़कों पर वृक्ष लगवाए जा रहे हैं, ठण्डे पानी का प्रबन्ध किया जा रहा है।

इस प्रकार के क्रिया-कलापों द्वारा यह सिद्ध किया जाता है कि उनका सेठ दानवीर है, उदार है, दीन है, समाज का हितैषी है, शुभचिन्तक है अर्थात् जिनको चूसकर सम्पदा के अम्बार लगे हैं; उन्हीं लोगों को अपनी जय-जयकार करने पर मज़बूर कर देते हैं। अपने जिन्दाबाद के नारे लगाने पर मज़बूर करते हैं। वणिक् संस्कृति का जन्म होने से लेकर निरन्तर इसके क्रम में तीव्रता से वृद्धि होती रही है। लोग लगातार इस कार्य को पूरा करने में लगे हुए हैं।

यदि इन लोगों में इतनी अधिक सभ्यता है तो उनको चाहिए कि श्रमिकों का पूरा हक अदा करें। क्योंकि मेहनत को बेचना व ख़रीदना भी एक व्यापार है, या वणिक् वृत्ति ही है, लेकिन जो वणिक् संस्कृति को समझते हैं, वे नुकसान होनेवाले हालात ही पैदा नहीं करते, बल्कि लाभवाले पलड़े को भारी रखते हैं जिसमें सामग्री तो ली जानी चाहिए।

मनु ने जिस वर्ण-व्यवस्था का प्रतिपादन किया था, इस संस्कृति ने उनमें से प्रथम वर्ण-ब्राह्मण को पठन-पाठन, अध्ययन, अध्यापन और तप-त्याग के दो वर्णों क्षत्रिय-वैश्य परिवारों में रसोईया और उन्हीं द्वारा अपनी दानशीलता के लिए निर्मित धर्मशालाओं, कुओं पर मुन्शी और पानी पिलाने की संरचना की, भोजन बनानेवाले मुन्शी और पानी पिलानेवाले ब्राह्मण को 'महाराज' के नाम से पहले भी और आज भी सम्बोधित किया जाता है। लेकिन वे राज्यसत्ता तथा मुकुटहीन महाराज थे; यानि उन्हें मूर्ख बनाने की कुटिलताभरी चाल मात्र। फिर भी वे अस्पृश्य नहीं थे। इस संस्कृति का एक दोष यह है कि इसने ब्राह्मण-वर्ण से भी ज़्यादा घिनौना व्यवहार उस तथाकथित शूद्र-वर्ण से किया गया, जो कल्पित वर्ण-व्यवस्था का चौथा था अथवा आज भी है। खेतों में हल जोतना, बैलों के लिए घास-चारे का इन्तज़ार करना, कपड़े सीना, मकान बनाना, बुनाना, लकड़ी का काम करना, तेल पेरना और कपड़े धोना, उन्हें रंगना, रथ हाँकना, बोझा ढोना, यहाँ तक कि पैरों में पहनने के लिए जूते भी बनाना तथा मल-मूत्र उठाना, उन्हें साफ़ करना भी, इनका स्वाभाविक कार्य बन चुका था। सबसे छोटे काम उन लोगों को दिए गए और उन्होंने किया, इसके बाद भी उनको अपमानित होना पड़ता है।

इतना ही नहीं उन्हें अछूत भी बना डाला। इस प्रकार सत्ता और वणिक् संस्कृति के जाल में मानवीय गुण और नैतिकता उलझकर निष्क्रिय हो गई।

उनके साथ मानवता का व्यवहार कभी नहीं किया जाता, उनके साथ भी यही नियम अपनाना चाहिए।

वणिक् संस्कृति को समाप्त किए जाने के लिए जिस ब्राह्मण-वर्ग से प्रार्थना की जा सकती थी, उन्हें पहले ही पाठशाला में याचक, धर्मशाला में मुन्शी और प्याऊ पर पानी पिलानेवाला बनाकर बिठा दिए गया था, अतः अछूतपन का विरोध कौन करता?

सत्ता संस्कृति भी वणिक् संस्कृत का एक अंग है अर्थात् उसी का एक विकसित रूप है। इन दोनों में अन्तर है तो बस इतना कि वणिक् संस्कृति शीत-शोषण है, जबकि सत्ता संस्कृति उष्ण-शोषण। वणिक् संस्कृति आदेश और दण्डात्मक नहीं, परन्तु सत्ता-संस्कृति आदेश और दण्ड द्वारा शोषण की भयंकरता बढ़ाती है; अर्थात् वणिक् संस्कृति गुड़ खिलाकर मारती है, तो सत्ता संस्कृति दण्ड को दण्ड से, आदेश को चाबुक से।

यदि यह माना जाए कि जो शिल्पी व चर्म कला के ज्ञाता है वे असवर्ण हैं तो फिर ऋषि सुधन्वा के बेटे ऋभु विश्वन और बाण की गिनती सवर्ण, असवर्ण में से किसमें करें, छूत और अछूत एक में से उन्हें किस वर्ण में माना जाए? ऋग्वेद के प्रथम मण्डल के बीसवें सूक्त का छठा पद्य बताता है कि ऋषि सुधन्वा के तीन पुत्रों ने अपने पिता से शिल्पकला की शिक्षा लेने की आज्ञा माँगी थी। सुधन्वा ने सरलता से ही उन्हें शिल्पकला की इजाज़त दे दी। शिल्पकला में लकड़ी की गाय, घोड़े और कप आदि वस्तुओं की प्रदर्शनी तिब्बत के राजा की राजधानी इन्द्र में आयोजित की थी और अपने युग के महान् शिल्पी कहलाए, फिर भी ऋषि अंगिरा के गोत्र में उत्पन्न ऋभु विश्वन और बाण बढ़ई बनकर न तो तिरस्कृत हुए और न अपमानित, न ही असवर्ण बने, न ही अछूत।

सर्वविदित है कि वैदिक आर्यों के समय स्पृश्य-अस्पृश्य की दीवार न थी, बल्कि व्यवसाय आधारवाली तथाकथित जातियाँ भी नहीं थीं, लेकिन स्मृतिकाल तक आते-आते मनुष्य समाज के व्यवसायपरक-वर्ग अस्तित्व में आ गए।

यह भी एक स्मरणीय तथ्य है कि उत्तर वैदिक ने वर्ण-व्यवस्था की कल्पना अभूतपूर्व ढंग से की और कहा कि विराट पुरुष के मुख से ब्राह्मण, वक्षस्थल से क्षत्रिय तथा उदर से वैश्य, चरणों से शूद्र की उत्पत्ति हुई। विशाल समाज का विभाजन करने हेतु इससे भी उत्कृष्टि कल्पना करना सम्भव था अर्थात् वर्ण-व्यवस्था, सर्वशक्तिमन्, व्यापक एवं अनन्त सत्तात्मक विराट् पुरुष द्वारा

उत्पन्न की गई या बनाई गई है और यह बात एक मन्त्र के जरिए बताई जा रही है। वे अपौरुषेय हैं अर्थात्—वेदवाणी मनुष्य की नहीं बल्कि उस विराट् पुरुष की है जो सूक्ष्मात्सूक्ष्मतः और अणीयानर्णायतरः है; इसका मतलब यह हुआ कि सूक्ष्म से भी अति सूक्ष्म और अणु का पोता है, अजर-अमर है, फिर भी बोलता है और साम्य-भावना का खण्डन करता है।

यदि मनु ही मानव के उत्पत्तिकर्ता हैं और जीवपंक के ज़रिए व्याप्त जीवाणु के विकसित है, तो मनुस्मृति का निर्माता मनु कोई और है और मनुष्य का जनक, प्रथम पिता कोई और, क्योंकि कोई भी अपनी सन्तानों में भेद उत्पन्न कर, युद्ध करवाकर, उनको विनाश की तरफ़ ले जाकर अपनी आँखों से नहीं देख सकता। लेकिन मनुस्मृति में स्पष्ट रूप से मनुष्य के एक वर्ग को शूद्र घोषित किया गया। नारद स्मृति, पराशर स्मृति तथा याज्ञवल्क्य स्मृति में शूद्रोल्लेख हो, जो उन्होंने की है, तो आश्चर्य की बात नहीं, लेकिन मनुष्य का आदि जनक पिता ऐसा करे, तो आश्चर्य के साथ-साथ लोभ भी होता है।

कई ऋषियों और मुनियों ने वणिक् सत्ता संस्कृति के खूँटे से बाँधकर मनुस्मृति में प्रतिपादित वर्ण-व्यवस्था की पुष्टि की। वह मनु सम्राट् था, यह बात पहले भी बता दी गई है। वैसे भी मनुओं की संख्या चौदह बताई गई है, प्रथम मनु के पुत्र हैं मनुष्य। बाकी तेरह तो शासक बनकर अपने अग्रज के पुत्रों को पशुओं की तरह हाँकते रहे हैं। अपनी सत्तावाली संस्कृति को उनके शोषण से भरते रहे हैं।

इन लोगों को शायद यह नहीं मालूम कि समय और युग धर्म, यहाँ धर्म का अर्थ स्वभाव से है, दिन-रात, सप्ताह, महीना तथा वर्ष युग की अवधि का बनना काल स्वभाव की क्रीड़ा है, बसन्त, ग्रीष्म एवं वर्षा, शरद् और हेमन्त, शिशिर ऋतुओं को वही स्वभावजन्य देता है। नष्ट करता है।

सूर्य और चन्द्रमा किस प्रकार उदय होते हैं और किस प्रकार अस्त होते हैं यह सब कालगति का ही चमत्कार है। हम और हमारा ब्रह्माण्ड परिवर्तनशील है, तब किसी भी मनु तथा मुनि द्वारा निर्मित समाज-व्यवस्था कैसे हो सकती है? जबकि मनीक्षी डॉ॰ भीमराव अम्बेडकर द्वारा निर्मित विधान सम्राट् मनु द्वारा निर्मित विधान से सर्वथा भिन्न है। यहाँ वर्ण-व्यवस्था व जाति-व्यवस्था के उन्मूलन करने की बात है। समाज के हर पुरुष व महिला को शिक्षित बनाने पर अधिक बल दिया गया है। वणिक् संस्कृति के स्थान पर समता संस्कृति की नींव रखी गई है।

समाजवाद के आइने में अम्बेडकर

वर्ष 1776 में एडम स्मिथ की महान किताब द वेल्थ ऑफ नेशंस छपी और पूंजीवादी इकॉनमी को एक दार्शनिक आधार मिल गया। जेम्स वाट का स्टीम इंजन वर्ष 1769 में बन चुका था, औद्योगिक क्रांति और पूंजीवाद की गाड़ी चल निकली थी। लेकिन सौ वर्ष के भीतर ही पूंजीवादी दर्शन को चुनौती मिली, जब कार्ल मार्क्स का महान ग्रन्थ दास कैपिटल (1867) प्रकाशित हुआ। 1917 में रूस में कम्युनिस्ट क्रांति हो गई। दुनिया के सामने पूंजीवाद के विकल्प के रूप में सोशलिजम नामक शासन पद्धति पेश हो गई थी।

दूसरा विश्वयुद्ध समाप्त होने के बाद लगभग आधा यूरोप लाल हो चुका था। 1949 की चीनी क्रांति ने विश्व पूंजीवाद को हिलाकर रख दिया था। बौद्धिक रूप से पूरी दुनिया सोशलिज्म और कैपिटलिज्म जैसे दो खेमों में बंट चुकी थी। भारत में भी कम्युनिस्ट आन्दोलन तेज को चुका था। तेलंगाना के विदोह (1946-1951) ने यहां भी कम्युनिस्ट क्रांति की आस जगा दी थी। मुक्ति की लड़ाई लड़ रहे नेता या आन्दोलन कम्युनिस्ट विचारधारा की शरण में आ रहे थे। बीसवीं सदी का मध्य सोशलिज्म के उत्कर्ष का काल था। खुद जवाहरलाल नेहरू भी इस विचारधारा के असर से बच नहीं पाए थे। अपनी प्रसिद्ध पुस्तक डिस्कवरी ऑफ इंडिया में नेहरू लिखते हैं, मार्क्स तथा लेनिन के अध्ययन ने मेरे मन पर गहरा प्रभाव छोड़ा है... रूसी क्रांति मानव समाज के विकास में एक लम्बी छलांग है। इसने एक नई सभ्यता की आधारशिला रख दी है और इसी दिशा में दुनिया अब आगे बढ़ेगी।

वर्ष 1948 में कम्युनिस्ट मैनिफेस्टो को प्रकाशित हुए सौ साल पूरे हो चुके थे। जिस वक्त पूरी दुनिया में इसका जश्न मनाया जा रहा था उस वक्त डॉ. अम्बेडकर भारत का संविधान लिख रहे थे। वे भारत के सामाजिक सर्वहारा की मुक्ति के नायक थे, लेकिन यह बात हैरान कर देने वाली है कि वे मार्क्सवाद से प्रभावित नहीं हुए थे। इस बात से विरोधी भी सहमत होंगे कि अम्बेडकर जाति व्यवस्था के खिलाफ लड़ाई में सबसे ईमानदार और कमिटेड नायक थे। फिर ऐसा क्यों कि उन पर मार्क्स या सोशलिज्म का असर नहीं पड़ा?

क्या अम्बेडकर रूसी क्रांति के विघटन को भांप गए थे? क्या उन्हें इस बात का पूर्वानुमान हो चुका था कि चीन का सोशलिज्म अन्ततः कैपिटलिज्म में तब्दील हो जाने वाला है? क्या वे यह भी समझ गए थे कि सोशलिज्म का

चोला ओढ़ चुका पूर्वी यूरोप कैपिटलिज्म के रास्ते पर चल निकलने के लिए छटपटा उठेगा? दूसरे शब्दों में, क्या अम्बेडकर सोशलिज्म की सीमाओं को समझ गए थे?

हर दार्शनिक चिन्तक होता है, पर हर चिन्तक दार्शनिक नहीं बन पाता। दार्शनिक अपने युग को तो समझता ही है, अगले युग को भी भांप लेता है तो क्या अम्बेडकर यह भांप गए थे कि बीसवीं सदी के अस्त के साथ ही कैपिटलिज्म का एक नया सूरज उगने वाला है? हमारे पास उपलब्ध प्रमाण इसी बात का संकेत देते हैं। 27 सितम्बर 1951 को डॉ. अम्बेडकर ने नेहरू सरकार से इस्तीफा दे दिया और अपने राजनीतिक दल ऑल इंडिया शिड्यूल्ड कास्ट फोडरेशन का मैनिफेस्टो लिखने में जुट गए। तीन अक्टूबर 1951 को द टाइम्स ऑफ इंडिया ने मैनिफेस्टो पर एक रिपोर्ट छापी। रिपोर्ट जिस पत्रकार ने फाइल की, उसने मैनिफेस्टो का मूल तत्व समझ लिया था। रिपोर्ट में दो-एक बातें जरूर छूट गई थीं, लेकिन वह जिन दो अहम बातों पर रोशनी डालती है, वे डॉ. अम्बेडकर के लिए भी महत्वपूर्ण थीं और आज हमारे लिए भी है।

डॉ. अम्बेडकर के मैनिफेस्टो में तीन प्रमुख बातें थीं–गरीबी मिटाना, सामाजिक-राजनीतिक गठबन्धन और विदेश नीति। गरीबी उन्मूलन, यानी आर्थिक सवाल पर डॉ. अम्बेडकर के विचार इस तरह थे- (1) भारत का औद्योगीकरण, (2) छोटी खेती की जगह बड़े फार्मों का उदय और (3) कृषि का पूर्ण मशीनीकरण।

ये तीनों मान्यताएं कैपिटलिज्म के मूल तत्व हैं। मैनिफेस्टो में डॉ. अम्बेडकर लिखते हैं कि उत्पादन बढ़ाने के सवाल पर किसी पूर्वाग्रह या पैटर्न से बंधे नहीं रहेंगे। उद्योग का दिशा निर्धारण समय तथा स्थितियों के अनुसार ही होगा। जहां भी सार्वजनिक निगमों की मौजूदगी संभव तथा जरूरी है, शिड्यूल्ड कास्ट फोडरेशन उसका समर्थन करेगा। जहां भी प्राइवेट उद्योग सम्भव है तथा सार्वजनिक निगम गैर जरूरी, वहां प्राइवेट उद्योग को मौका मिलेगा। भारत में व्याप्त गरीबी को ध्यान में रखते हुए खूब उत्पादन के अलावा कोई राय नहीं हो सकती।

भारत से गरीबी खत्म करने का डॉ. अम्बेडकर का यही मॉडल है। प्रबुद्ध पाठक खुद इस बात का फैसला कर सकते हैं कि यह मॉडल क्या है- सोशलिस्ट या कैपिटलिस्ट? जिन्हें कुछ संदेह है, वे डॉ. अम्बेडकर की विदेश नीति पर नजर

डाल लें। मैनिफेस्टो में डॉ. अम्बेडकर इस बात से हैरान हैं कि कम्युनिस्ट चीन को संयुक्त राष्ट्र सुरक्षा परिषद में जगह दिलाने की वकालत कर भारत अमेरिका को क्यों नाराज कर रहा है। डॉ. अम्बेडकर की राय थी कि भारत की विदेश नीति भारत के हितों पर ही आधारित होनी चाहिए तथा अन्तरराष्ट्रीय न्याय के नाम पर तीसरी दुनिया की नेतागीरी से बचना चाहिए। चूंकि दूसरे विश्वयुद्ध के बाद भारत कम्युनिस्ट खेमे की ओर बढ़ रहा था, इसलिए डॉ. अम्बेडकर उसे रोकना चाहते थे। उनका इशारा साफ था- भारत को अमेरिकी खेमे में होना चाहिए। वे यह बात जोर देकर कहते हैं कि कम्युनिस्ट चीन की वकालत के चलते भारत को अमेरिका से मदद मिलना नामुमकिन सा हो गया है।

डॉ. अम्बेडकर अपना मैनिफेस्टो उस समय लिख रहे थे जब कैपिटलिज्म और अमेरिका दोनों खलनायक माने जाते थे। डॉ. अम्बेडकर ने बहुत सोच-समझ कर ही कैपिटलिस्ट मॉडल का पक्ष लिया होगा। इसका मतलब साफ है, वे सोशलिज्म की सीमाओं को समझ गए थे। चीन को छोड़ सभी सोशलिस्ट देशों की हालत आज खराब है। चीन बच गया, क्योंकि 1977 के बाद उसने कैपिटलिज्म की राह पकड़ ली।

जिस बौद्धिक दूरदृष्टि एवं वैचारिक साहस का परिचय डॉ. अम्बेडकर ने 1951 में दिया, उसी की आज जरूरत है। भारत सही राह पकड़ रहा है, लेकिन भारतीय पूंजीपति को भी डॉ. अम्बेडकर की महानता का सम्मान करते हुए दलितों पर ध्यान देना चाहिए। सोशलिज्म की सीमाएं डॉ. अम्बेडकर समझ गए थे, कैपिटलिज्म की सीमाएं समझने में कहीं भारतीय कैपिटलिस्ट देर न कर जाएं।

डॉ. बाबा साहेब अम्बेडकर का ओबीसी समुदाय को देन

जो ओबीसी तथागत बुद्ध, संत कबीर और महात्मा जोतिबा फुले को नहीं जानता उसके लिए भारत के राष्ट्रिय नेता डॉ. बाबा साहेब अम्बेडकर को जानना, समझना और मानना मुश्किल है। मानवता के उत्थान के लिए जो कार्य तथागत बुद्ध, संत कबीर और महात्मा जोतिबा ने किया, वो ही कार्य डॉ. बाबा साहेब ने आगे बढ़ाया था।

एक बड़ा भ्रम ओबीसी समुदाय के बुद्धिजिवियो और पड़े-लिखे शिक्षितों में फैला हुआ है कि, डॉ. बाबा साहेब अम्बेडकर अछूत मानी गई महार जाती

में जन्मे थे इसलिये उन्होंने दलित-एससी समुदाय के उत्थान लिए ही कार्य किया किया है। वास्तव में डो बाबा साहेब अम्बेडकर हमारे राष्ट्रीय नेता थे।

इस भ्रम फैलने के पीछे मिडिया का बा रोल है और जिसके हाथ में सार्वजनिक पुस्तकालयों का कारोबार रहा है, ऐसे उच्च वर्ण जातियों के संचालकों का भी बड़ा रोल है, क्योंकि ऐसे पुस्तकालयों में डॉ. बाबा साहेब अम्बेडकर के जीवनचरित्र की किताबें उपलब्ध नहीं कराइ जाती थी। किताबे पढ़ने का मुड़े शोख होते हुए भी डॉ. बाबा साहेब का जीवन चरित्र पढ़ने को नहीं मिला था।

1991 में मुझे मंडल आयोग रिपोर्ट की हिंदी किताब मिली, जिसका प्रकाशन बामसेफ संगठन ने किया था। 1991 में डॉ. बाबा साहेब अम्बेडकर की जीवनी की दो किताबें पढ़ने में आयी और पता चला की आधुनिक विश्व के एक महान पुरुष के बारे में मुझे पर्याप्त जानकारी नहीं थी।

आज 2013 में भी ओबीसी के बुद्धिजिवियो और शिक्षितों को यह पता नहीं है कि बाबा साहेब ने ओबीसी समुदाय के लिए क्या किया है? हम देखेंगे कि, बाबा साहेब ने ओबीसी समुदाय, जिस की देश में 54% से भी अधिक जनसँख्या है उसके उत्थान के लिए क्या किया है?

1. 1928 में बाम्बे सरकार ने स्टार्ट कमेटी नियुक्त की थी जिसमे डॉ. बाबा साहेब अम्बेडकर ने Other backward caste यानी कि OBC शब्द का उपयोग किया था। स्टार्ट कमेटी में बाबा साहेब ने कहा था कि, जो जातियाँ अपर कास्ट और बेकवर्ड के बिच में आती हैं ऐसी जातियां अन्य पिछड़ी जाति यानी कि ओबीसी हैं।
2. देश की संविधान सभा में सिर्फ 6 ही ओबीसी सदस्य थे जिसकी आवाज ब्राह्मण सदस्यों ने दबा कर रख दी थी लेकिन डॉ. बाबा साहेब के कारण ही कलम 340 का प्रावधान करना पड़ा और जिनके फलस्वरूप काका कालेलकर आयोग (1953-55) तथा मंडल आयोग (1978-80) की रचना केन्द्र सरकार को करनी पड़ी थी। दोनों आयोग ओबीसी के लिए थे लेकिन अफसोसजनक है कि ओबीसी समुदाय के 99% शिक्षितों को इसके बारे में पता नहीं है।
3. 1951 में अपने कानून मंत्री पद से इस्तीफा देते हुए पत्र में बाबा साहेब ने इस्तीफा का दूसरा कारण ओबीसी जातियों के लिए आयोग की नियुक्ति नहीं करना और ओबीसी की उपेक्षा करना बताया था। क्या

ओबीसी के संवैधानिक अधिकारों को लागू करने के लिए 1947 से 2013 तक राज्य या केन्द्र सरकार के कोई मंत्री ने इस्तीफा दिया है?

डॉ. बाबा साहेब अम्बेडकर के इस्तीफा के कारण ही दबाव में आकर नहेरू सरकार को ओबीसी के लिए काका कालेलकर आयोग की रचना करनी पड़ी थी। 1952 की लोकसभा में 52% से ज्यादा ओबीसी-समुदाय के सांसदो सिर्फ 4.39% ही थे। बाबा साहेब ही थे जिन्होंने ओबीसी (शूद्र), एससी-एसटी (अति शूद्र) और महिलाओं के उत्थान के लिए आजीवन संघर्ष किया था। उनको दलितों के उद्धारक के रूप में सिमित कार देना क्या एक षडयंत्र नहीं है?

14 अप्रैल के दिन डॉ. बाबा साहेब अम्बेडकर की जन्म जयंती आती है उसमे ओबीसी जातियों के बुद्धिजिवियो और शिक्षितों को अवश्य सामिल होना चाहिए, क्योंकि बाबा साहेब एक सच्चे भारतीय राष्ट्रवादी थे जिनकी उपेक्षा हम अगर राष्ट्रवादी और मानवतावादी है तो नहीं कर सकते।

आधुनिक भारत के महामानव

सविधान निर्माता बाबा साहेब डॉ. भीमराव अम्बेडकर की पुण्य तिथि जगह-जगह मनाई गई। महापरिनिर्वाण दिवस के अवसर पर बौद्ध समाज एवं नागरिकों ने डॉ बाबा साहेब अम्बेडकर को आधुनिक सदी का महामानव बताते हुए उनके बताए रास्तों पर चलने का संकल्प लिया।

भारत वर्ष में जाति वैमनस्यता दूर कर समानता एवं भाईचारा का पाठ पढ़ाने वाले महापुरुष बाबा साहेब डॉ भीमराव अम्बेडकर की पुण्य तिथि पर नगर सहित माहुद, बिहरीकला, मुड़पार, कोरचाटोला, पेंदलकुही, हालमकोडो, डोंगरगांव, आतरगांव सहित अन्य कई ग्रामों में विविध आयोजन हुए। डॉ आम्बेडर के निर्वाण दिवस के अवसर पर सिद्धार्थ बुद्ध विहार एवं डॉ अम्बेडकर चौक में श्रद्धाजंलि सभा एवं विचार गोष्ठि का आयोजन हुआ। शनिवार को बौद्ध उपासको ने प्रातः रैली निकाल कर नगर भ्रमण किया। रैली डॉ अम्बेडकर चौक में आकर समाप्त हुई। यंहा पर नागरिकों की उपस्थिती में बौद्ध समाज ने डॉ अम्बेडकर को नमन करते हुए उनके बताए गये रास्तों पर चलने का संकल्प लिया। श्रद्धाजंलि सभा नगर पंचायत उपाध्यक्ष अनिल मानिकपुरी के मुख्य आतिथ्य में हुआ। इस अवसर पर अधिवक्ता दिलीप वर्मा, चिजय श्रीवास्तव अतिथि के रूप में उपस्थित थे। नगर पंचायत उपाध्यक्ष अनिल मानिकपुरी ने डॉ अम्बेडकर आधुनिक भारत का महामानव बताते हुए उनके

बताए रास्तों पर चलने का आह्वान किया। श्रद्धाजंलि सभा में रामसिंह दामले, एम.बी.मिलींद, एच.एल. शेंडे, आरएल सोनवानी, ओलाईस कुजुर, संतराम रामटेके, एसडीओ केसी नंदे आदि मौजूद थे।

स्त्री -पुरुष समानता के अग्रदूत

डा. अम्बेडकर दलितों -पिछडों के मुक्तिदाता हैं और स्त्री -पुरुष समानता के अग्रदूत। वे स्त्री के ज्वलंत सवालों के लिए धर्म व जाति को जिम्मेदार मानते हैं। राजनीति और संविधान के जरिये भारतीय समाज में स्त्री और पुरुष के बीच व्याप्त असमानता दूर करने का सार्थक प्रयास किया है। जाति-धर्म व लिंग निरपेक्ष संविधान में उन्होंने सामाजिक न्याय की पकिल्पना की है। हिन्दू कोड बिल के जरिये उन्होंने संवैधानिक स्तर से महिला हितों की रक्षा का प्रयास किया। संविधान सम्मत सामाजिक न्याय के सूत्र और हिन्दू कोड बिल में ही " महिला- सशक्तिकरण" की विशद् व्याख्या विद्यमान है। संविधान शिल्पी के प्रयासों का प्रतिफल है कि भारतीय समाज में महिलाओं को सुनहरा अवसर प्राप्त हुआ है, फिर भी समाज में व्याप्त रूढ़ियां और पूंजीवाद आधारित उपभोक्तावादी संस्कृति महिला सशक्तिकरण के मार्ग में रूकावट पैदा कर रही है। दरअसल यह समाज सदियों से मनुवादी ग्रंथि से ग्रस्त रहा है। आजादी के बाद सत्ता पर काबिज होने वालों की सामंती मानसिकता से पूर्व परिचित अम्बेडकर आजाद भारत में "महिलाओं की सामाजिक गुलामी" खत्म करने के लिये स्टेटसमैन की भूमिका निभाते रहे। आजादी, पूर्व छत्रपति शाहू जी महाराज द्वारा कोल्हापुर राज में महिलाओं के हित में बनाये गये विशेष विधानों को आजाद भारत के संविधान में स्थान दिलवाया। डॉ. अम्बेडकर रचित "हिन्दु कोड बिल" कोल्हापुर के राज-विधान से प्रेरित दिखता है। इसलिये डॉ. अंबेडकर को "शाहू संहिता" के संरक्षक के रूप में भी याद किया जाना चाहिए।

भारतीय समाज में महिलाओं के हितों की रक्षा के लिए समाज सुधार का कार्य 19 वीं शताब्दी में शुरू हुआ। इस सदी में कई नायक पैदा हुए लेकिन, अंबेडकर सबसे ज्यादा प्रभावित महात्मा फूले और छत्रपति शाहू जी महाराज से दिखते हैं। यह दिगर बात है भारत में सबसे पहले अंग्रेजों एवं ईसाई मिशनरियों द्वारा स्त्रियों को शिक्षित करने के उद्देश्य से 1810 में बंगाल और 1824 में महाराष्ट्र के अंदर स्कूल खोला गया। बंगाल के गुरुमोहन विद्यालंकार द्वारा 1819 में बंगला भाषा में स्त्री-शिक्षा से संबंधित पहली पुस्तक लिखी गई।

दरअसल सशक्तिकरण का मूलमंत्र है—शिक्षा। इस वजह से देश के विभिन्न हिस्सों में स्थानीय समाज सुधारक स्त्री-शिक्षा पर जोर दे रहे थे। लिंग-विभेद और छुआछूत जैसी कुरीतियां शूद्र व महिला शिक्षा के मार्ग में सबसे बड़ी बाधा थीं। 1848 में महात्मा फूले और सावित्री बाई फुले ने शूद्र व अछूत वर्ग के लड़के-लड़कियों के लिए स्कूल खोला। ब्राह्मणों ने इसका तीखा विरोध किया। महात्मा फूले की विरासत को आगे बढ़ाने के लिए कोल्हापुर नरेश अप्पा साहब धाड़के ने विशेष राजकोश बनाया। इनकी मृत्यु के बाद छत्रपति शाहू जी महाराज कोल्हापुर के नरेश बने। शाहू जी ने अपने पिता के अधूरे कार्यों को आगे बढ़ाया। प्राथमिक शिक्षा, उच्च शिक्षा व व्यावसायिक शिक्षा पर भी विशेष बल दिया। परिणामस्वरूप 1887 में आनंदी बाई जोशी विदेश से मेडिकल की डिग्री प्राप्त कर पहली भारतीय महिला डॉक्टर बनीं। कहने का आशय है कि समाज में व्याप्त कुरीतियों के खिलाफ सामाजिक समानता के लिए संघर्ष जारी था। ऐसे ही महौल में डॉ. अम्बेडकर का जन्म 1891 ईस्वी में हुआ था।। चूँकि डॉ. अम्बेडकर अछूत जाति में जन्मे थे, इसलिए सामाजिक दासता का दंश उन्होंने नित-दिन झेला। दलितों की स्थिति पशुओं से भी बदतर थी। तालाबों में पशुओं को पानी पीने की छूट थी, लेकिन दलितों को नहीं। मंदिर में भी प्रवेश वर्जित था। असमानता की चक्की में पिस रहे डॉ. अम्बेडकर ने शिक्षा को कर्म माना और शूद्रों का तकदीर बदलने का फैसला किया। उनकी मेधा से प्रभावित बड़ौदा और कोल्हापुर नरेश ने वजीफा दिया जिससे वह विदेश में पढ़ने गए।

6

रचनाएँ

'बाबा साहब' के नाम से अभिहित डॉ. भीम राव अम्बेडकर बहुत ही कर्मनिष्ठ, संघर्षशील व प्रतिभाशाली व्यक्ति थे। भारतीय राजनीति में वे बिना किसी व्यक्ति विशेष के सहयोग से समाज में व्याप्त असमानता को दूर करने का बीड़ा उठाया। बचपन से ही वे अध्वसायी थे। किसी भी दशा में सामाजिक अपमान उन्हें चुभता था। कहते हैं कि प्रतिभाएं किसी की गुलाम नहीं होती। अतः सामाजिक व्यवस्था में शूद्रवर्ग के प्रति किए जाने वाले व्यवहार से वे बहुत क्षुब्ध थे। अपनी बौद्धिक प्रतिभा का विकास करते हुए उन्होंने कई पुरस्कार प्राप्त किए। विभिन्न विषयों में उनका अध्ययन गहरा था। इतिहास, अर्थशास्त्र राजनीति, विधिशास्त्र, धर्मशास्त्र तथा समाजशास्त्र उनके प्रिय विषय थे और इन विषयों के संबंध में उन्होंने अपने पैसे से हजारों पुस्तकें एकत्रित की थीं। विद्वान होने के साथ ही वे एक व्यावहारिक राजनीतिज्ञ भी थे और उन्होंने अपने समय की प्रमुख सामाजिक और राजनीतिक समस्याओं के बारे में अपने विचार प्रकट किए थे। उन्होंने अपनी पुस्तकों, लेखों और व्याख्यानों द्वारा इन समस्याओं का अपने ढंग से समाधान भी सुझाया था। डॉ. अम्बेडकर की प्रमुख पांडुलिपियों का उल्लेख नीचे किया जा रहा है–

1. द प्रॉब्लम् ऑफ द रूपी-इट्स ओरिजिन एंड सोल्यूशन (रुपये की समस्या-उसकी उत्पत्ति और समाधान)

द प्रॉब्लम् ऑफ द रूपी इट्स ओरिजन एंड सोल्यूशन पर उनके द्वारा लिखे गए इस ग्रंथ पर लंदन विश्वविद्यालय से 1923 में डी.एस.सी. की उपाधि प्राप्त हुई थी। यह ग्रंथ उसी वर्ष लंदन की एक कंपनी द्वारा प्रकाशित किया गया था। लंदन स्कूल ऑफ इकोनॉमिक्स एंड पालिटिकल साइंस में अम्बेडकर के अध्यापक कैनन ने इस पुस्तक की प्रस्तावना लिखी थी।

रुपये की समस्या तथा इसके बहु-क्षेत्रीय प्रभावों के विषय में उन्होंने इस पुस्तक में गंभीरतापूर्वक तरीके से लिखा। उन्होंने रुपये के इतिहास का सर्वेक्षण किया है और उसके बारे में विविध दृष्टिकोणों की समीक्षा की है। अम्बेडकर के अनुसार ब्रिटिश सरकार ने स्वर्ण मुद्रा के महत्त्वपूर्ण पहलू की ओर कोई ध्यान नहीं दिया था। 1893-1914 के बीच रुपये की मुद्रा के कारण मंहगाई में वृद्धि हुई थी। इसका परिणाम यह हुआ कि पूरे देश में आर्थिक अराजकता फैल गयी। बड़े-बड़े व्यापारियों की मांगें बढ़ती गई। इससे कीमतों की वृद्धि की समस्या और भी विकट हो गई। अम्बेडकर का मत था कि मूल्य का मानक सोना होना चाहिए। इससे मुद्रा में लचीलापन आ सकता था। विश्व संदर्भ में भारतीय चिंतन आर्थिक चिंतन को विशेष महत्त्व दिया जाता है।

2. फिलास्फी आफ हिन्दूज्म (हिन्दू धर्म का दर्शन)

यह भीम राव अम्बेडकर की एक ऐसी रचना थी जो कि प्रकाशित नहीं हो सकी थी। इनके द्वारा 168 टंकित पृष्ठों को देखने से पता चलता है कि अम्बेडकर हिन्दू धर्म के बारे में कोई वृहत् ग्रंथ लिखना चाहते थे और यह पांडुलिपि उस वृहत् ग्रंथ का एक अध्याय थी। पांडुलिपि में अम्बेडकर ने धर्म को उसके व्यापक अर्थ में ग्रहण न करके ईश्वर मीमांसा (थियोलाजी) तक सीमित रखा है। अम्बेडकर ने ईश्वर-मीमांसा के तीन प्रमुख तत्त्व माने हैं। प्रथम ईश्वर का अस्तित्व है और वह प्रकृति अथवा सृष्टि का निर्माता है। द्वितीय ईश्वर का प्रकृति के समूचे घटना-चक्र पर नियंत्रण है तथा तृतीय ईश्वर अपने सर्वोच्च नैतिक नियम के अनुसार मानव जाति पर शासन करता है। उन्होंने धर्म को आदर्श मानते हुये लिखा कि यह व्यवस्था दैवी नियम के अनुसार संचालित होती है, उसका लक्ष्य नीतिसम्मत समाज-वयवस्था की स्थापना करना है। अम्बेडकर ने लिखा एक आदिम धर्म सदियों के काल-प्रवाह में बन पाते हैं। मनुष्य के बौद्धिक और नैतिक विकास की अनेक अवस्थाएं होती हैं। आदिम धर्म में इन विभिन्न अवस्थाओं के लक्षण, प्रथाएं और आचार-विचार छिपे होते हैं। मानव जाति के धार्मिक विकास में पुराने और नए दोनों प्रकार के विचारों का संगम पाया जाता है। उनका यह भी मानना था कि बाहरी तथा आंतरिक क्रांति को वे संघर्ष का कारण तथा विकास का प्रेरणा स्रोत मानते थे।

प्राचीन तथा आधुनिक समाज में अंतर—अम्बेडकर के अनुसार प्राचीन तथा आधुनिक समाज में निम्नवत धर्म-आधारित अंतर हैं—

1. प्राचीन समाज में मनुष्य और देवता जीवन की एक संपूर्ण समष्टि का निर्माण करते थे। इस समष्टि के विभिन्न पहलू होते थे–सामाजिक, राजनीतिक और धार्मिक। धर्म का आधार था देवताओं और मनुष्यों के बीच आपस का निजी रिश्ता जबकि आधुनिक समाज नें ईश्वर अथवा देवताओं का कोई स्थान नहीं है, वह सिर्फ मनुष्यों से मिल कर बनता है।
2. पहले के समाज में लोग बहुदेववाद के अत्तित्व में विश्वास करते थे, वे अपने तथा अपने शत्रुओं दोनों के देवताओं को स्वीकार करते थे। परंतु उपासना उसी की करते थे जिनसे उन्हें लाभ व कल्याण की आशा थी। प्राचीन समाज का ईश्वर पूरी तरह से एक समुदाय का ईश्वर होता था। युद्ध में हर देवता अपने लोगों की ओर से लड़ता था। यदि समुदाय को सफलता प्राप्त होती, तो उसका श्रेय देवता को दिया जाता था। देवता पूरी तरह समुदाय के साथ और समुदाय पूरी तरह देवता के साथ जुड़ा हुआ था परन्तु आज का समाज मानवीय गुणों के विकास के साथ-साथ ईश्वर की सत्ता को स्वीकारता है।
3. प्राचीन समाज में ईश्वर सृष्टि का निर्माता था। संबंध का आधार भौतिक था। इस कल्पना का एक महत्त्वपूर्ण परिणाम था। वह मानवोचित गुणों से संपन्न था। उसमें मनुष्य जैसे सभी गुण-दोष पाए जाते थे। आधुनिक समाज में ईश्वर को मनुष्यों का दिव्य पिता माना जाता है उसका आधार भौतिक न होकर अतीन्द्रिय है।
4. प्राचीन समय में राष्ट्रीयता और धर्म पारस्परिक रूप से संबद्ध थे। आधुनिक काल में एक धर्म के त्याग और दूसरे धर्म की स्वीकृति से मनुष्य की राष्ट्रीयता नहीं बदल जाती। आज एक राज्य क नागरिक अपनी नागरिकता छोड़ कर दूसरे राज्य की नागरिकता अपना सकता है और उसकी इस नागरिकता परिवर्तन का उसके धर्म पर कोई प्रभाव नहीं पड़ता।
5. प्राचीन समाज में धर्म के संबंध में तर्क को महत्त्व नहीं दिया जाता था। लोगों के लिए धार्मिक नियमों तथा रीति-रिवाजों से परिचित होना काफी था। वे इन नियमों तथा रीति-रिवाजों के अनुसार आचरण करते थे, ईश्वर की उपासना करते थे। परंतु आज ऐसा नहीं है। व्यक्ति अन्वेषक है, खोजकर्त्ता है, वह हर चीज की खोज-बीन करता है, जँच पड़ताल करता

है। वह ईश्वर से डरता नहीं है। वह उसके आदेशों का आँख मूँद कर पालन करने के लिए तैयार नहीं है।

6. प्राचीन धर्म धार्मिक अनुष्ठान और लोकाचार सुनिश्चित रीति-रिवाज पर आधारित था। जो बात एक बार तय हो जाती, वह पत्थर की लकीर बन जाती थी, उसे किसी प्रमाण की आवश्यकता नहीं होती थी। आज मनुष्य हर प्रथा को अपने तर्क की, विवेक की कसौटी पर कसता है। वह सिद्धांत व मान्यताओं का व्यावहारिक रूप देखता है।
7. प्राचीन समाज में धर्म परिवर्तन एक जघन्य अपराध था। परंतु आज धर्म मनुष्य की व्यक्तिगत आस्था का विषय बन गयी है। राज्य को धर्म से कुछ लेना-देना नहीं होता।
8. प्राचीन समाज में धर्म सामुदायिक विषय था। ईश्वर अपने अनुग्रहों की वर्षा सारे समुदाय पर करता था। यदि समुदाय की उन्नति होती थी तो इसे ईश्वर की कृपा समझा जाता था। ऐसी स्थिति में यदि कुछ व्यक्तियों को कष्ट भी उठाने पड़ते हों, तो इससे ईश्वर की भक्त-वत्सलता पर कोई आंच नहीं आती थी। आधुनिक काल में धर्म मनुष्य की व्यक्तिगत विषय बन गया है।

3. इंडिया एंड द प्रि-रिक्विस्ट्ज ऑफ कम्यूनिज्म (भारत तथा साम्यवाद की पूर्वापेक्षाएं)

डॉ अम्बेडकर हिन्दू सामाजिक संगठन के सिद्धांत, उसकी अद्वितीय, विशेषताएं और हिन्दू धर्म के प्रतीक के विषय में लिखने के लिए एक स्वतंत्र सामाजिक संगठन के लिए दो बातें जरूरी समझते हैं। वे समाज में वर्ग-भेद को सामाजिक व्यवस्था मानते थे तथा इसे मानवता के विकास में बाधक मानते थे। उनका मानना था कि समाज व्यक्ति के ऊपर नहीं है। अतः इसे व्यक्ति के विकास में सहायक होना चाहिए। यदि व्यक्ति समाज के अधीन रहता है तो इसका कारण यह है कि व्यक्ति की सामाजिक अधीनता उसके अपने हित में होती है। दूसरी आवश्यक बात यह है कि समाज के विभिन्न सदस्यों के आपसी संबंध समानता, स्वतंत्रता तथा भाइचारे के ऊपर आधारित होने चाहिए। व्यक्ति तथा समाज का विकास पारस्परिक संबद्धता पर निर्भर है। जहाँ हमने मानव व्यक्तित्व की पवित्रता को मान्यता दी, वहीं हमें स्वतंत्रता, समानता और भाई-चारे की आवश्यकता को भी मान्यता देनी होगी। बंधुत्व समन्वय तथा स्वतंत्रता इसके लिए विशेष अनिवार्य है।

हिन्दू समाज की वर्ण व्यवस्था को व्यक्तित्व के विकास में वे बाधक मानते थे। हिन्दू समाज-व्यवस्था में व्यक्ति के गुणों अथवा व्यक्तिगत न्याय की भावना को कोई महत्त्व नहीं दिया जाता। यदि उसे कोई विशेषाधिकार प्राप्त है, तो वह यह विशेषाधिकार अपने वर्ण के कारण पाता है, अपने व्यक्तित्व के आधार पर नहीं।

4. रिडिल्स इन हिन्दूज्म (हिन्दू धर्म की समस्याएं)

इस पांडुलिपि में हिन्दू धर्म की परिभाषा व आदर्शों की समीक्षा की गयी है। हिन्दू धर्म के बारे में सबसे बड़ा प्रश्न यह है कि हिन्दू किसे कहा जाए। बहुदेववाद के कारण कोई भी हिन्दू स्पष्ट रूप से सार्वभौम सत्ता का नियामक को स्पष्ट नहीं कर पाता। बहुदेववादियों की तो बात छोड़िए एकेश्वरवादी भी किसी एक देवता के भक्त नहीं है। कोई राम में विश्वास रखता है, कोई कृष्ण में। कोई विष्णु का उपासक है तो कोई कृष्ण का। कोई पुरुष-देवताओं में आस्था रखता है, कोई स्त्री-देवताओं में। देवियां भी अनेक हैं–काली, पार्वती, लक्ष्मी, सरस्वती। हिन्दू के लिए शिवरात्रि, जन्माष्टमी, रामनवमी एकादशी सभी पर्व हैं क्योंकि वे भिन्न-भिन्न देवताओं के नामों के साथ जुड़े हुए हैं। वह बेल वृक्ष की पूजा करेगा क्योंकि यह वृक्ष शिवजी के लिए पवित्र है। वह तुलसी की पूजा करेगा क्योंकि वह विष्णु के लिए पवित्र है।

प्राचीन काल से ही हिन्दू विभिन्न देवी-देवताओं व धर्मों में विश्वास करते रहे हैं। हिन्दुओं की देवोपासना हिन्दू देवी-देवताओं तक ही सीमित नहीं है। हिन्दू, मुस्लिम, पीरों तथा फकीरों और ईसाई देवी-देवताओं और संतों की भी उपासना करते हैं। हजारों हिन्दू दरगाहों पर जाते हैं और श्रद्धाभव से भेंट-पूजा चढ़ाते हैं। अनेक मुस्लिम पूजा-स्थलों के वंशागत पुजारी हिन्दू हैं और वे मुस्लिम पीर की पोशाक पहनते हैं। बम्बई के निकट एक ईसाई देवी हैं मत मौली। हजारों हिन्दू उनके दर्शन को जाते हैं। बहुदेवाद के कारण भी इसमें समस्याएं हैं।

हिन्दू धर्म में रीति-रिवाजों की भी भिन्नता है। उत्तर भारत में निकट सम्बन्धियों में विवाह नहीं होते। दक्षिण भारत में माँ के दूध को छोड़ कर अन्य रिश्तेदारों में विवाह हो सकता है। वेद हिन्दू धर्म के मौलिक ग्रंथ है लेकिन उनकी उत्पत्ति का कोई संतोष-जनक विवरण नहीं मिलात। उन्हें अपौरुषेय कहा जाता है।

हिन्दुओं के अनुसार ब्राह्मण, क्षत्रिय, वैश्य, और शूद्र की जो सामाजिक वर्ण व्यवस्था है वह ईश्वरीय है। इन चार वर्णों में ब्राह्मणों की स्थिति सबसे ऊंची

है। ब्राह्मणों के नीचे क्षत्रिय, क्षत्रियों के नीचे वैश्य और वैश्यों के नीचे शूद्र हैं। समाज की सीढ़ी में शूद्र सबसे नीचे स्तर पर हैं। धर्मशास्त्रों ने चारों वर्णों के व्यवसाय भी तय कर दिए हैं। ब्राह्मणों का काम वेदों का अध्ययन-अध्यापन और पूजा-पाठ करना है। क्षत्रियों का काम युद्ध करना और वैश्यों का काम व्यापार करना है। शूद्रों का काम इन तीनों वर्णों की सेवा करना है। हिन्दू इसे वर्ण-व्यवस्था कहते हैं।

वर्ण-व्यवस्था समाज-संगठन का एक सिद्धांत है। आश्रम धर्म व्यक्ति के वे किसी भी दशा में आदर्श को तिरोहित रूप में स्वीकार नहीं करते थे। हिन्दू राम को मर्यादा पुरुषोत्तम मानते हैं और उन्हें परब्रह्म परमात्मा का अवतार समझते हैं। भारत की सभी भाषाओं के साहित्य में राम काव्य की अटूट परम्परा है। वाल्मीकि और तुलसीदास ने अपने-अपने ढंग से राम की कथा कही है। अम्बेडकर के विचार से राम की कहानी में ऐसी कोई विशेषता नहीं है जिससे कि उन्हें पूजा के योग्य समझा जाए। वे सिर्फ कर्त्तव्यन्ष्ठि पुत्र हैं। राम ने बाली तथा स्वयं अपनी पत्नी सीता के साथ जो व्यवहार किया, वह उनके चरित्र पर कलंक है। उन्होंने बाली को धोखे से मारा तथा गर्भवती सीता को त्याग दिया। राम की दृष्टि में सीता के जीवन का कोई महत्त्व नहीं था। राम को केवल अपने यश की चिंता थी। राम ने तपस्यालीन शम्बूक का भी वध किया था जिस प्रकार राम रामायण के नायक हैं, उसी प्रकार कृष्ण महाभारत के नायक हैं। हस्तिनापुर की राजनीति में उनके हस्त क्षेप को उन्होंने गलत ठहराया।

5. रेवोलूशन एंड काउंटर रेवोलूशन इन इंडिया (भारत में क्रांति और प्रति-क्रांति)

डॉ. अम्बेडकर की इस पाण्डुलिपि से पता चलता है कि उनके विचार से बौद्ध धर्म का उत्थान क्रांति थी। यह प्रति-क्रांति ब्राह्मणों की करतूत थी। अम्बेडकर पुस्तक पूरी नहीं कर सके थे और उन्होंने जो कुछ लिखा था, उसे प्रकाशित कर दिया गया है। उनका मानना था कि प्राचीन भारत में विभिन्न राजनीतिक गतिविधियों पर पौराणिक कथाएं हैं और इससे स्त्रियों तथा बच्चों का मनोरंजन हो सकता है। देव, यक्ष, गण, गंधर्व, किन्नर, असुर, राक्षस, नाग जैसे शब्दों की उचित परीक्षा नहीं हुई है। प्राचीन भारतीय इतिहास की निष्पक्ष मीमांसा के बाद ही इसका स्वरूप निश्चित हो सकता है। ब्राह्मण लेखकों ने प्राचीन भारत के इतिहास पर धूल और मिट्टी की परतें चढ़ा रखी हैं। बौद्ध

साहित्य इस कार्य में काफी हद तक सहायक है। बौद्ध धर्म क्रांति का वह स्वरूप नहीं धारण कर सका जो बौद्धिक क्रांति का था। यह क्रांति कितनी गंभीर और व्यापक थी, इसे समझने के लिए क्रांति से पहले के समाज पर दृष्टि डालना उपयोगी होगा। सामाजिक-धार्मिक मान्यताओं के आधार पर अम्बेडकर ने कहा कि बुद्ध के समय का हिन्दू समाज निकृष्टतम विलासी कीचड़ में फंसा हुआ था। वह अधःपतन सामाजिक, धार्मिक और आध्यात्मिक सभी क्षेत्रों में दिखाई देता था। बुद्धकालीन भारत में जुआखोरी, शराबखोरी, बहु-पति प्रथा जैसी सामाजिक कुरीतियों ने अपने पैर जमा लिए थे। उनका मानना था कि समाज ब्राह्मणवाद के चंगुल में फंस चुका था जो नैतिक व यातिनिक रूप से पतित हो चुके थे।

उनका मानना था कि गौतम बुद्ध शक्तिशाली और आकर्षक व्यक्तित्व के "धनी थे। उनका जीवन निष्कलंक था। वे साधारण स्त्री-पुरुषों के चरित्र में सुधार करना चाहते थे। उन्होंने अपने अनुयाइयों के लिए पंचशील नामक सरल नैतिक सिद्धांतों का निर्धारण किया जिसमें अहिंसा, अस्तेय सत्य, प्रविजता, तथा मद्यापान निषेध का प्रावधान था। भिक्षुओं के लिए भी वर्ज्य स्थानों पर भोज्य प्रतिबंध, विलासी जीवन का प्रतिबंध तथा चरण स्पर्श पर प्रतिबंध था। अहिंसा बौद्ध धर्म का प्रमुख सिद्धांत था। बुद्ध के विचार से अहिंसा का अर्थ हिंसा से दूर रहना ही नहीं था। अहिंसा एक रचनात्मक सिद्धांत था जिसका अर्थ था दूसरों के प्रति सहानुभूति, सद्भावना, प्रेम। उन्होंने अन्य सिद्धांतों को भी नए-नए अर्थ दिए। बुद्ध ने प्रेम के सिद्धांत पर विशेष जोर दिया है और कहा है जिस प्रकार माँ अपने जीवन को खतरे में डालकर अपने बच्चे की रक्षा करती है, उसी प्रकार हर व्यक्ति को दूसरों के प्रति असीम प्रेम का व्यवहार करना चाहिए।"

महात्मा बुद्ध ज्ञान को बहुत ही अनिवार्य मानते थे। उनके विचार से मनुष्य के नैतिक जीवन का लक्ष्य ज्ञान की प्राप्ति है। ज्ञान प्राप्ति के लिए अज्ञान का नाश करना आवश्यह है। वे वेदों को अपौरुषेय तथा वर्ण व्यवस्था को दैवीय मानने के पक्ष में नहीं थे। भारत से बौद्ध धर्म का लोप आश्चर्य का विषय रहा है। बौद्ध धर्म चीन, जापान, बर्मा, सियाम, अन्नाम, हिन्दचीन, श्रीलंका और मलय द्वीप समूह के कुछ भागों में जीवित है। लेकिन भारत में वह जीवित नहीं है। मुस्लिमों के आक्रमण तथा राजकीय संरक्षण के अभाव के कारण भी बौद्ध धर्म का पराभव हुआ। इस्लाम जहाँ-जहाँ गया, वहां-वहां उसने बौद्ध धर्म का नाश कर दिया। इस्लाम से पहले बैक्ट्रिया, पार्थिया, अफगानिस्तान, गंधार और

चीनी तुर्किस्तान में बौद्ध धर्म का चलन था। इन सभी देशों में इस्लाम ने बौद्ध धर्म को नष्ट कर दिया। मुस्लिम आक्रमणकारियों ने नालंदा, विक्रमशिला, जगदल और ओदांतपुरी के बौद्ध विश्वविद्यालयों को नष्ट कर दिया। उन दिनों सारे देश में बौद्ध विहारों का जाल बिछा हुआ था। परंतु मुस्लिम आक्रान्ताओं की विनाशलीला के कारण बौद्ध भिक्षु हजारों की संख्या में अपने प्राणों की रक्षा के लिए भारत छोड़ कर तिब्बत, नेपाल तथा भारत के बाहर अन्य देशों में भाग गए। मुस्लिम सेनानायकों ने बड़ी संख्या में बौद्ध भिक्षुओं का संहार कर दिया। इन मरने वालों में बौद्ध पुरोहित भी थे। बौद्ध धर्म की मृत्यु इसलिए हुई कि उसके पुरोहितों की सेना नष्ट हो गई थी। यहाँ यह भी बता देना समीचीन होगा कि ब्राह्मण राजाओं के अत्याचारों से पीड़ित होकर बहुत से बौद्धों ने इस्लाम की शरण ले ली। स्मृतियों का अध्ययन, धर्म शास्त्र तथा हिन्दुत्ववादी नैतिकता के अध्ययन में विशेष सहायक है। स्मृतियों की संख्या 108 से अधिक है। इन स्मृतियों मनुस्मृति अथवा मानवधर्म शास्त्र प्रमुख है।

हिन्दुओं के नैतिक मानदंडों तथा धार्मिक सिद्धांतों को समझने के लिए मनुस्मृति का अध्ययन करना आवश्यक है। अम्बेडकर के अनुसार जाति-प्रथा हिन्दू धर्म का आवश्यक अंग है। हिन्दू धर्म जाति-प्रथा के आधार पर टिका है।

बुद्ध का सिद्धांत—अम्बेडकर ने बुद्ध के मुख्य सिद्धांत बताए—

1. धर्म सामाजिक स्वतंत्रता का साधन है।
2. हर धर्म ग्राह्य नहीं होता, ऐसा उसके सिद्धांत व दर्शन के कारण होता है।
3. धर्म व्यावहारिक हो, न कि सैद्धान्तिक ईश्वर, आत्मा, प्रकृति, स्वर्ग और नर्क जैसे विषयों के बारे में कल्पनाएं करना भ्रामक है।
4. ईश्वर, पशुओं के बलिदान और आत्मा की मुक्ति को धर्म का केन्द्र बनाना अतार्किक है।
5. सच्चा धर्म शास्त्रों में नहीं, मनुष्यों के हृदयों में निवास करता है।
6. मानव की नैतिकता धर्म का केन्द्र है।
7. नैतिकता जीवन का आदर्श-मात्र नहीं बल्कि नियम होना चाहिए।
8. धर्म का लक्ष्य संसार का पुनर्निर्माण करना और उसे सुखी बनना है। संसार की उत्पत्ति अथवा उसके अंत की व्याख्या करना धर्म का लक्ष्य नहीं है।

8\. पारस्परिक हित की पूर्ति में अवरोध संघर्ष का कारण है।

10\. निजी संपत्ति के स्वामित्व दोनों वर्गों की शांति का प्रतीक नहीं होता।

11. समाज की भलाई के लिए यह आवश्यक है कि दुख के कारण को दूर कर के दुख को दूर किया जाए।
12. व्यक्तियों में समानता है और उनका मूल्यांकन जन्म नहीं, उसकी योग्यता से होनी चाहिए।
13. ऊंचे आदर्श ही महत्त्वपूर्ण हैं, ऊंचे कुल में जन्म नहीं।
14. सभी जीवों के साथ मैत्री का व्यवहार होना चाहिए।
15. हर व्यक्ति को शिक्षा प्राप्त करने का अधिकार है। जिस प्रकार मनुष्य के लिए भोजन आवश्यक है, उसी प्रकार ज्ञान-प्राप्ति।
16. चरित्र के बिना ज्ञान खतरनाक है। कोई चीज सनातन सत्य नहीं है। न कोई वस्तु सदा के लिए बंधनकारी है। हर चीज की पड़ताल और परीक्षा होनी आवश्यक है।
17. हर वस्तु अंतिम नहीं है।
18. हर वस्तु कार्य-करण नियम के अधीन है।
19. कोई वस्तु स्थायी या सदा रहने वाली नहीं है। हर वस्तु परिवर्तनशील है।
20. सत्य और न्याय की स्थापना के अतिरिक्त युद्ध गलत है।
21. विजयी पक्ष के पराजित पक्ष के प्रति भी कुछ विशेष उत्तरदायित्व होते हैं।

बुद्ध की साधन-पद्धति—बुद्ध ने साम्यवाद की स्थापना के लिए पंचशील अथवा पांच सिद्धांतों का पालन अष्टांग मार्ग का अनुसरण तथा निर्वाण-सिद्धांत का प्रतिपादन किया। किसी भी जीवित वस्तु का नाश न करना, चोरी से बचना अर्थात् छल-कपट और अहिंसा से दूसरे की वस्तु को प्राप्त न करना, झूठ से बचना, भोग-विलास से दूर रहना और मद्यपान से बचना, इनके प्रमुख सिद्धांत हैं—

बुद्ध द्वारा निरूपित अष्टांग मार्ग इस प्रकार हैं—

1. सम्यक् दृष्टि अर्थात अंधविश्वासों से बचना।
2. सम्यक् संकल्प अर्थात् कामना और हिंसा से मुक्त कल्याणकारी विचार।
3. सम्यक् वाणी अर्थात सत्य, विनम्र और मृदु वचन तथा वाणी पर संयम।
4. सम्यक् आचरण अर्थात सब कामों में पवित्रता रखना, हिंसा द्रोह तथा दुराचरण से बचते रहना और सत्कर्म करना।
5. सम्यक् आजीविका अर्थात् न्यायपूर्ण मार्ग से आजीविका चलाना और जीवन-निर्वाह के लिए निषिद्ध मार्गों का त्याग करना।

6. सम्यक् प्रयत्न अर्थात् सत्कर्मों के लिए निरंतर व्यवसाय करते रहना।
7. सम्यक् स्मृति अर्थात् काम, क्रोध, लोभ, मोह आदि मानसिक संतापों से बचना और उत्तम शिक्षाओं को सदा याद रखना।
8. सम्यक् समाधि अर्थात् राग तथा द्वेष से रहित होकर चित की एकाग्रता को बनाए रखना।

अष्टांग मार्ग का उद्देश्य पृथ्वी से दुखों का नाश करना और संसार में ईश्वरीय राज्य की सृष्टि करना है।

संसार में कष्टों के निवारण के लिए बुद्ध का तीसरा उपाय निर्वाण का सिद्धांत है। बुद्ध ने जीवन के उच्चतम लक्ष्य की प्राप्ति के मार्ग में की है, जिसमें आत्म-श्लाधा, अहंकार, शारीरिक भावनाओं तथा वासनाओं से छुटकारा, धार्मिक अनुष्ठान और उत्सवों छुटकारा, अहंकार, संदेह तथा अनिश्चय का अंत, भावी जीवन की इच्छा का अंत तथा अभौतिक संसार में भावी जीवन की इच्छा का अंतकरण होना चाहिए।

सीमाएँ—गौतम बुद्ध के पारमिताओं के सिद्धांत का भी आख्यान किया था। पारमिताएं दस गुण हैं और उनका दैनिक जीवन में आचरण करना उचित है। ज्ञान, नैतिक संयम, सांसारिक सुख-भोगों का त्याग, वासनाओं का त्याग, सच्चे प्रयत्न, क्षमा, सत्य, दृढ़ संकल्प, भाई-चारा, अनाशक्ति, महात्मा बुद्ध द्वारा प्रतिपादित प्रमुख व्रत हैं।

डॉ. अम्बेडकर ने लिखा कि बुद्ध हिंसा के विरोधी थे लेकिन वे न्याय के पक्षधर भी थे। वे न्याय की खातिर हिंसा का प्रयोग करने की अनुमति देते थे। वे अधिनायकवाद के बिल्कुल खिलाफ थे और उसका किसी भी रूप में समर्थन नहीं करते थे। वे जन्म से मृत्यु तक जनतंत्रवादी रहे। वैशाली गणराज्य से उन्हें अत्यधिक प्रेम था। बौद्ध संघों का संगठन पूरी तरह जनतंत्रात्मक था। अम्बेडकर का विचार था मानवता के विकास के लिए मनुष्य को भौतिक तथा आध्यात्मिक दोनों दृष्टियों से उन्नति करना।

6. हू वाज् द शूद्राज (शूद्र कौन थे?)

अम्बेडकर ने अपनी पुस्तक हू बाज् द शूद्राज (शूद्र कौन थे?) महात्मा फुले की स्मृति को समर्पित की है। अम्बेडकर ने फुले के बारे में कहा है कि वे आधुनिक भारत के सबसे महान शूद्र थे। फुले ने हिन्दुओं की नीची जातियों को इस बात का ज्ञान कराया कि वे ऊँची जातियों की दास हैं। फुले ने यह संदेश

भी दिया कि भारत के लिए विदेशी शासन से स्वतंत्रता पाने की अपेक्षा सामाजिक लोकतंत्र की स्थापना करना अधिक महत्त्वपूर्ण है।

हू वाज़ू द शूद्राज पुस्तक में दो प्रश्न मुख्य रूप से उठाए गए हैं। पहला शूद्र कौन थे? तथा दूसरा वे भारोपीय समाज में चौथे वर्ण कैसे बने? अम्बेडकर अपने अनुसंधानों के परिणाम-स्वरूप लिखा कि शूद्र सूर्यवंशी आर्य थे। एक समय था जब कि आर्य तीन ही वर्ण स्वीकार करते थे। स्वीकृत वर्ण थे—ब्राह्मण, क्षत्रिय और वैश्य। आरम्भ में शूद्र पृथक् वर्ण नहीं थे। भारोपीय समाज में वे क्षत्रिय वर्ण का ही एक भाग थे। शूद्र राजाओं तथा ब्राह्मणों के बीच बराबर लड़ाई होती रहती थी। शूद्र राजाओं ने ब्राह्मणों के ऊपर अत्याचार किए और उनका अपमान किया। शूद्रों द्वारा किए गए अत्याचारों तथा उनके द्वारा दी गई यातनाओं से दुखी होकर ब्राह्मणों ने शूद्रों का उपनयन करना बंद कर दिया। उपनयन से वंचित होने के कारण शूद्र जो पहले क्षत्रिय थे, अब सामाजिक दृष्टि से नीचे हो गए। उनकी स्थिति वैश्यों से भी गिरी हुई हो गई और वै चौथा वर्ण बन गए। इस संबंध में मनुस्मृति में काफी कुछ लिखा है।

7. पाकिस्तान ऑर द पार्टीशन ऑफ इंडिया (पाकिस्तान या भारत का विभाजन)

मुस्लिम समाज के कतिपय नेतृत्वकर्ता स्वतंत्रता प्राप्ति के पूर्व से ही पाकिस्तान के रूप अलग प्रांत की माँग कर रहे थे। मोहम्मद अली जिन्ना के नेतृत्व में मुस्लिम लीन ने द्वि-राष्ट्र सिद्धांत के आधार पर मुसलमानों के लिए एक पृथक् स्वतंत्र देश की स्थापना का पक्ष तैयार किया था। इस सिद्धांत के अनुसार हिन्दू और मुसलमान पृथक् धर्म न होकर दो पृथक् सामाजिक व्यवस्थाएं थीं। लीगी नेताओं के अनुसार यह सोचना गलत था कि हिन्दू और मुसलमान कभी एक राष्ट्रीयता का निर्माण कर सकेंगे। पाकिस्तान की मांग का अभिप्राय यह था कि जिन प्रांतों में मुसलमान बहुमत में हैं, उन्हें मिलाकर स्वतंत्र राज्य का रूप दे दिया जाए। उत्तर-पूर्वी सीमा प्रांत, सिन्ध, पंजाब और बंगाल इसी प्रकार के क्षेत्र थे। मुस्लिम लीग चाहती थी कि पाकिस्तान में इन इलाकों को शामिल किया जाए। अम्बेडकर ने अपनी पुस्तक पाकिस्तान ऑर द पार्टीशन ऑफ इंडिया नामक पुस्तक में विचार किया है। उन्होंने पाकिस्तान के दावे की अनेक त्रुटियों की ओर इशारा किया परंतु शांति स्थापना के लिए वे तत्कालीन परिस्थितियों में भारत विभाजन अनिवार्य समझते थे। अम्बेडकर के विचार से पाकिस्तान की

समस्या पर दो दृष्टियों से विचार करना आवश्यक था। एक दृष्टि थी भारत की प्रतिरक्षा की और दूसरी थी मुसलमानों की भावनाओं की। उनका मानना था कि देश की स्वतंत्रता उसकी सेना के ऊपर निर्भर रहती है। यदि सेना मजबूत और विश्वसनीय है तथा आक्रमणकारियों से वीरतापूर्ण ढंग से युद्ध कर सकती है, तो देश सुरक्षित रह सकता है। भारत की सेना मिली- जुली है। यदि मुसलमान सैनिक विदेशी शक्तियों का साथ दे देते हैं तो भारत की सुरक्षा खतरे में पड़ सकती है। इसके साथ ही साथ यह भी निश्चित है कि यदि जनता का कोई भाग देश से अलग होने का पूरी तरह मन बला ले, तो उसकी मर्जी के खिलाफ उसके ऊपर कोई संविधान लागू करना विनाश को आमंत्रण देना है। भारत की अखंडता को वे वहीं तक महत्त्व देते थे जहाँ तक कि उसकी स्वतंत्रता बाधित है।

8. द अन्टचेब्लिस–हू वाजू दे एंड व्हाई द बिकेम अन्टचेबिल्स (अस्पृश्य-वे कौन थे और अस्पृश्य क्यों बने?)

यह पुस्तक अम्बेडकर की हू वाजू द शूद्राज? पुस्तक की पूरक पुस्तक है। यह पुस्तक 1948 में प्रकाशित हुई थी। अम्बेडकर ने लिखा कि हिन्दू विद्वान अपनी स्वार्थपूर्ति में समस्या मानते हुए इसका गहन अध्ययन नहीं प्रस्तुत किया। ब्राह्मणों को समाज में जो शक्ति और सत्ता प्राप्त है, उसका कारण हिन्दू धर्म है। हिन्दू धर्म ने उन्हें देवताओं का दर्जा दिया है। अन्य सभी वर्ण ब्राह्मणों से नीचे हैं। इन वर्णों के ऊपर इतने अंकुश लगे हुए हैं कि वे ऊपर उठ कर ब्राह्मणों को चुनौती देने की स्थिति में नहीं है।

पुस्तक में अस्पृश्यता के हर पहलू पर विचार किया गया है। इस पुस्तक में अस्पृश्यों के गाँव से बाहर रहने के कारणों, गोमांस के सेवन ने अस्पृश्यता के कारणों, हिन्दू गोमांस का सेवन पर प्रश्न चिह्न, ब्राह्मणेतर जातियों द्वारा गोमांस का सेवन के त्याग और शाकाहारी होने के कारणों पर प्रकाश डाला गया है।

अस्पृश्यता की उत्पत्ति के संबंध में लिखा गया है कि हिन्दुओं और अछूतों के बीच कोई जातिगत भेद नहीं है। भारत में समय-समय पर दूसरे देशों के कबीले आते रहे। इन आगत कबीलों में से कुछ लोग टूट कर भारत में रहने वाले मूल कबीलों में मिल गए। विदेशी कबीलों में से टूट कर आए हुए ये लोग ही बाद में अस्पृश्य कहे जाने लगे। जिस प्रकार अस्पृश्यता जाति पर आधारित नहीं है, उसी तरह वह व्यवसाय पर भी आधारित नहीं है। भारत में रहने वाले मूल

काबीले विदेशों से आए हुए उन कबीलों के लोगों से घृणा करते थे जिन्होंने अपने कबीलों के साथ सम्बंध स्थापित किया था। विदेशी कबीलों के परित्यक्त लोगों के गोमांस का सेवन बंद नहीं किया। भारतीय मूल के कबीले गोमांस का सेवन नहीं करते थे, उनकी दृष्टि में गोमांस का सेवन करना पाप था और जो लोग ऐसा करते थे वे पापी और नीच थे। अस्पृश्यता की उत्पत्ति पर विचार करते समय अस्पृश्यों तथा अपवित्र लोगों के भेद को ध्यान में रखना चाहिए। कट्टरपंथी हिन्दू लेखकों ने सभी अपवित्र लोगों को अस्पृश्य माना है। अम्बेडकर के विचार से यह भूल है। अछूत अपवित्र लोगों से अलग हैं। एक वर्ग के रूप में अपवित्र लोगों का उत्कर्ष धर्मशास्त्रों के समय में हुआ था। अस्पृश्य ईसा की चौथी शताब्दी में पैदा हुए।

9. एनहिलेशन ऑफ कास्ट (जाति-प्रथा का उन्मूलन)

लाहौर के जात-पांत तोड़क मंडल ने 1963 अम्बेडकर को अपने वार्षिक सम्मेलन में अध्यक्षीय भाषण देने के लिए आमंत्रित किया था। अम्बेडकर ने अपने लिखित भाषण में जो विचार व्यक्त किए थे, वे संस्था के आयोजकों को अधिक क्रांतिकारी प्रतीत हुए। फलतः आयोजकों ने सम्मेलन को रद्द कर दिया। बाद में अम्बेडकर ने अपने भाषण को एनहिलेशन ऑफ कास्ट्स (जाति-प्रथा का उन्मूलन) के रूप में प्रकाशित किया। पुस्तक को विषय की प्रामाणिक रचना माना जाता है।

अम्बेडकर का विचार था कि जाति-प्रथा श्रम का विभाजन नहीं है। वह श्रमिकों का भी विभाजन है। उनके अनुसार जाति-प्रथा एक सोपानबद्ध व्यवस्था है जिसमें श्रमिकों की स्तर-भेद के अनुसार अनेक श्रेणियां हैं। श्रमिकों का यह विभाजन सहज नहीं है। यह स्वाभाविक प्रवृत्तियों के ऊपर भी आधारित नहीं है। यह व्यक्तियों की रुचि-अरुचि शक्ति सीमा के ऊपर भी आधारित नहीं है। जन्म तथा पूर्व-कर्मों को इसमें स्थान नहीं दिया जाता।

जाति-प्रथा के अनेक दोष हैं। जाति-प्रथा के कारण आर्थिक कुशलता का विकास नहीं होता। इससे जाति की उन्नति नहीं होती। इसने हिन्दुओं के जीवन को अस्त-व्यस्त कर दिया है। लोकमत के निर्माण तथा सामाजिक आर्थिक समानता की स्थापना में जाति व वर्ण व्यवस्था को वे बाधक मानते थे। हिन्दू के लिए उसकी जाति-बिरादरी ही सब कुछ है। वह जाति के घेरे से बाहर नहीं निकल सकता। उसकी निष्ठा अपनी जाति के प्रति होती है। उसकी नैतिकता

और अच्छे-बुरे की परिभाषा जाति के ऊपर निर्भर है। जाति व्यवस्था को वे संकीर्ण तथा समय के लिए घातक मानते थे।

यहाँ पर यह उल्लेख करना गलत न होगा कि अम्बेडकर जाति-व्यवस्था तथा शास्त्रों की पवित्रता पर विश्वास नहीं करते थे। अम्बेडकर के विचार से जाति एक धारणा है, मन की एक स्थिति है। हिन्दू धार्मिक कारणों से जाति-प्रथा का पालन करते हैं। धर्म शास्त्रों ने उन्हें जाति धर्म की शिक्षा दी है। यदि हिन्दुओं को जाति-प्रथा से छुटकारा पाना है, तो उन्हें धर्मशास्त्रों की पवित्रता में विश्वास त्यागना होगा। अम्बेडकर की दृष्टि में वेदों तथा स्मृतियों का धर्म, पूजा-पाठ, यज्ञ और शौच-अशौच के नियमों तक ही सीमित है। उनकी इच्छा थी विवेक आधारित समाज की कल्पना न कि वर्ण आधारित उस समाज की जो सदियों से लोगों के विकास में अवरोधक है। एनहिलेशन ऑफ कास्ट पुस्तक में अम्बेडकर ने जाति-प्रथा के बारे में जो विचार व्यक्त, किए हैं, वे बड़े उत्तेजक और विस्फोटक हैं। महात्मा गांधी ने अम्बेडकर को "हिन्दू धर्म के लिए एक चुनौती" कहा था।

10. थॉट्स ऑन लिंग्विस्टिक स्टेट्स (भाषायी राज्यों पर विचार)

अम्बेडकर का मानना था कि भाषाओं के आधार पर राज्यों का निर्माण भारत की एकता के लिए संकटकारी हो सकता है। इससे राष्ट्र में विकास की संभावना थी। राज्य पुनर्गठन आयोग, 1955 की रिपोर्ट के प्रकाशित होने के उपरांत उन्होंने भाषायी राज्यों के निर्माण के प्रश्न पर दुबारा विचार किया था और अपने विचारों को थॉट्स ऑन लिंग्विस्टिक स्टेट्स नामक पुस्तक के रूप में प्रकाशित किया। यह पुस्तक 1955 में प्रकाशित हुई थी। अम्बेडकर ने एक भाषी राज्यों की स्थापना का समर्थन किया था। उन्होंने हिन्दी को राजभाषा बनाने की सिफारिश की लेकिन सुझाव दिया कि जब तक भारत इसके लिए तैयार न हो, तब तक अंग्रेजी को राजभाषा बना रहना चाहिए।

11. द एवोलूशन ऑफ प्राविन्शियल फाइनैंस इन ब्रिटिश इंडिया (ब्रिटिश भारत में प्रांतीय वित्त- व्यवस्था का विकास)

भारतीय लाभांश क्रम में इनके द्वारा लिखी गयी इस पुस्तक के विषय पर अमरीका के कोलम्बिया विश्वविद्यालय से 1917 में पी-एच. डी. उपाधि प्राप्त हुई थी। यही शोध ग्रंथ 1925 में एवोलूशन ऑफ प्राविन्शियल फाइनैंस (भारत में प्रांतीय वित्त-व्यवस्था का विकास) नाम से प्रकाशित हुई। अम्बेडकर ने इस

ग्रंथ में 1833 के बाद से प्रांतीय वित्त-व्यवस्था के विकास का विवेचन किया है। कोलम्बिया विश्वविद्यालय में अम्बेडकर के यशस्वी अध्यापक आर.ए. सेलिगमान ने इस ग्रंथ की भूमिका लिखी थी। इस पुस्तक के अध्ययन के बाद सेलिगमान ने अपनी भूमिका में लिखा था कि लेखक ने प्रांतीय वित्त-व्यवस्था के अंतर्भूत सिद्धांतों का विशद अध्ययन किया है। पुस्तक के बजट सम्बन्धी अध्याय अत्यंत महत्त्वपूर्ण थे। पुस्तक विधायकों के लिए विश्वस्त संदर्भ-ग्रंथ और लोकवित्त के छात्रों के लिए उपयोगी मार्ग-दर्शिका बन गई थी।

12. रानाडे, गांधी एंड जिन्ना (रानाडे, गांधी और जिन्ना)

अम्बेडकर ने 18 जनवरी, 1943 को पूना में गोपाल कृष्ण गोखले के शिष्य तथा अग्रणी समाज सुधारक महादेव गोविन्द रानाडे की 101 वीं वर्ष गांठ पर एक महत्त्वपूर्ण भाषण दिया था। बाद में यही भाषण रानाडे, गांधी एंड जिन्ना के नाम से पुस्तक के रूप में प्रकाशित हुआ।

अम्बेडकर ने आस्टिन, बकल, कार्ल मार्क्स, कार्लायल, लार्ड रोजबरी और क्लीमेंशू के विचारों के सिद्धांतों का अनुशीलन करने के बाद बताया कि ईमानदारी, बुद्धि और सामाजिक प्रयोजन बड़े लोगों के लक्ष्य हैं। उनके अनुसार महापुरुष वह है जो समाज की गंदगी को, उसके कचरे को साफ करे।

अम्बेडकर ने महापुरुषता की कसौटी रानाडे, गांधी जी और जिन्ना पर लागू की। उनका निष्कर्ष था कि रानाडे सचमुच में महान् व्यक्ति थे। उन्होंने सामाजिक अन्यायों को दूर करने के लिए निरंतर प्रयत्न किया। समाज सुधारक के रूप में उनका, विशिष्ट योगदान रहा। इसे अम्बेडकर ने भो स्वीकार किया। अहंकार की भावना के कारण जिन्ना तथा गांधी जी के विचारों से अम्बेडकर जी पूरी तरह सहमत नहीं थे।

13. द बुद्ध एंड हिज धम्म (बुद्ध और उनका धम्म)

बौद्ध धर्म के आदर्श मूलक सिद्धांतों से अम्बेडकर जी काफी प्रभावित थे। बुद्ध और उनके धर्म के विषय में 'बाबा साहब' अपने मृत्यु के कुछ समय पूर्व इसके प्रूफ देखे थे। पुस्तक को पीपुल्स एजूकेशन सोसायटी, बम्बई ने 1957 में प्रकाशित किया था। द बुद्ध एंड हिज धम्म को अम्बेडकर की सर्वश्रेष्ठ कृति माना जाता है। भारतीय बौद्ध उसे अपनी गीता समझते हैं। पुस्तक आठ खंडों में विभक्त है। पुस्तक के पहले खंड में बुद्ध की जीवनी, उनके पूर्वजों की जीवनियां तथा उनकी शिक्षाओं का सार दिया गया है। इसमे स्वीकृत तथा

अस्वीकृत सिद्धांतों का भी उल्लेख किया गया है। दूसरे खंड में बुद्ध का सारनाथ में दिया गया पहला उपदेश संकलित है। इसमें यह भी बताया गया है कि बुद्ध ने किन-किन लोगों को किस प्रकार बौद्ध धर्म की दीक्षा दी। तीसरे खंड में बुद्ध की शिक्षाओं का विवरण है। लेखक ने धम्म, अधम्म तथा सधम्म जैसे शब्दों की व्याख्या की है और बुद्ध की बुनियादी शिक्षाओं को विभिन्न वर्गों में विभाजित कर प्रस्तुत किया है। चौथे खंड में धर्म, धम्म तथा नैतिकता के सम्बन्धों, पुनर्जन्म, कर्म, अहिंसा, जन्मांतर, बौद्ध जीवन-पद्धति तथा निर्वाण के सिद्धांतों की व्याख्या की है। पांचवें खंड में संघ तथा उसके संगठन की चर्चा है। इस खंड में भिक्षु के कर्त्तव्यों तथा जनसाधारण के कर्त्तव्यों का भी विवेचन है। छठे खंड में बुद्ध के हितैषियों, शत्रुओं आलोचकों और प्रशंसकों के विवरण हैं। सातवें खंड में बुद्ध के अंतिम दिनों का विवरण है। बुद्ध ने अपने किन-किन निकट और प्रिय संबंधियों से भेंट की, उन्होंने किन परिस्थितियों में वैशाली को विदा कहा और कुशीनगर में महापरिनिर्वाण प्राप्त किया। इस पुस्तक का अंतिम खंड महात्मा बुद्ध के जीवन दर्शन पर प्रकाश डालता है। इसमें उनकी जीवन शैली व व्यवस्य का उल्लेख है।

14. व्हॉट कांग्रेस एंड गांधी हैव डन टु द अनटचेबिल्स? (कांग्रेस तथा गांधी ने अस्पृश्यों के लिए क्या किया है?)

डॉ. भीमराव अम्बेडकर ने सदैव यह कहा कि गांधी जी तथा कांग्रेस ने शूद्रों के साथ असमानता का व्यवहार किया है, अम्बेडकर ने इस पुस्तक को 1945 में प्रकाशित किया था। उन्होंने इस पुस्तक में गांधी जी की कठोर आलोचना की है। उनका कहना था कि गांधी-दर्शन में सामान्य व्यक्ति के लिए कोई आशा नहीं है। लोकतंत्र को अपना आदर्श मानने वाले गांधी दर्शन के तहत् मानव नहीं बल्कि पशु हैं। गांधी जी के बारे में अम्बेडकर का मूल्यांकन एकांगी और पक्षपातपूर्ण प्रतीत होता है। गांधी ने अपने विचारों तथा कृतित्व से भारत को अपने पैरों पर खड़ा कर दिया। अस्पृश्यता निवारण के लिए उनका कार्य राष्ट्र-निर्माण संबंधी सबसे प्रभावशाली कार्यों में से एक है। उनका यहाँ तक कहना था कि यदि हिन्दू धर्म ने अस्पृश्यता को नहीं त्यागा, तो उसका मर जाना ही अच्छा है। गांधी जी प्रकृति की ओर वापस लौटने की बात कहते थे गांधी जी का यह विचार प्रतिक्रियावादी है। प्रकृति की ओर वापस लौटने का अर्थ है—नग्नता की ओर वापस लौटना, गरीबी की ओर वापस लौटना, अज्ञान की

ओर वापस लौटना। गांधी जी का जाति-प्रथा में और वर्ग-व्यवस्था में विश्वास था।

अम्बेडकर समझते थे कि कांग्रेस पार्टी और गांधी जी की दलित वर्गों के उत्थान में कोई दिलचस्पी नहीं थी। वे यह नहीं चाहते थे कि अस्पृश्य भारतीय राजनीति में एक पृथक् तत्व के रूप में उभरे।

महत्त्वपूर्ण लेख और भाषण—उपर्युक्त पुस्तकों के अलावा अम्बेडकर ने शोध पत्रिकाओं के लिए समय-समय पर महत्त्वपूर्ण लेख लिखे थे और सभा-सम्मेलनों में सारगर्भित भाषण दिए थे। इनमें से कुछ लेख और भाषण इस प्रकार हैं:

1. कास्ट्स इन इंडियाः देयर जेनेसिस, मैकेजिज्म एंड डेवलपमेंट (भारत में जातियां-उनकी उत्पत्ति, रचना और विकास):

अम्बेडकर ने यह आलेख 9 मई, 1961 को कोलम्बिया विश्वविद्यालय की एक मानवशास्त्रीय विचार-गोष्ठी में पढ़ा था। यह इंडियन एंटीक्वेरी, मई, 1971, खंड में प्रकाशित हुआ था।

2. स्माल होल्डिंग्ज इन इंडिया एंड देयर रेमेडीज (भारत में छोटी जोतें तथा उनका उपचार):

यह शोध-लेख सबसे पहले जर्नल ऑफ द इंडियन इकोनामिक सोसायटी खंड 1, 1918 में प्रकाशित हुआ था।

3. मि. रसेल एंड द रिकंस्ट्रक्शन ऑफ सोसायटी (श्री रसेल तथा समाज की पुनर्रचना):

यह दार्शनिक बर्ट्रेंड रसेल द्वारा रचित प्रिंसिपिल्स आफ सोशल रिकंस्ट्रक्शन पुस्तक की समीक्षा की। यह लेख जर्नल ऑफ द इंडियन इकोनामिक सोसायटी, खंड 5, 1918 में प्रकाशित हुआ था।

4. फेडरेशन वर्सेज फ्रीडम (संघ शासन बनाम स्वतंत्रता)

यह अम्बेडकर का भाषण था जो उन्हें 29 जनवरी, 1939 को पूना के गोखले इंस्टीट्यूट ऑफ पालिटिक्स एंड इकोनामिक्स में दिया था। यह भाषण 1939 में एक पुस्तिका के रूप में प्रकाशित हुआ था।

5. मि. गांधी एंड द एमान्सिपेशन ऑफ द अनटचेबिल्स (गांधी तथा अस्पृश्यों का उद्धार)

अम्बेडकर ने यह आलेख इंस्टीट्यूट ऑफ पेसिफिक रिलेशन, कनाडा के भारतीय विभाग के अध्यक्ष के आमंत्रण पर लिखा था। यह सम्मेलन दिसम्बर,

1942 में होने को था। आलेख सम्मेलन के कार्यवृत्त में प्रकाशित हुआ था। 1 सितम्बर, 1943 में यह आलेख पुस्तक के रूप में प्रकाशित हुआ।

6. कम्युनल डेडलॉक एंड द वे टु सोल्व इट (साम्प्रदायिक गतिरोध तथा उसे दूर करने का उपाय)

यह अम्बेडकर का भाषण था जो उन्होंने अखिल भारतीय अनुसूचित जाति संघ (आल इंडिया शेड्यूल्ड कास्ट्स फोडरेशन) के वार्षिक सम्मेलन में 6 मई, 1945 को दिया था। बाद में यह भाषण एक पुस्तिका के रूप में प्रकाशित हुआ था।

7. स्टेट्स एंड माइनरिटीज—व्हाट आर देयर राइट्स एंड हाउ टु सिक्योर देम इन द कांस्टीट्यूशन ऑफ फ्री इंडिया (राज्य और अल्पसंख्यक वर्ग-उनके अधिकार क्या हैं तथा इन अधिकारों को स्वतंत्र भारत के संविधान में किस प्रकार प्राप्त किए जाए)

यह अनुसूचित जातियों के विशेष अधिकारों के बारे में एक ज्ञापन था जिसे अखिल भारतीय अनुसूचित जाति संघ की ओर से संविधान सभा के विचारार्थ प्रस्तुत किया गया था। 1947 में यह पृथक् पुस्तक के रूप में प्रकाशित हुआ। इस ज्ञापन में अम्बेडकर ने सुझाव दिया था कि अनुसूचित जातियों को उन निर्वाचन क्षेत्रों में पृथक् प्रतिनिधि चुनने का अधिकार मिलना चाहिए जिनमें उनके लिए स्थान सुरक्षित रखे गए हैं। शेष निर्वाचन-क्षेत्रों में वे अन्य मतदाताओं के साथ वोट डाल सकते हैं।

8. महाराष्ट्र एज़ ए लिंग्विस्टिक स्टेट (महाराष्ट्र एक भाषायी राज्य के रूप में)

यह एक ज्ञापन था जो 1948 में भाषायी प्रांत आयोग के सम्मुख प्रस्तुत किया गया था। बाद में यह एक पुस्तिका के रूप में प्रकाशित हुआ था।

9. द बुद्ध एंड द फ्यूचर ऑफ हिज रिलीजन (बुद्ध और उनके धर्म का भविष्य)

बौद्ध धर्म के ऊपर अम्बेडकर का यह पहला लेख था जो महाबोधि पत्रिका, कलकत्ता, खंड 58, अप्रैल-मई (वैशाख अंक, 1950) में प्रकाशित हुआ था।

बौद्ध धर्म संबंधी रचनाएं—अम्बेडकर ने समय-समय पर अपने भाषणों तथा लेखों द्वारा बौद्ध धर्म के संबंध में अपने विचार प्रकट किए थे। डॉ. डी.

सी. अहीर ने इन सारी रचनाओं को डॉ. अम्बेडकर ऑन बुद्धिज्म (बौद्ध धर्म के संबंध में अम्बेडकर के विचार) नामक पुस्तक के रूप में संकलित किया है। इस पुस्तक की विषय-सूची निम्नलिखित है:

1. पिलग्रिमेज टु बुद्धिज्म (बौद्ध धर्म की यात्रा)
2. व्हाई बुद्धिज्म (बौद्ध धर्म क्यों?)
   द ग्रेट बुद्ध (महान् बुद्ध)
   बुद्धिज्म ए पर्फेक्ट रिलीजन (बौद्ध धर्म-एक पूर्ण धर्म)
   बुद्धिज्म, एन ओशन ऑफ इक्वैलिटी (बौद्ध धर्म-समता का समुद्र)
   बुद्धिज्म, फार सेल्फ रेस्पेक्ट (बौद्ध धर्म आत्मसम्मान के लिए)
3. मैजेस टु द बुद्धिस्टस (बौद्धों के लिए संदेश)
   देयर डयूटी टु स्प्रेड बुद्धिज्म (बौद्ध धर्म का प्रसार करना उनका कर्तव्य है)
   हाउ टु प्रीच एंड प्रोटेक्ट धम्म (धम्म का प्रचार और उसकी रक्षा कैसे की जाए।
4. कम्पेरिजन एंड कंट्रास्ट (तुलना और विरोध)
   बुद्धिज्म एंड ब्राहिनिज्म (बौद्ध धर्म और ब्राह्मण धर्म)
   बुद्धिज्म एंड वूमेन (बौद्ध धर्म और नारी जाति)
   बुद्धिज्म एंड डेमोक्रेसी (बौद्ध धर्म और लोकतंत्र)
   बुद्धिज्म एंड कम्युनिज्म (बौद्ध धर्म और साम्यवाद)
5. द राइज, फाल एंड रिवाइवलिज्म ऑफ बुद्धिज्म इन इंडिया (भारत में बौद्ध धर्म उत्थान, पतन और पुनरुत्थान)।

7

बाबा साहब के उत्प्रेरक विचार

डॉ. भीम राव अम्बेडकर ने जो विचार दिये वे मानव जीवन में काम आने वाले हैं। उनका संदेश मानव जीवन को उद्धेलित करने वाला है। इनके प्रमुख विचारों पर नीचे प्रकाश डाला गया है–

मानवीय जन्मसिद्ध अधिकार के परिप्रेक्ष्य में विचार–''वे धन्य हैं जो अनुभव करते हैं कि जिन लोगों में हमारा जन्म हुआ है, उनका उद्धार करना हमारा कर्तव्य है, वे धन्य हैं जो गुलामी का खात्मा करने के लिए सब कुछ न्योछावर करते हैं और धन्य हैं, वे लोग जो सुख और दुःख मान और सम्मान, कष्ट और कठिनाइयों, आँधी और तूफानों की परवाह किए बिना तब तक सत्ता संघर्ष करते रहेंगे जब तक कि अस्पृश्यों को उनके मानवीय जन्मसिद्ध अधिकार नहीं मिल जाये।''

अंधविश्वास के संदर्भ में विचार–अंधविश्वास के घेरे में प्रत्येक भारतवासी ऐसा घिरा हुआ है कि सुख-दुख, जीवन-मरण, हानि-लाभ सबका स्रोत पारलौकिक शक्ति को मानता है। अंधविश्वास मनुष्य को विज्ञानविहीन बना देता है। अंधविश्वास त्याग करने की सलाह देते हुए बाबा साहब डॉ. अम्बेडकर ने कहा–

''तुम्हारे जन्म के पूर्व से ही निर्धारित है, इस मूर्खतापूर्ण विश्वास को तुम जितना जल्दी हो त्याग दो तो अच्छा है। तुम्हारी गरीबी दूर होने वाली नहीं है,

जन्मजात है, दूर होने योग्य नहीं है, यह चिन्तन बिलकुल गलत है। अपने आपको दास समझने के विचार को त्याग दो सब दुःख दूर हो जाएगा।"

"अंधविश्वास तुम्हारे प्रगति में बाधक है। अंधविश्वास के कारण ही तुम समाज में अपने को नीच और दूसरों को उच्च समझतें हो। अधंविश्वास के कारण ही तुम हिन्दू धर्म में रहकर गुलामी का जीवन जी रहे हो। तुम्हारे लिये मेरे स्पष्ट विचार हैं कि तुम अपने भीतर पल रहे अंधविश्वास को शत-प्रतिशत त्याग दो। जीवन मार्ग सुख, सुविधा, मान-सम्मान तथा अंधविश्वास में रहकर नहीं बन सकता है। अंधविश्वास से मुक्त होकर ही प्राप्त हो सकेगा। तुम्हें अधिक से अधिक शिक्षा प्राप्त करनी चाहिए। शिक्षा प्राप्त करके ही तुम समाज में प्रतिष्ठा प्राप्त कर सकोगे।"

अम्बेडकर ने अन्धविश्वास से दूर रहने की स्पष्ट सलाह दी है। अन्धविश्वास त्याग करने की स्थिति तब बन पाती है, जब व्यक्ति किसी भी घटना की विधानसम्मत जानकारी प्राप्त कर सके। सही शिक्षा ही अंधविश्वास को मिटा सकती है।

अस्पृश्यता के संदर्भ में विचार—अम्बेडकर को दलितों व अछूतों का मसीहा कहा जाता है। अस्पृश्यता के कारण हिन्दू धर्म में अछूतों को हुई क्षति के बारे में बाबा साहब ने कहा—"अछूतपन के कारण तुम्हारी योग्यता की अनदेखी कर दी गयी। तुम्हारे मानसिक तथा शारीरिक अच्छाइयों के लिए तुम्हें कभी कोई प्रशंसा नहीं मिली। अछूतपन के कारण तुम्हारा प्रवेश सेना और न्यायिक सेवा में रोक दिया गया। अस्पृश्यता ही वह शत्रु है जिसने तुम्हारे सम्मान को, अस्तित्व को बर्बाद करके रख दिया।"

अस्पृश्यता से ऋग्वेद को सबसे अधिक अपमानित होना पड़ा। उनके अनुसार हिन्दू धर्म में अस्पृश्यता ही वह अवगुण है, जिसने समाज में करोड़ों को नीचे, संस्कारहीन, अशिक्षित और मर्यादाहीन बनाकर रख दिया है। डॉ. अम्बेडकर ने अस्पृश्यता की तुलना जहर के उस एक बूँद से है जिससे घड़ा भर दूध विषमय बन जाता है। अस्पृश्यता सामाजिक अपराध है ऐसा डॉ. अम्बेडकर का मानना हैं। उनकी स्पष्ट मान्यता थी कि हिन्दू धर्म से पृथक् अस्पृश्यता की और अस्पृश्यता से पृथक् हिन्दू धर्म की कोई जगह नहीं है।

डॉ. भीम राव का व्यक्ति के लिए अंतिम संदेश—"जो कुछ मैं कर पाया हूँ, वह जीवन भर मुसीबतें सहन करके, अपने विरोधियों से टक्कर लेने के बाद ही कर पाया हूँ, जिस कांरवाँ को आप यहाँ देख रहे हैं उसे मैं अनेक

कठिनाइयों से यहाँ तक ला पाया हूँ। अनेक अवरोधों के बावजूद इस कारवा को बढ़ाते रहना है। अगर मेरे अनुयायी इसे आगे ले जाने में असमर्थ हैं तो उसे यही पर छोड़ देना जहाँ पर यह अभी है, पर किन्हीं परिस्थितियों में इसे पीछे नहीं हटने देना है। मेरी जनता के लिए यही संदेश है।''

अछूत और गांधी जी के विषय में अम्बेडकर के विचार–गांधी जी को डॉ, अम्बेडकर ने कहा–''गांधी जी अछूतों से छू जाने पर स्नान करने के विरुद्ध कुछ नहीं कहते। ऐसी स्थिति रहते हुए यह विश्वास कैसे किया जा सकता है कि छुआछूत कभी समाप्त हो जायेगा। उसके अलावा गांधी जी ने स्पष्ट कहा कि छुआछूत निवारण का अर्थ यह नहीं है कि अछूतों के साथ विवाह सम्बन्ध किये जायें अथवा उनके साथ बैठकर भोजन किया जाये। उनका अभिप्राय केवल इतना है कि अछूत शूद्र-वर्ग के अंग मान लिये जायें और अति शूद्र वर्ग समाप्त कर दिये जायें। इससे आगे वे कुछ नहीं चाहते। अछूतों को शूद्र वर्ग में सम्मिलित करने की बात कहते हुए गांधी जी ने इस बात का ध्यान नहीं रखा कि शेष शूद्र लोग अछूतों को अपने में शामिल करेंगे या नहीं? यदि शूद्र अछूतों को फिर अलग-अलग रखते हैं तो ऐसे छुआछूत निवारण से क्या लाभ? सम्भवतः गांधी जी को इसका स्वयं भी आभास था, इसलिए उन्होंने अछूतों को एक नया नाम 'हरिजन' दे डाला और इस प्रकार गांधी जी ने एक ही तीर से दो शिकार किया। हरिजन नाम देकर एक ओर यह सिद्ध कर दिया कि शूद्र लोग अछूतों को अपने में मिलाने को तैयार नहीं है। दूसरी ओर इस नामकरण के द्वारा उन्हें अलग समाज घोषित करके उनका मिलना असम्भव बना दिया।''

जीवन संघर्ष और अधिकार–''डॉ. अम्बेडकर देश की आम जनता को शिक्षित और संगठित होते देखना चाहते थे। वे देश को प्रगति के पथ पर अग्रसर होते देखना चाहते थे। देशवासियों का आह्वान करते हुए उन्होंने कहा है–

''हमारा आपको एक ही संदेश है पढ़ो, संगठित बनो, प्रचारक बनो, आत्म विश्वासी बनो और आशावादी बनो।'' ''भाग्यवादी नहीं कर्मवादी बनो''।

सदियों से देश की गरीब जनता नागरिक अधिकारों से वंचित की गयी है। जनता के पिछड़ेपन के पीछे यह तथ्य इस देश में हमेशा काम करता रहा है। बाबा साहब अम्बेडकर देश की तमाम जनता के समान अधिकारों के प्रबल समर्थक थे।

अहमदाबाद के दरियागंज मोहल्ले में मजदूरों की एक विशाल जनसभा में बाबा साहब ने कहा–''हम मनुष्य हैं और मनुष्य होने के नाते मनुष्य की समस्या

नागरिक अधिकारों के अधिकारी होने का है। जब तक ये अधिकार हम प्राप्त नहीं कर लेते हमें चैन से नहीं बैठना चाहिए। अपने उचित मानवीय अधिकारों को हम प्राप्त करेंगे। यही हमारा ध्येय होना चाहिए।''

अम्बेडकर ने आगे कहा है कि–''तुम्हें अध्यात्मवादी की बजाय भौतिकवादी बनने में ज्यादा ध्यान देना चाहिए। तुम्हें खाने को अन्न नहीं मिलता, पहनने को वस्त्र नहीं मिलता, बच्चों को पढ़ाने का अवसर नहीं मिलता तथा अर्थ के अभाव में समुचित चिकित्सा नहीं मिलती। इसलिए राजनीतिक लाभ के लिए तुम्हें अत्यधिक चौकस होना चाहिए। जीवन में भौतिक लाभ के लिए तुम्हें अपनी शक्ति तथा संघर्ष को निरन्तर बढ़ाना होगा।''

जाति और वर्ण संबंधी विचार–जाति और वर्ण के अम्बेडकर घोर विरोधी थे। उन्होंने इसको बहुत खतरनाक माना है। जाति के सम्बन्ध में डॉ. अम्बेडकर ने कितना स्पष्ट कहा है–

''जाति की नींव पर तुम किसी भी चीज का निर्माण नहीं कर सकते। जाति की नींव पर न तो तुम राष्ट्र का निर्माण कर सकते हो और न ही नैतिकता का। जाति की नींव पर तुम जिस चीज का भी निर्माण करोगे उसमें दरारें पड़ेंगी, वह गिर जायेगी और वह कभी भी पूर्ण नहीं होगी।''

आत्म-सम्मान के विषय में अम्बेडकर के विचार–अम्बेडकर ने बताया कि आत्म-सम्मान के साथ जीना सीखो। इसके विषय में उन्होंने कहा–''इस संसार में आत्म-सम्मान के साथ जीना सीखो। इस संसार में तुम्हें भी कुछ करने की महत्तवाकांक्षा अपने मन में रखनी चाहिए। जो संघर्ष करता है वह अकेले उन्नति कर लेता है। तुम लोगों में से कुछ के मन में यह गलत धारण बन गयी है कि इस संसार में तुम उठ नहीं सकते। किन्तु याद रखो, असहाय रखने का युग समाप्त हो गया। एक नया अध्याय आरम्भ हुआ है। इस देश की राजनीति तथा विधान में भाग लेने की क्षमता तुम में आ गयी है। इसलिए तुम्हारे लिये सब कुछ सम्भव है।''

''ऐसे देश में जन्म लेना भी पाप है जहाँ के लोग इतने पूर्वाग्रहपूर्ण हों। चारों ओर से गालियों की बौछार और अपमानजनक व्यंग्य सुनने के बावजूद मैंने देश के लिए बहुत कुछ किया है और मरते दम तक करता रहूँगा।

''हम लोग गुलाम नहीं हैं। हम लोग बहादुर वंश के हैं। एक बहादुर व्यक्ति के लिये आत्म-सम्मान और राष्ट्रप्रेम खोकर जीने से बढ़कर अपमानजनक कुछ नहीं है।''

धर्म के विषय में बाबा साहब का विचार—अम्बेडकर ने धर्म के विषय में बताया कि किस प्रकार के धर्म को स्वीकार करना चाहिए और किसे अस्वीकार। ''जो धर्म अपने अनुयायियों के बीच भेदभाव करता हो वह पक्षपाती धर्म है। जो धर्म अपने करोड़ों अनुयायियों से कुत्ते और कुकर्मी की तरह व्यवहार करता है तथा उन्हें असहनीय तकलीफें देता है उसे किसी भी कीमत पर धर्म नहीं कहा जा सकता। इसीलिए बाबा साहब डॉ, अम्बेडकर ने निर्भीक होकर कहा है—''ऐसे धर्म को निश्चयपूर्वक समाप्त कर देना चाहिए। ऐसे धर्म को नष्ट करने में किसी प्रकार का अधर्म नहीं है।''

''यदि हिन्दू धर्म अछूतों का भी धर्म है तो इस धर्म को सामाजिक समानता का धर्म बनाना होगा। हिन्दू अछूतों को बाहरी व्यक्ति नहीं समझना होगा, उन्हें राष्ट्रवादी समझना होगा। यदि हिन्दू धर्म को सामाजिक समानता का धर्म बनाना है, तो इसके नियमों में मात्र मन्दिर प्रवेश में संशोधन करना ही पर्याप्त नहीं होगा, जो सबसे आवश्यक है वह है चार वर्ण के सिद्धान्त, जो उच्चवर्ग को सुविधाएँ और निम्नवर्ग को गरीबी देता है, उसे अवश्य समाप्त होना चाहिए।''

''असमानता और विषमता वाले हिन्दू देवी-देवताओं, मन्दिरों और रथ की शोभायात्रा आदि से हमारा कोई सम्बन्ध न होने के कारण किसी प्रकार की सभा, जुलूस या शोभायात्रा में हम लोग भाग न लें। अखिल बम्बई दलित वर्ग परिषद् ने एकमत से एक प्रस्ताव को पास किया है। सभी से प्रार्थना है कि इस प्रस्ताव को आचरण में लायें। यह हमारे सम्मान और आत्म-गौरव की कसौटी है। मूझे पूर्ण विश्वास है कि इस परीक्षा में हम सफल होंगे। इसी से हमारे समाज का नाम आने वाले इतिहास में उज्ज्वल होगा।''

दासता के संबंध में विचार—''तुम अपनी दासता स्वयं समाप्त करो। दूसरे के भरोसे जीवित रहना अत्यन्त अपमानजनक है। जीवन में आत्म-सम्मान अत्यन्त महत्त्वपूर्ण चीज है। इसके बिना मनुष्य का जीवन शून्य है। आत्म-सम्मान के साथ जीकर मनुष्य विपदाओं को पार कर सकता है। कठिन और अथक परिश्रम करके मनुष्य शक्ति और आत्म-विश्वास प्राप्त कर सकता है तथा अपनी पहचान बना सकता है।''

''तुम अपनी दासता को स्वयं मिटाओ। अपनी दासता को मिटाने के लिए किसी ईश्वर का सर्वोच्च शक्ति पर विश्वास मत करो। तुम्हारी मुक्ति तीर्थयात्रा तथा व्रत, उपवास में नहीं बल्कि शिक्षा और राजनीतिक शक्ति में है।''

ब्राह्मणवाद के सम्बन्ध में अम्बेडकर के विचार—डॉ अम्बेडकर अछूतों तथा दलितों के नेता थे। ये ब्रह्मणों के विरोधी थे। अम्बेडकर इस देश में व्याप्त ब्राह्मणवाद के कट्टर विरोधी थे। इतिहास के अध्ययन से यह प्रमाणित होता है कि चार्वाक और बुद्ध की तरह आधुनिक युग में ब्राह्मणवाद का यदि किसी ने व्यावहारिक और सिद्धान्तिक विरोध किया तो वे डॉ. अम्बेडकर थे। ब्राह्मणवाद के बारे में डॉ. अम्बेडकर ने कहा—

"ब्राह्मणवाद से मेरा मतलब ब्राह्मण जाति की शक्ति, विशेषाधिकारों या लाभों से नहीं है। मैं इस अर्थ में ब्राह्माणवाद शब्द का प्रयोग नहीं कर रहा हूँ। ब्राह्मणवाद से मेरे मुताबिक अर्थ है—स्वतन्त्रता, समता और भ्रातृत्व को नकारने वाला। इस अर्थ में ब्राह्मणवाद सब तरह के लोगों में मौजूद है और यह केवल ब्राह्मण जाति के लोगों तक ही सीमित नहीं है, जिन्होंने इस बाद को जन्म दिया है।"

डॉ. अम्बेडकर के अनुसार ब्राह्मणवाद और पूँजीवाद दोनों समान रूप से आम आदमी का शोषण और दमन करते हैं। दोनों श्रमिक समाज के दुश्मन तथा देश में अमन-चैन के बाधक है। यही कारण हैं कि जहाँ ब्राह्मणवाद रहता है वहीं पूँजीवाद और जहाँ पूँजीवाद रहता है वहीं ब्राह्मणवाद। बाबा साहब ने इस तथ्य को स्पष्ट करते हुए कहा है—"ब्राह्मणवाद और पूँजीवाद ये दोनों मेहनतकश लोगों के दुश्मन हैं, क्योंकि ये दोनों समता, स्वतन्त्रता तथा बन्धुता के विरुद्ध हैं।"

"ब्राह्मण धर्म ने मानव समाज में भेद उत्पन्न किया। इस धर्म ने स्त्रियों और शूद्रों के साथ बहुत ही तुच्छता का व्यवहार करना सिखाया है।"

"ब्राह्मणवाद में जाति प्रधान होता है, गुण नहीं। ब्राह्मणवाद गुण और गरिमा को नकारने वाला वाद है।"

मैक्डोनाल्ड द्वारा अनुशासित साम्प्रदायिक घोषणा से अछूतों को पृथक् निर्वाचन का अधिकर दिया गया था। पृथक् निर्वाचन में यह व्यवस्था की गयी थी कि निर्वाचन में अछूतों की ओर से अछूतों के उम्मीदवार खड़े होंगे और मात्र अछूतों के ही मत से चुने जायेंगे। पृथक् निर्वाचन से अछूतों का अत्यन्त शक्तिशाली राजनीतिक अधिकार प्राप्त हुआ था। इस अधिकार के विरुद्ध गांधी जी ने यरवदा जेल में आमरण अनशन कर दिया। गांधी जी की प्राणरक्षा करने के लिए अत्यधिक दबाव और परेशानी में डॉ. अम्बेडकर को गांधी जी के साथ अछूतों की ओर से समझौता करना पड़ा। यह समझौता गांधी जी के साथ

अछूतों की ओर से पूना में 24 सितम्बर, 1932 के दिन शनिवार संध्या 5 बजे हुआ था। समझौता के बाद डॉ. अम्बेडकर ने अफसोस जाहिर करते हुए कहा–

"साम्प्रदायिक घोषणा में प्रदत्त द्वितीय मत का अधिकार अछूतों को अमूल्य सुविधा थी। इस अधिकार से कोई भी हिन्दू अपने निर्वाचन श्रेत्र में अछूतों को न नकारने कि हिम्मत करता और न अपने स्वार्थ के प्रति वह उग्र होता, क्योंकि उसे अछूतों के मतों पर निर्भर रहना पड़ता।"

मैक्डोनाल्ड द्वारा की गयी साम्प्रदायिक घोषणा गांधी की राजनीति का शर्मनाक पतन तथा बाबा सहाब की राजनीति की मनचाही जीत थी। ठीक इसी तरह पूना समझौता बाबा साहब की राजनीति दूसरे शब्दों में अछूतों की राजनीति का दुखद पतन तथा गांधी की राजनीति की सुखद जीत साबित हुई। पूना समझौता पर प्रतिक्रिया व्यक्त करते हुए बाबा साहब ने कहा–

"पूना समझौता अवश्य समाप्त होना चाहिए क्योंकि इससे 6 करोड़ अछूतों के मताधिकार पर आघात पहुँचा है। अन्तर्राष्ट्रीय कानून के अनुसार कोई समझौता न अन्तिम होता है न अमर।"

23 सितम्बर, 1953 को राज्यसभा में बाबा साहब ने कहा–"पूना समझौता ने दलित वर्गों के आत्म-निर्भर आन्दोलन पर नष्टकारक आघात पहुँचाता है।"

हिन्दू धर्म के संदर्भ में विचार–अम्बेडकर ने हिन्दू धर्म के विषय में कहा–"मैं आपसे कहता हूँ, धर्म मनुष्य के लिए है, न कि मनुष्य धर्म के लिए। यदि तुम इस संसार में संगठित तथा सफल होना चाहते हो तो इस धर्म (हिन्दू धर्म) का त्याग करो जो धर्म तुम्हें मनुष्य के रूप में पहचाने नहीं, तुम्हें पीने के लिए पानी नहीं दे, तुम्हें मन्दिरों में प्रवेश करने की अनुमति नहीं दे, उसे धर्म कहलाने का कोई अधिकार नहीं है। जो धर्म तुम्हें शिक्षा प्राप्त करने से वंचित करे, तुम्हें दुनिया में भौतिक सुख-सुविधा प्राप्त करने से रोके, उसे धर्म कहलाने का कोई अधिकार नहीं है। जो धर्म अपने अनुयायियों को अपने धर्म-बन्धुओं के साथ मानवीय ढंग से पेश आने की शिक्षा न दे, वह धर्म नहीं बल्कि शक्ति-प्रदर्शन है। जो धर्म अपने अनुयायियों को, पशुओं को छूने किन्तु इन्सानों को नहीं छूने की शिक्षा दे, वह धर्म नहीं मजाक है। जो धर्म कुछ वर्गों को शिक्षा प्राप्त करने से वंचित करे, कुछ को सम्पत्ति रखने से तथा कुछ को शास्त्र धारण करने से रोके, वह धर्म नहीं मजाक है। जो धर्म अज्ञानी को अज्ञानी बने रहने

के लिए विवश करे, गरीब को गरीब बने रहने के लिए बाध्य करे, वह धर्म नहीं बल्कि "अधर्म है, इसे कभी नहीं स्वीकारो।"

समाज सुधारक के परिप्रेक्ष्य में विचार—"मैं राजनीति सुधार की अपेक्षा सामाजिक सुधार को अधिक मौलिक मानता हूँ।"

"सामाजिक न्याय की दृष्टि से वर्ण, वर्ग तथा आय के आधार पर समाज में भेद मानना समाज के लिए अत्यन्त हानिकारक है।"

"हिन्दू समाज सुधारकों को इस बात का पता नहीं है कि वह अपनी ही जाति में बने रहते हैं, अपनी ही जाति में विवाह करते हैं और अपनी ही जाति में मर जाते हैं।"

बाबा साहब ने कहा—"स्वतन्त्रता, समता और बन्धुता के आधार पर स्थापित सामाजिक जीवन ही लोकतन्त्र कहलाता है। भारत में समता का पूर्ण अभाव है। राजनीति में हमें समानता मिली है, परन्तु सामाजिक तथा आर्थिक जीवन में विषमता का ही बोलबाला है। हमें इस विषमता को फौरन नष्ट करना होगा।"

धर्म-परिवर्तन के परिप्रेक्ष्य में अम्बेडकर के विचार—"इस तथ्य से हम लोग पूरा सावधान हैं कि हम चाहे क्रिश्चियन हों, मुसलमान हों या सिख हों, हमें अपने कल्याण के लिए सर्वत्र संघर्ष करना होगा। यह सोचना मूर्खतापूर्ण है कि मुसलमान हो जाने पर हम लोगों में से सभी नवाब हो जायेंगे और ईसाई होने पर पोप हो जायेंगे। चाहे हम लोग किसी भी धर्म में जायें संघर्ष सर्वत्र करना होगा।"

राजनीति के संदर्भ में विचार—राजनीति करने वालों को कैसी विचारधाराएं अपनानी चाहिए, इसके विषय में उन्होंने कहा है—"नये युग ने जो राजनीतिक अधिकार तुम्हें दिया है, उसकी अवहेलना मत करो। तुम्हारा सम्पूर्ण वर्ग ग्रहित अवस्था में है क्योंकि तुम स्वयं असहाय विचार में पड़े हो। मैं यहाँ कहना चाहता हूँ कि नेता-पूजा, देवता-पूजा तथा कर्तव्य के प्रति अवहेलना ने हिन्दू समाज को नष्ट किया तथा अपने देश के पतन का कारण बना है। दूसरे देशों में राष्ट्रीय संकट के समय, राष्ट्रीय संकट को दूर करने के लिए तथा देश में शान्ति और समृद्धि के लिए एकतावद्ध होकर संघर्ष करते हैं। लेकिन हमारे धर्म ने हमें सिखाया है कि आदमी कुछ भी नहीं कर सकता है। वह एक असहाय वस्तु है। परिणाम यह होता है कि शत्रु के विरुद्ध एकजुट होकर लड़ने के बजाय यहाँ के

लोग यह प्रतीज्ञा करते हैं कि कोई ईश्वर अवतार लेगा और उन्हें संकट से उबार देगा।"

डॉ. अम्बेडकर ने कहा—"इस देश में जितनी भक्ति, जितनी वीरपूजा और जितना अन्धविश्वास है, उतना किसी अन्य देश में नहीं। धर्म में भक्ति तथा वीरपूजा मुक्ति का साधन भले ही हो सकती है, परन्तु राजनीति में भक्ति तथा वीरपूजा अधोगति में ले जाने वाली अधिनायकवाद हो जाती है।"

"हमें किसी ऐसे आदर्श की स्थापना नहीं करनी चाहिए जो काल्पनिक हो। आदर्श ऐसा होना चाहिए जिसमें व्यावहारिक रूप लेने की क्षमता हो।"

ज्ञान के संदर्भ में अम्बेडकर के विचार—ज्ञान को मुनष्य का तीसरा नेत्र माना गया है। "ज्ञान मनुष्य के जीवन की नींव है और विद्यार्थी को अपने विवेक शक्ति को बनाये रखने तथा अपने विवेक की वृद्धि का निरन्तर प्रयास अवश्य करना चाहिए।"

शिक्षा अत्यन्त सहज होनी चाहिए ताकि आम आदमी अपने बच्चों को शिक्षित कर सके। शिक्षा न महँगी होनी चाहिए, न अव्यावहारिक। शिक्षा के बारे में अम्बेडकर ने स्पष्ट शब्दों में कहा है—

"शिक्षा ऐसी वस्तु है, जिसे प्रत्येक व्यक्ति तक पहुँचनी चाहिए। शिक्षा सस्ती से सस्ती हो ताकि निर्धन से निर्धन व्यक्ति भी शिक्षा प्राप्त कर सके—

शिक्षा के क्षेत्र में कार्यरत लोग मजदूर के बच्चों, गरीब बच्चों को शिक्षा देने के प्रति ईमानदार नहीं हैं। फलतः गरीब बच्चे पर्याप्त शिक्षा प्राप्त करने से वंचित हो रहे हैं। इस स्थिति की चर्चा करते हुए डॉ. अम्बेडकर ने कहा—

"जो अध्यापक यह प्रचार करते हैं कि अछूत तो केवल सेवा के लिए उत्पन्न हुए हैं तथा शिक्षा प्राप्ति का अधिकार तो एक विशेष श्रेणी को ही है, उसे शिक्षा विभाग में भर्ती नहीं किया जाना चाहिए। चूँकि अध्यापक ही राष्ट्र के सारथी हैं।"

शिक्षा के संदर्भ में विचार—शिक्षा कैसी होनी चाहिए, जिससे सभी लोगों को लाभ मिल सके। बाबा साहब ने कहा है कि—"शिक्षा प्रत्येक व्यक्ति की क्षमता के करीब होनी चाहिए उच्च शिक्षा को अभी अधिक से अधिक सहज और सस्ता बनाना चाहिए। ताकि गरीब परिवार के बच्चे भी इसे प्राप्त कर सकें।"